신개념한국명리학총서 ④

사주팔자보면 내운명알수 있다

(사주팔자 삼백육십오일)

정용빈 편저

 법문북스

머 리 말

천지 자연의 정기(精氣)를 받고 태어난 우리 인간은, 자연의
변화와 연결되어 운명이란 범주 속에서 살고 있다.

인간이 태양계 안에서 천리(天理)의 영묘(靈妙)한 작용으로
생성하는지라 태양계를 형성하는 많은 별들과 상호 연쇄관계를
가지면서 운명이란 명줄이 연결되고 그 별(天星)들의 신비한 인
력에 의해서 선천적(先天的) 숙명(宿命)이 존재된다고 한다.

인간이 생명을 부여받은 그 시각과 우주 천체와의 연결을 분
석, 체계화하여 그 인간의 전정(前程)과 궤도(軌道)를 그리려
한 것이 곧 사주명리학(四柱命理學)이다.

본시 운명이란 미묘하고 변화가 무상하여 인생의 앞날에 전개
되는 승패와 길흉 화복을 점지하기란 극히 어렵고 현대인의 짧
은 지식으로는 쉽게 이해할 수 없다. 그러나 수천년의 역사와
오랜 학문의 통계로 정립된 옛 성현들의 산물이라 그 신비스럽
고 오묘함이 분명하고 정대하여 우리는 여기에다 생년·월·일
·시가 지니고 있는 각기 운명을 종합하여 잘 풀어가면 예측하
기 어려운 인생의 앞날에 전개되는 궤도의 근사치를 얻을 수 있
다고 확신한다.

사계절의 변화가 우주의 정연한 법칙이라 이를 거부할 수 없
듯이 사람이 한번 타고난 사주를 바꿀 수는 없어도 주어진 그
운명을 개척(開拓)하고 전환(轉換)하는 능력이 우리 인간에게는
부여되어 있다.

이는 즉, 사계절의 변화에 따라 순환되는 기상에 대비하여 냉
·난방 시설을 구비하듯이 수시로 변화하는 시류(時流)와 각자
의 운세에 대응하여 슬기롭게 자신을 경영하는 것이 바로 운명
개척의 길이라 하겠다. 그리고 이 세상 사람들은 누구나 운명의

앞날에 많은 복을 받고 싶어하는데— 그 복은 하늘에서 주어지는 것이 아니라 스스로 만들어 져야 한다.

사람이 한평생을 살아가는 데는 많은 굴곡(屈曲)과 영고 성쇠(榮枯盛衰)가 따르니, 한때의 행운과 영화에 도취(陶醉) 되어서도 안되고 어떤 난관이나 불운이 닥치더라도 낙망하거나 체념해서도 안된다. 오직 슬기로운 지혜와 굳건한 신념으로 이를 극복할 수 있는 능력을 쌓아야 한다.

본래 운명을 점지하는 사주 명리학은 각기 운명의 앞날에 선천적 길운을 보강 발전하고 예측할 수 없는 길흉 화액을 미연에 방지하면서 일상 생활을 더욱 윤택하게 이끄는데 목적을 두고 이뤄진 자기 성찰의 학문이라 독자는 모름지기 자기 자신을 깊이 성찰(省察)하고 자기의 운명은 본인 스스로가 알아서 조성(造成) 개척(開拓)한다는 것을 특별히 강조한다.

본시 역리학은 심오하고 난해한 학문이라 깊이 들어가면 더욱 깊고 어렵기 때문에, 여러 문헌을 토대로 하여 사견을 배제하고 누구나 쉽게 접할 수 있도록 1, 2장으로 나누어, 1장에서는 12천성을 기준으로 하여 알기쉽게 간명하는데 노력하였고, 2장에서는 일주 천간을 중심으로 오행의 생극 변화를 정미하게 구체적으로 편술하였으니 처음부터 끝까지 차분하게 정독하면 오늘을 살아가는데 우리들의 좋은 길잡이가 될 것으로 믿으며, 끝으로 독자 여러분의 일상 생활에 더욱 많이 연구, 활용하여 보다 새로운 앞날의 성공과 행운을 이끄는데 일조가 되었으면 하는 마음 간절하다.

편저자 씀

제Ⅰ장 12천성(天星)과 운명

제Ⅱ장 음양(陰陽)과 오행(五行)

제Ⅲ장 사주(四柱)의 구성(構成)

제Ⅳ장 합·형·충·신살(合刑沖神殺)

제Ⅴ장 천간 생·왕·사·절(天干生旺死絶)

제Ⅵ장 10신(十神)의 통변(通變)

제Ⅶ장 용신(用神)과 격국(格局)

제Ⅷ장 간명(干命)

부 록

제 I 장
12천성(天星)과 운명

초년운(初年運)

12천성(天星)과 운명

아득한 예로부터 하늘의 정기를 받고 태어난 우리 인간은 태어나면서부터 별자리(天星)가 정해지고 그 정해진 천성의 변화와 연결되어 인간의 선천적 숙명이 조성되어 태어난 연·월·일·시에 그 사람의 운명이 이미 점지 되었다고 한다.

인간의 운명을 12지지(地支)로 분류하고 12천성(天星)과 연결지어 좋은별(吉星)을 타고 나면 행복하고, 나쁜별(凶星)을 타고 나면 불행해진다고 한다. 이는 옛 성현들의 오랜 역사와 학문의 통계로 이루어진 신비하고 오묘한 진리의 철학이라, 인생 항로에 좋은 지침이 되었음이라 하겠다.

그러나 사주가 동일하고 제반 여건이 동일하면 성공과 실패의 대소와 완급(緩急)의 차이는 있다해도 그 운명은 특별한 경우를 제외하고 대개 유사하다고 본다. 그런데 우리 인간이 자신의 생애를 운명에 의지하고 주어진 숙명이라 여기며 체념하고 산다면, 이는 일반 동물과 별반 다를 바 없다. 각자 주어진 그 운명을 보다 행복되게 조성하고 개척하는 것만이 우리 인간이 지니는 슬기로운 지혜라 하겠다.

사주(四柱)를 보는 법

우리 인간은 자신에 대한 내일을 알지 못하기 때문에 항상 미래가 희망이자 고통이기도 하다. 먼저 자기 운명의 앞날을 진단하고 현실의 잠재 능력을 분석하려면 자기 자신을 깊이 성찰하고 통제하는 성실한 노력이 필요하다. 사주 운명을 간명하는 데는 몇 가지 방법이 있으나 여기서는 인간이 태어난 시각을 기점으로 하여 출생한 연·월·일·시의 네 가지 운세를 종합, 평가해야 함으로 태어난 연·월·일·시를 정확히 알아야 한다. 인간은 태어나면서부터 천성(天星)이 정해지고 태어난 해마다 일정한 연지(年支)와 띠가 있으니, 예를들면 1970년 경술(庚戌)생이면 술(戌)년은 개띠가 되고 천예성(天藝星)의 명줄을 타고났다고 본다.

각 12지지(地支)에는 12천성(天星)과 띠가 각각 정해져 있으니 이는 다음 도표와 같다.

12지지(地支)와 12천성(天星)

12지지(地支)	12천성(天星)	출생한 해의 띠
자(子)	천귀성(天貴星)	쥐 띠
축(丑)	천액성(天厄星)	소 띠
인(寅)	천권성(天權星)	범 띠
묘(卯)	천파성(天破星)	토끼띠
진(辰)	천간성(天奸星)	용 띠
사(巳)	천문성(天文星)	뱀 띠
오(午)	천복성(天福星)	말 띠
미(未)	천역성(天驛星)	양 띠
신(申)	천고성(天孤星)	잔나비띠
유(酉)	천인성(天刃星)	닭 띠
술(戌)	천예성(天藝星)	개 띠
해(亥)	천수성(天壽星)	돼지띠

보기 자(子)년생 쥐띠는 천귀성(天貴星)이 되고, 해(亥)년생 돼
지띠는 천수성(天壽星)이 된다.

60갑자(甲子)와 띠

쥐 띠	갑자(甲子)	병자(丙子)	무자(戊子)	경자(庚子)	임자(壬子)
소 띠	을축(乙丑)	정축(丁丑)	기축(己丑)	신축(辛丑)	계축(癸丑)
범 띠	병인(丙寅)	무인(戊寅)	경인(庚寅)	임인(壬寅)	갑인(甲寅)
토 끼 띠	정묘(丁卯)	기묘(己卯)	신묘(辛卯)	계묘(癸卯)	을묘(乙卯)
용 띠	무진(戊辰)	경진(庚辰)	임진(壬辰)	갑진(甲辰)	병진(丙辰)
뱀 띠	기사(己巳)	신사(辛巳)	계사(癸巳)	을사(乙巳)	정사(丁巳)
말 띠	경오(庚午)	임오(壬午)	갑오(甲午)	병오(丙午)	무오(戊午)
양 띠	신미(辛未)	계미(癸未)	을미(乙未)	정미(丁未)	기미(己未)
잔나비띠	임신(壬申)	갑신(甲申)	병신(丙申)	무신(戊申)	경신(庚申)
닭 띠	계유(癸酉)	을유(乙酉)	정유(丁酉)	기유(己酉)	신유(辛酉)
개 띠	갑술(甲戌)	병술(丙戌)	무술(戊戌)	경술(庚戌)	임술(壬戌)
돼 지 띠	을해(乙亥)	정해(丁亥)	기해(己亥)	신해(辛亥)	계해(癸亥)

참고 부록에 당해 년의 간지(干支)가 수록되어 있으니 참고할 것.

초년운(初年運)

출생연지(年支)띠와 연천성(年天星)

초년운은 태어난 해(음력)의 연지(年支)띠를 기준으로 하여 출생후 20세 전까지 유·소년기의 성격과 재능 등 전반적인 운세를 본다. 먼저 연지(年支)띠와 「천성」을 찾은 후 다음 해설표에서 읽으면 초년의 운세를 알 수 있다.

[예] 1971년 신해(辛亥)생인 경우, 신해생은 돼지띠이고 천수성(天壽星)이다. 다음 해설표에서 천수성(天壽星)을 찾아보면 자세하게 알 수 있다.

쥐띠·천귀성(天貴星)

일찍이 학업에 정진하면 관운이 좋아 공문(公門)에
출세하고 대중을 위해 일을 많이 하면서 이름을 얻는
다. 만일 독자적인 사업을 경영하면 일신이 고단하고
분주하며 변화와 굴곡이 많이 따르게 된다.

성정이 온유하고 명랑하며 쾌활한 편이나 한편으로는 조급하
고 예민하여 침착성이 없이 사소한 일에도 까다롭고 인색하여
실패를 자초하기도 한다. 어려서부터 재주있고 영리하여 학업
성적은 늘 상위권에 들 수 있으며 또한 감각기능이 예민하여 순
간적인 재치가 있고 퍽 논리적이라 하겠다.

본래 많은 사람을 위해 노력하고 좋은 일을 많이 하면서 이름
을 휘날리는 운명이라 일찍이 학업에 정진하면 관운이 좋아 공
직(公職)에 중용(重用)되어 공명도 얻고 출세도 기약할 수 있으
나, 만일 그렇지 못하고 독자적인 사업을 경영하게 되면 일신이
고단하고 분주하며 변화와 굴곡이 많이 따르기도 한다.

사업은 가급적 많은 사람과 접촉하는 번화한 업종에, 비록 규
모는 작더라도 뿌리를 박고 자주 변동하지 않아야 손실을 줄이
고 속히 성취할 수 있다. 차분하고 쾌활한 기질이, 친화성이 좋
고 사교성이 뛰어나 친구가 많으므로 사람을 불러들이는 업종이
면 무엇이든지 크게 성공할 수 있으니 과감하게 도전도 해볼 만
하다.

옛부터 이르기를 「쥐띠는 의식은 걱정 없다」라고 하는데, 이는 이해 득실에 대한 타산적 직관력이 남달리 민감하고 치밀한 계획과 정확성을 갖고 있는 특성 때문이라 여겨진다. 그러나 결점이라면 끈기있는 인내와 지구력이 부족하고 심성이 나약하여 결단성이 미흡한 것이 흠이면 흠이라 하겠다.

초년은 비록 넉넉지 못하고 분주하게 어려움과 변화가 많이 따르기도 한다. 선천적으로 타고난 인덕은 별반 없으니 부모의 유산이나 세업에 기대하지 말고 독자적으로 폭 넓은 사회에 동참하면서 자수 성가를 빨리 이룩해야 의식이 유여하고 안정된 생활을 영위할 수 있다. 혹자는 20세 이전에 부모의 근심이나 가정의 환란으로 고충을 겪거나 아니면 자신에게 신병 내지 수심이 따를 수도 있으니 부모의 각별한 관심과 본인의 부단한 주의가 필요하다.

제반사에 처음하는 일에는 수고도 많이 따르고 노력도 많이하나, 기실 노고한 것에 비해 부응하는 소득은 크게 뒤따르지 못하는 수이니 이도 운명이라 여기면서 감내하고 끈기있게 열심히 노력하면서 자주 이동하지 않아야 피해와 손실을 모면한다. 특히, 형살(刑殺)이 범신(犯身)하니 대인관계를 원만히 하고 절대 시비와 다툼을 피해야 한다.

대개 천귀성(天貴星)의 운을 받은 사람은 초년에 액운을 잘 넘기고 학업에 충실하면 관운이 좋아서 뜻하는 바 어디든지 합격하여 국록을 먹고 일신이 영화로우며 자손도 번성하여 좋은 일생을 보낼 수 있는 대길한 사주다.

이성간의 교제는 화려해도 부부의 인연은 별반 아름답지 못하다. 이는 현실생활에 도취되어 풍파를 겪을 수도 있으니 항상 집안을 따뜻하게 보살피고 너그럽게 늘 사랑으로 성실하게 일해야 탈이 없다. 하늘이 정한 배필은 소·용·잔나비띠가 길연이다.

소띠·천액성(天厄星)

부모의 그늘을 일찍 벗어나 분주하게 움직여서 자수 성가를 빨리 이룩해야 한다. 얻는 것은 적어도 쓰는 데가 많으니 일신이 늘 고달프다. 남보다 많이 움직이고 다사한 직종을 가져야 의식이 유여하리라.

천성이 유순하고 모질지 않으나 우직스런 뚝심과 고집이 있어 다소 저항적이기도 하다. 자아의식이 강하면서도 보이지 않는 의지심을 지니고, 꾀를 부리지 않으면서도 학업에 열중하지 않고 곧잘 독단적인 행위를 취하기도 한다.

일찍이 액성(厄星)을 타고나 가끔 질병으로 고생하기 쉽고 철이 들면서 가정에 보이지 않는 불만과 불안감으로 평범한 일에도 가끔 장애에 부딪쳐 번민하기도 한다.

본시 부모와는 인연이 엷은 명이라 부모 곁에 있으면 의기 소침하여 잔병이 생기기 쉽고 부모의 유산이 있어도 지키기 힘들 수이니 유산이나 세업에 미련을 갖지 말고 부모의 그늘을 일찍 벗어나 자력으로 자수 성가를 빨리 이룩할 수 있는 기틀을 다져야 한다.

초년에는 일신이 고단하고 동서로 매우 분주하다. 몸소 일을 해야만 의식을 얻게 되는 고단한 운명이라 특히, 남보다 많이 움직이고 다사(多事)한 직종을 가져야 재물과 명예가 함께 상승하고 의식도 넉넉해지는 매우 바쁜 팔자다. 본시 포부도 크고 의욕도 대단하여 노력도 남보다 많이 하나, 매사 하는 일에는 늘 장애가 뒤따르고 되는 일보다 안되는 일이 더 많으니 이는 흡사 구름에 가려진 달처럼 빛을 못 보고 외로이 방황하면서 가슴 답답해야 할 초년의 숙명이라 어쩔 수 없다. 그저 슬기롭게 감내하면 중년부터 점차 운이 열리면서 유여하게 자립하여 대성할 수 있으니 용기를 가지고 꿋꿋하게 열심히 노력하고 성실히 고난을 극복해야 한다. 또한 산재(散財)와 신병(身病) 및 관재(官災) 구설(口舌)수도 함께 들어있으니 시비와 다툼을 멀리하고 완고한 고집과 몸가짐을 조심하면서 근신을 해야 탈이 없다.

혹, 공문에 벼슬을 한다해도 오래 가지 못하고 재물 또한 그러할 수이니 탓하지 마라.

본인이 곤경에 이르렀을 때에는 평소 믿었거나 후원받을 만한 곳에서도 모른 체 하려드니 도움을 받기가 매우 어렵다. 그러므로 인간 왕래에 항시 신중하고 인색해야 손실을 줄이고 일신도 함께 평안하리라. 본시 천액성(天厄星)은 성취의 속도가 느리기는 하지만 목표를 위해 꾸준히 노력하여 소기의 뜻을 성취한다. 범사에 생각하고 행동하는데 있어서 너무 심사숙고하는 경향이 있기 때문에 출발이 더디기는 하나 일단 행동을 개시하면 포기하는 일이 없다. 자신이 내린 결정에 대하여 확신을 갖고 성실히 최선을 다하는 진실성을 발휘하며 소의 성품같이 인내심이 강하다.

소띠가 결혼을 하여 가정을 갖게 되면 근검 절약하여 안정된 가정을 만들고 인자한 부모가 된다. 특히 여성은 가정적인 주부로서 가족에게 헌신적인 사랑을 베푸는 미덕을 지닌다.

하늘이 정한 연분은 쥐·뱀·닭띠가 길연이니 처음 만난 배필을 소중히 여기고 특히 주색 잡기를 멀리하면서 가정에 늘 성실하게 임해야 풍파를 모면할 수 있다.

범띠 · 천권성(天權星)

재주있고 총명하여 많은 사람과 잘 사귀며, 일찍이 공
직에 벼슬하여 높이 출세하고 독자적인 자영사업을
가져도 영화를 누린다. 독립심이 강인하여 권위있는
직업을 가져야 일신이 평안하고 속히 출세할 수 있다.

성격이 조급하고 경솔한 편이나 경계심이 높고 호탕한 기질이
낙천적이면서도 시비를 분명히 하고 정의를 숭상하는 강직한 성
품이 특징이기도 하다. 어려서부터 지혜가 총명하고 재주가 뛰
어나 일찍이 학업에 정진하면 공직에 벼슬하여 권세도 누리고
출세도 기약할 수 있다. 타고난 천성이 호탕하여 많은 사람과
잘 사귀고 여러 사람을 거느리는 재치가 뛰어나 모든 일에 항상
앞장서고 지휘자격이 되어 호령하면서 리드한다.

두려움이 없는 빼어난 용기와 야망을 성취하려는 독립심이 강
인하여 권위 있는 직업을 가지거나 이에 종사해야 일신이 편안
하고 속히 출세도 할 수 있다.

평생을 통하여 의식은 풍후(豊厚)하고 공명도 함께 따르는 명
이기는 하나, 이를 얻기 위해서는 남보다 분주하게 열심히 노력
하고 바쁘게 움직여서 자수 성가를 빨리 이룩해야 할 운명이다.
대체로 초년은 부침(浮沈)이 많고 성패(成敗)가 따르는 분주한
운세다.

항상 바쁘게 움직이고 책임도 많이 지며 신경도 쓰게 되나 수

시로 따르는 변화와 기복으로 말미암아, 알뜰하게 자기 실속을 챙기고 다지지는 못하는 흠이 있기도 하다. 태어난 고향에 머물고 있으면 성공이 늦어지니 멀리 외국이나 타향으로 옮겨 앉아 폭넓은 사회에 동참하여 분주하게 활동을 해야, 하는 일도 속히 성취되고 재물도 쉬 이룩하여 입신 양명(立身揚名)할 수 있다.

완강한 천성이 늘 자신의 주장을 성급하게 앞세워 세간사에 장애가 되기 쉽고 뚝심 섞인 오기와 고집스런 자부심이 가끔 손실을 자초하기도 하며 자기의 주장이나 소신을 잘 굽히려 들지 않아 좋은 여건과 기회를 놓치는 경우도 종종 있으니 너그럽게 대응하여 처세하는 수양을 쌓아야 좋을 수이다.

원래 천권성(天權星)을 타고난 호랑이 띠는 호탕한 기질로 매우 강한 운세를 타고나 외부로부터 구원이나 협조를 받기가 어렵고 대체로 부침(浮沈)이 많은 편인데 비교적 젊을 때부터 성공운을 탄다. 특히 잘되면 크게 되고 못되면 아주 못되는 대성 대패(大成大敗)의 운이 함께 들어있으니 장애를 잘 극복해야 크게 성공할 수 있다. 수시로 좋은 기회가 많아도 호사 다마(好事多魔)라 늘 방해가 뒤따르고 대소 범사에 너무 독선적이어서 본의 아닌 피해를 당하기도 한다. 특히 유의할 것은 투기를 삼가고 뿌리박은 원업을 변경하거나 전환을 해서는 안된다.

남다른 고집과 자존심은 부부의 금슬에도 이롭지 못하여 사소한 일에도 의견의 대립과 마찰이 자주 일어나 방황하기도 하고 때로는 그로 인해 이별수도 생길 수 있으니 매사 너그럽게 사랑으로 순응해야 탈이 없다.

여성은 자립 정신과 정조 관념이 강하고 재능을 기르기 위해서 맞벌이를 좋아하며 이론이 정연하고 어머니로서도 매우 훌륭한 면을 발휘할 수 있다. 하늘이 정한 배필은 말·개·돼지띠가 길연이다.

토끼띠 · 천파성(天破星)

일신이 늘 분주하고 변화와 굴곡이 많이 따르니 꾸준
하게 한 가지 일에 정진해야 이롭고 탈이 없다. 일생
을 통하여 특히, 경계할 것은 여색과 도박, 투기이다.
자칫하면 빈곤과 고뇌를 몰아올 수도 있다.

천성이 유순하고 인정이 있으며 남다른 육감과 손재주를 지니
고 있으나, 자신의 주관과 역량을 충분히 표현하고 발휘하지 못
하여 처음과 끝이 맞지 않는 유두 무미(有頭無尾)격이 되기 쉽
고 대체로 결단성이 부족하다.

범사에 호기심이 많아 책을 봐도 반드시 넘기는 습관은 있어
도 끝까지 다 읽지를 못하고, 학업에도 열중하기보다는 여러 분
야에 관심을 더 갖는 편이 많다.

초년은 대체적으로 파란이 없는 평탄한 운세이나 백사(百事)
가 시작은 많아도 의지가 약하여 끝까지 유종의 결실을 거두지
못하고 하는 일마다 뜻과 같이 되는 것이 없고 도리어 신상에
괴로움만 수반된다.

본시 육친(부모·형제·처자)과는 인연이 박하여 부모의 유산
내지 세업을 이어받거나 지키기는 매우 어려운 수이니 모름지기
자력으로 자수 성가를 빨리 이룩해야 할 운명이다.

또한 형제나 친·인척이 설령 많다해도 깊은 우애가 없고 별
도움이 되지 않으니 그저 혼자 외로움을 간직하고 고적한 가운

데 알뜰히 살아야 일신이 평안할 수다.

　중년에 들면서부터 점차 좋은 운이 열리게 되어 하는 일도 순탄하고 재물도 늘어나 말년에는 태평하게 여생을 누릴 수 있는 전빈 후부(前貧後富)의 사주다. 그러나 젊은 시절 한때의 고난을 슬기롭게 이기지 못하면 말년의 영화도 기대하기 어려울 수 있으니 헛된 욕심이나 투기같은 것은 절대 멀리하고 직장이든 자영사업이든 자주 옮기거나 변동하는 것은 이롭지 못하니 착실한 성장을 위해서는 꾸준히 한 우물을 파는 것이 가장 현명하리라.

　독자적인 사업도 처음부터 너무 크게 벌이면 별 이득없이 낭패만 따르는 수 있으니 비록 규모가 작더라도 알차게 움직여야 탈이 없다.

　매사에 타산적이면서 섬세한 것 같아도 내심은 차분하지 못하여, 실제 현실면에서는 소득이 아닌 피해를 당하는 파란 곡절이 많이 따르는 운세라 하겠다.

　그리고 한두 차례 신병(身病)과 관액(官厄) 수가 들어있어 항상 마음이 안정되지 못하고 가끔 한번씩 현재의 생활을 전환하거나 탈피하고자하는 변덕스러운 마음이 생겨 새로운 계획이나 구상을 하기도 하는데 급작스럽게 손을 대면 만사에 실패만 따르고 돌이킬 수 없는 후회 막심한 일도 당할 수 있으니 조심해야 한다.

　대체로 토끼띠는 분명히 온순하고 부드러운 인상을 주기는 하나 자신의 의견을 강하게 내세우는 경우가 적기 때문에 줏대없는 인간형으로 취급 당할 때가 많으니 확신있는 발언을 할줄 아는 적극형으로 전환이 필요하다.

　하늘이 정한 배필은 양·개·돼지띠가 길연이다.

용띠 · 천간성(天奸星)

> 지혜가 영특하여 막힘이 없고 식록이 풍후하여 어려
> 움 없이 즐거움이 가득하다. 그러나 지나치게 욕심을
> 내어 무리하면 도리어 손재를 보고 실패하기 쉬우니
> 자중 자애하면서 부단히 정석으로 움직여야 한다.

　　지혜가 총명하여 미래를 대비하고 재주가 뛰어나 학업 관
계로 고민하는 일은 극히 드물다. 성품이 유순하고 생각이 깊어
서 제반 범사에 잘 순응하고 왕성한 활동력이 자신을 영화롭게
잘 변신시키기도 한다.

　　풍성(豊盛)한 식록이 도처에 가득하여 공직이나 회사, 단체,
기업 등 어디에서도 별 어려움 없이 여러 사람을 지도하고 움직
이면서 화려하게 출세하고 성공도 하거니와 자유 생업을 가져도
많은 사람과 교제하고 명석한 지략으로 리드하면서 이름도 내고
재물도 모을 수 있다.

　　초년운은 일찍 학문에 충실하여 여러 사람으로부터 영특하다
는 칭찬을 받으면서 공문에 벼슬하고 이름도 떨칠수 있으나 가
끔 풍상이 따르기도 한다. 원래 포부가 크고 출세욕도 대단하여
부모의 그늘을 일찍 벗어나 분주하게 움직여야 성공이 빠르고
자수 성가도 쉽게 이룩할 수 있다.

　　독자적인 사업을 가져도 쉬 성취할 수 있으나 40세 전 지나치
게 욕심을 내어 무리한 투자를 하거나 계획의 추진을 급히 서두

르면 도리어 손재를 보고 실패하기 쉬우니 자중해야 한다.

평소 재량껏 애써서 힘들게 노력과 고생은 많이 하나 고생한데 비해 표적있는 성과는 쉬 따르지 않고 때때로 남의 짐까지 맡아서 지고 물심 양면으로 걱정을 해주어야 하는 걸림새도 많이 따르며, 또한 힘들어 돌봐 주고도 공덕 없는 소리나 원망이 되돌아오는 구설수도 많이 따르는 명이다. 이래서 쉬 뜨거워지고 쉽게 싫증을 내는 기질이 생기게 되고 시작이나 판단은 서둘러하면서 중도에 역정을 내거나 그만두게 되어 뜻밖에 손실을 당하는 수도 있으니 유의해야 한다.

일생을 통하여 가는 곳마다 많은 사람이 따르고 흉액(凶厄)과 구설수도 많으니 주색을 멀리 하고 시비와 다툼을 피해야 풍파를 모면할 수 있다.

특히, 한두 차례 신병을 겪거나 아니면 위험한 죽을 고비를 넘겨야 할 액운도 있으니 각별히 조심해야 하며, 이와 같은 액운을 슬기롭게 잘 넘김으로써 여생을 청한하게 안과하리라.

여성은 강한 의지와 끈기 있는 생활력을 가지고 원대한 꿈을 실현하기 위하여 열심히 노력하는 맞벌이형 주부로서 성공하는 경우가 많다.

부부의 인연은 크게 아름답지 못하다. 공방살이 범신(犯身)하여 서로가 뜻이 맞지 않고 늘 짜드락거리니 이별수가 두렵다. 완강한 고집과 자존심을 버리고 너그럽게 사랑의 조화를 이루어야 풍파를 모면할 수이니 유의하고, 결혼은 가급적 늦게 하는 것이 이롭다. 하늘이 정한 배필은 쥐·잔나비·닭띠가 길연이다.

뱀띠 · 천문성(天文星)

> 인품이 준수하고 재주가 뛰어나 학문으로 생업을 삼
> 아야 고난과 풍상을 면하고 부귀 겸전할 수다. 초년에
> 는 식소 사번(食少事煩)해도 말년이 되면 재물도 풍
> 성하고 만사가 태평하니 안일한 명조라 하겠다.

　인품이 단정하고 성정이 차분하면서 예민하다. 매사에 직선적
이고 깔끔한 성격이 무엇이든 마음에 들면 끝까지 유종의 미를
거두는 투철한 기질이 있고, 친구들과는 잘 어울리지 않아도 공
부는 잘하여 늘 상위권에 들 수 있다. 비범한 재능을 가지고 있
기 때문에 일찍이 지적인 직종에 종사하거나 공문(公門)에 벼슬
하여 직위도 높이 오르고 이름도 휘날릴 수 있는 뛰어난 인물이
되기도 한다. 천재적인 소질을 발휘한 인물 중에 뱀띠가 가장
많은 비율을 차지하는데 이들은 자신의 목표를 향해 마지막까지
투지를 발휘하며 난관에 부딪쳐도 유연하게 극복하는 편이다.
　천문성(天文星)을 타고난 뱀띠는 학문으로 생업을 삼아야 이
롭고 출세한다. 만일 그렇지 못하면 일신이 고달프고 풍상을 겪
어야 하는 운명이기도 하다.
　고향은 이롭지 못하고 외국이나 타향에 나가면 성공이 빠를
수이니 일찍이 부모의 그늘을 벗어나 폭 넓은 사회생활에 동참
하여 열심히 자수 성가를 빨리 이룩해야 크게 성취할 수 있다.
　설령 부모의 유산이 넉넉하다해도 직접 자신이 노력하여 그

얻어진 대가의 영화를 누려야 하는 선천적(先天的) 숙명이니 자중하면서 감수해야 한다.

본래 천문성은 일생을 통하여 극심한 곤란과 빈곤은 없다고 한다. 초년에는 비록 식소 사번(食少事煩)하여 분주하게 움직여야 하는 번거로움도 따르고 풍상과 어려움도 있으나 이를 슬기롭게 잘 넘기면 점차 좋은 운이 열리면서 의식도 유여하고 말년에는 재물도 풍성하여 만사가 태평할 안일한 명이다. 깔깔한 성품이 다소 오만하고 냉정한 거북스런 기질로 보여, 가끔 본의 아닌 오해나 마찰을 초래하여 스스로 피해를 보게 되는 경우도 있으며, 내 것을 손해보면서 남의 편의를 제공하고 도움을 베풀어도 막상 본인이 곤경에 이르렀을 때는 협력을 받거나 힘이 되어줄 사람을 기대하기는 극히 힘들 수다.

평소 남 보기에는 평탄한 것 같아도 늘 숨은 근심과 걱정이 따르고 공덕 없는 구설과 풍파가 빈번할 수이니 모질게 마음을 다지고 자신의 목표를 향해 마지막 순간까지 최선을 다함으로써 출세의 인연과 만나는 행운의 열쇠도 가지게 된다.

여성은 풍부한 사교성을 지니고 사교 모임에서 남성의 인기를 독차지하는 매력형이다. 남달리 이성(異性)을 끄는 힘이 있고 대체로 연애 결혼을 하는 편이다. 결혼을 한 뒤에는 가정에 착실한 정을 쏟도록 노력해야 안정된 가정을 꾸릴 수 있으며 꿈보다 현실 위주로 감각을 바꾸는 것이 필요하며 중년 이후에 가서 제2의 인생이 새롭게 열리기도 한다.

부부의 금슬은 대체로 연애 결혼을 하고도 성격이 맞지 않아 간혹 풍파를 겪기도 한다. 이를 유연하게 잘 넘기지 못하면 이별수도 따르나 중년이 지나면 다 풀어지고 다시 화목해질 수 있으니 크게 걱정하지 않아도 된다. 하늘이 정한 배필은 소·닭·잔나비띠가 길연이며 결혼은 가급적 늦게 하는 것이 좋을 수다.

말띠 · 천복성(天福星)

> 심성이 착하고 재주가 뛰어나 식록이 풍성하다. 일찍
> 이 학문에 정진하면 공직에 벼슬하고 문필로 대성하
> 여 이름을 휘날릴 수이나 만일 독자적인 생업을 가지
> 면 일신이 분주 다사하고 성공이 더디다.

천성이 인자하고 활달하여 대인관계가 원만하며 친구도 많다. 타고난 식록이 도처에 풍성하여 관록이 몸에 따르고 이름도 널리 떨칠 수 있다.

주어진 책무에 늘 충실하고 학업에도 차분하게 정진은 하나 상위권에 들기 위하여 밤잠을 설칠 만큼 승부에 집착하지 않는 안일한 성품이 흠이면 흠이라 하겠다.

사람됨이 총명하여 일찍이 학문을 닦았으면 문필가로 대성하여 이름도 휘날릴 수 있고 공문에 벼슬하면 관록도 높은 자리를 차지하고 권세도 누리면서 공명을 떨치고 존경을 받을 대부 대귀(大富大貴)의 영화를 기약할 수도 있으나, 만일 그렇지 못하고 독자적인 생업을 가지게 되면 어려움이 많이 따르고 분주 다사하여 성공이 더디다.

그러나 사회, 공직, 회사, 단체 등에서는 친화성이 뛰어나 비교적 순탄하게 남보다 빨리 승진도 하고 출세하여 지도적 위치를 다질 수도 있다.

사람됨이 준수하고 영특하니 부모의 그늘을 일찍 벗어나 폭

넓은 사회에 동참하여 독자적으로 자수 성가를 빨리 이룩해야 이로울 수다. 가급적 많은 사람과 접촉하면서 분주하게 움직이고 열심히 노력하면 재물도 모으고 영화도 기약할 수 있다.

초년운은 비교적 평온하며 공사(公事)에도 착실하고 대인관계도 원만하지만 집안일에는 소홀한 경향이 있으나 점차 성장하면서 가정에도 충실하고 인정도 있어 친·인척에 이르기까지 신경 쓰면서 염려하는 착한 성품이, 의외의 수고와 고민을 자초하여 감수하기도 한다.

중년부터 점차 의식도 유여하고 포부도 고상하여 더욱 많은 신뢰를 얻게 되고 소기의 목적도 순탄하게 성취할 수 있다. 다만, 약간 조급하고 지구력이 부족하여 매사를 적당하게 넘기려는 경향이 있고 권태를 쉬 느끼는 취약점이 있다.

평소 계획은 잘 되어도 결과는 별 신통치 못하고 실수를 범하는 일이 많으니 늘 침착하게 심사숙고하면서 내실을 다져야 탈이 없고 피해를 줄일 수 있다.

소영사(所營事)에는 기복(起伏)과 변동수가 자주 따르고, 몸에는 병액(病厄)이 범신(犯身)하여 한두 차례 위함한 고비를 겪을 수 있으니 각별히 조심을 해야 한다.

일생을 통하여 심신을 많이 움직이는 팔자라 항시 분주 다사하여 늘 몸과 마음이 한가롭지는 못하나 말년 후복이 무궁하여 편안하게 영화를 누릴 수 있는 유복한 사주라 하겠다.

부부의 궁에는 해살이 범신하여 뜻대로 잘되지 않을 수도 있으니 외형적 모습보다 내면적인 심상을 잘 살펴서 결혼하고 모름지기 가정에 정성을 기울여야 탈이 없다. 하늘이 정한 배필은 범·양·개띠가 길연이다.

양띠 · 천역성(天驛星)

> 항시 분주하고 변화와 굴곡이 많을 수다. 일찍이 학업
> 에 정진하면 공직에도 벼슬하고 공명도 얻을 수이나,
> 그렇지 못하면 상업이 대길하고 공업도 무방하나 모
> 두 분망하게 노력을 경주해야 성공을 기약할 수 있다.

고요한 성품이 어질고 유순은 하나 내성적인 고집과 우김성
있고 자존심이 강하여 승부 걸기를 좋아하고 투기심이 있어 공
부보다는 밖에서 조화를 이루는 다른 일에 더 한층 흥미를 느끼
면서 뭐든지 해보려는 기질이 농후하다.

성장하면서도 모든 것을 정석으로 순서를 밟지 않고, 급진하
는 다른 길을 모색하면서 늘 밖으로 뛰쳐나가고 싶어 한다. 이
는 역마 출도(驛馬出道)의 상이라 평생을 통하여 분주하게 동서
남북 사방을 편답 방황(遍踏彷徨)하는 이동수가 많은 팔자이므
로 늘 변화와 굴곡이 잦으며 여러 번 풍상을 겪은 연후에야 일
신이 편안하고 재물도 모으게 되는 운명이다.

일찍 학업에 부지런히 정진하였다면 공문(公門)에도 벼슬(登科)
하고 공명도 얻을 수 있으나, 그렇지 못하면 상업이 대길하고
공업도 무방은 하나 모두 분주히 노력을 경주해야 재물도 모으
고 성공도 기약할 수 있다.

본시 자력으로 자수 성가를 해야 하는 팔자라 육친과는 인연
이 엷으며 설령 세업이 있다 해도 지키거나 늘리기는 어려울 수

이니 일찍 고향을 떠나 멀리 외국이나 타관에서, 무엇을 하든 많은 대인관계를 유지하면서 분주하게 움직여야 속히 성취할 수 있다. 천역성(天驛星)을 타고나 들어 앉아 매인 몸이 되어 일정하게 하는 직종은 체질에도 맞지 않고 늘 근심과 번민이 항상 뒤따르는 수이니 가급적 많은 사람과 접촉하면서 손이 많이 가는 분주 다사한 업종이면 뭐든지 이롭고 마음도 활달하리라.

양띠들은 초년의 젊은 시절부터 재운이 있고 운세 또한 점진하는 형국이라 계단을 밟고 오르듯이 순차적으로 기반부터 착실하게 다지고 점차 발전시켜야 탈이 없다. 외관상 겉으로 표현되는 것보다 욕심이 많고 내면적으로 잠재하고 있는 포부와 꿈이 투기심을 조장하여 정석의 순서를 밟지 않고 급진하는 다른 길을 모색하면서 질러가려다 도리어 곤액(困厄)을 치르고 풍상을 겪게 되는 수도 있으니 각별히 유의해야 한다.

본시 타고남이 초년부터 재운(財運)은 있으니 한가지 직업에 경험을 쌓으면서 안전하게 점진적으로 발전시켜야하나 늘 새로운 환경을 구상하면서 한군데 오래 뿌리 박지 못하고 뚜렷한 표적 없이 결말을 쉬 내리게 되어 본의 아닌 손실을 초래하기도 한다. 제반 범사에 남 보기보다 실상은 알뜰한 자기 실속을 차리기가 매우 어려운 운세이니 모름지기 사전에 치밀한 계획하에 순리대로 정도를 밟아 움직이면 재물도 순탄하게 모으고 영화롭게 성공도 기약할 수 있다.

하늘이 정한 배필은 돼지·말·토끼띠가 길연이다. 여성은 약간 자기 고집을 내세우는 경향이 있으니 자신의 취향과 판단만을 앞세우지 말고 겸양의 미덕을 길러야 하겠다. 남성은 가사에 주도권을 가지고 집안을 잘 이끌어 간다. 남녀 다 같이 이성의 마음을 위로하고 사로잡는 솜씨를 가졌으나 결혼은 가급적 늦게 하는 것이 좋을 수다.

잔나비띠 · 천고성(天孤星)

일찍 육친과 인연이 엷으니 부모의 세업에 기대하지 말고 자수 성가를 빨리 이룩해야 성공도 기약할 수 있다. 본시 타고난 재능과 개발된 기술로 생업을 삼아야 성취가 빠르고 대성 발전한다.

천성이 착하고 유순하면서 쾌활한 편이다. 두뇌도 명석하고 재능도 뛰어나며 자존심이 강하고 욕심이 많아서 인색하며 도량은 좁고 매우 신경질적이라 하겠다. 모름지기 학업에도 열중하지 않고 또한 상위권의 실력이 없으면서도 스스로 빼어나다는 자부심으로 자위하면서 독선적인 행위를 잘 취하기도 한다. 자신의 우월감에 사로잡혀 남들과 잘 어울리지도 않고 사람들과 사귀어도 깊은 정을 주지 않아 친구도 많지 않다.

본시 육친과도 인연이 엷어 일찍 부모를 여의거나 부모 곁을 떠나 살게 되고, 형제 자매와도 각기 흩어져 정이 없으며, 부모의 유산이나 세업이 설령 있다해도 이를 지키거나 늘리기는 매우 어려운 수다.

늘 일신이 외롭고 분주하여 모름지기 자립하려는 정신이 매우 강렬하니 가급적 부모의 슬하를 일찍 벗어나 폭넓은 사회에 동참하여 동분서주하면서 어려운 고난과 풍상을 겪은 연후에야 재물도 모으고 성공도 기약할 수 있는 자수 성가 형국의 사주이니. 하나에서부터 출발하여 무(無)에서 유(有)를 창조하고 거기에서 얻어진 노력의 대가이여야만 오래 지탱하고 또한 영화로울 수다.

원래 인덕이 없는 팔자라 빈손으로 힘들이고 고단하게 심신을 경주하여 모은 재물도 타인으로 기인하여 왕왕 피해를 보게 되는 경우가 있으며, 또한 앉아서 없애는 사람이 따로 있으니 이도 운명이라 탓하지 말고 감내하면서 남달리 신앙심을 가지고 조상을 잘 섬기면 매사가 순탄하리라.

본시 뛰어난 재능과 개발된 기술로써 사방에 이름을 떨칠 수도 있으니 특수한 기술 분야의 사업이나 주어진 재능으로 생업을 삼으면 더욱 발전하고 성취도 빠르리라 본다.

평소 자주 독립하려는 굳건한 신념으로 한군데 뿌리를 박고 매진해야지, 그렇지 않고 움직이기 시작하면 변천(變遷)수가 많아서 동요와 변화가 뒤따르니 직장이든 사업이든 끈기 있게 한군데 정력을 쏟아야 자산도 늘리고 풍파도 피할 수 있다.

대체로 천고성(天孤星)은 두뇌가 명석하고 재간이 탁월하여 잔재주만 발달하는 경우에는 크게 성공하지 못할 운세이니 이상을 높게 가져야 성공을 한다. 그리고 일생을 통하여 투기는 금물이니 절대 멀리하고 항시 정석으로 벽돌을 쌓아 올리듯이 점차적으로 기반을 다져야 탈이 없고 재산도 풍성하게 늘어나리라.

혹자는 생각보다도 수명이 짧을 수도 있으니 절대 분에 넘치는 행위는 삼가해야 한다.

부부의 금슬은 마음 가짐이 섬세하여 깊은 사랑으로 대하는 가정적인 타입이기는 하나 도화살이 있으니 몸가짐을 조심하고 여색을 멀리 경계해야 한다. 하늘이 정한 인연은 뱀·쥐·용띠가 길연이다.

닭띠·천인성(天刃星)

> 뛰어난 재능이, 도처에 의식은 유여하다. 일찍이 학문
> 이나 무예를 닦았으면 공문에서 관록을 먹고 영화를
> 누릴 수이나 독자적 생업을 가지면 일신이 고달프고
> 신경도 많이 써야 할 분주한 사주이다.

성격이 완강하고 명예를 중히 여기며 범사에 호기심은 많아도
주의력은 부족하다. 특히, 남보다 뛰어난 사고력과 손재주를 지
니고 있으며 자신이 좋아하는 일에 열중하느라 학업은 대체로
부진하기 쉽다. 그 부진한 학력을 보충하기 위해 밤잠을 설치거
나 고뇌하는 일이 없으며, 매사가 호기심으로 기인하여 되는 것
보다 안되는 것이 더 많으니 사전에 주의를 경주하고 고집스러
운 성품을 잘 다스려서 인내심을 기르도록 해야 한다.

일찍 어려서부터 학문이나 무예를 닦았으면 귀인의 도움도 받
을 수 있고 공문에서 관록을 먹거나 기업, 단체, 회사 등에서 명
예를 갖추고 영화를 누리는 성공도 기약할 수 있으나 만일 그렇
지 못하고 독자적인 생업을 가지게 되면 일신이 고달프고 남보
다 신경도 많이 써야 할 분주한 사주다.

그러나 타고난 손재주가 비상하여 물건을 매만지는 데는 특출
한 기교가 있으니 수공예(手工藝) 계통이나 토건업(土建業) 분
야에 종사하면 자기의 소질도 키워가면서 남보다 빨리 성취할
수도 있다.

원래 닭띠는 존심(存心)이 유덕(有德)하여 평생에 의식 걱정은 없다고 한다. 초년의 운도 비교적 평탄하고 큰 자산은 아니라도 작은 재물은 동서 어디를 가나 풍성하게 따르는 운세이다.

그러나 인덕은 별반 없고 세업은 있다해도 늘리거나 지키기는 매우 어려운 수이니 일찍 부모의 슬하를 벗어나 폭 넓은 사회 생활에 동참하여 손수 노력하고 활동해서 생계를 꾸려가야 성공도 빠르고 쉽게 자수 성가도 할 수 있다.

부모와 오래 같이 살면 서로가 이롭지 못하고 어려움과 애로가 따르며 또한 고향보다 타향이 이롭고 타향에 나가살면 마음도 활달하고 의식도 풍성해진다.

본시 이동과 변화가 많은 분망한 사주라 직업이든 거주든 간에 자주 옮겨 움직이면 목적 달성이 늦어질 수이니 가급적 한군데 뿌리를 박고 정진해야 이롭고 풍파도 막을 수 있다.

평소 재물은 자기가 쌓고 자기가 흩어 버리는 자성 자패(自成自敗)격이다. 일생을 통하여 왕왕 좋은 기회도 많은 편이나 내것으로 붙잡기가 힘들고 재물과 영화는 수시로 모으고 흩어지면서 굴곡과 성패가 수반되는 번거로운 운명이다.

그러나 수시로 변천하는 사회에 적시 대응하는 처세가 원만하고 자기 이속을 깍듯이 챙기면서 끝까지 밀고 나가려는 그 추진력과 투지는 좋으나, 상황에 따라 때로는 양보도 하고 후퇴도 할 줄 알아야 하는데 고집스런 오기 때문에 가끔 본의 아닌 피해를 보게 되고 일단 피해를 보게 되면 그 손실이 엄청나게 크게 따를 수도 있으니 각별히 유의해야 한다.

부부의 금슬은, 자주 짜드락거리는 수 있으니 항상 너그럽게 임해야 집안이 편안하고 말년운이 평안하리라. 하늘이 정한 배필은 소·뱀·용띠가 길연이다.

개띠 · 천예성(天藝星)

재능이 교묘하고 예술 감각이 뛰어난 유복한 사주이나 항시 분주하고 인덕은 별반 없다. 독자적인 생업을 가져도 순탄하게 성취하고 예술 방면으로 진출해도 대성 발전할 수 있는 역량과 소질이 있다.

심성은 유순하고 정직하며 의리를 중히 여기는 대신, 마음을 거슬리면 참아내지 못하는 강인한 기질이 몹시 급하기도 하다.

본시 교묘한 재능과 예술 감각이 뛰어나 남을 무시하는 자존심과 경박함을 지니기도 한다. 일찍 남보다 각별히 학업에 충실하였다면 공문에서 관록을 먹거나 회사, 단체 등에서 출세하여 부귀와 영화를 함께 누릴 수 있는 유복한 사주이나 중단 수가 들어있다.

만일, 독자적인 자유 생업을 가져도 순탄하게 성취할 수 있으며 예술 방면으로 진출을 해도 능히 대성 발전할 수 있는 역량과 소질을 구비한 대길한 사주라 하겠다.

초년의 운은 비록 분주하고 어려움이 따르기는 하나 큰 재물은 아니라도 동서 어디를 가나 의식은 궁색함이 없이 자족(自足)하고 재물도 점차적으로 늘어나는 운세다.

일찍이 고향보다는 타향이 이롭고 성공도 빠르다. 부모의 유산도 넉넉지 못하니 자력으로 부지런히 자수 성가를 빨리 이룩해야 좋을 수이다.

사람됨이 영민하고 재능이 뛰어나 예능 방면이나 특수한 기술 분야로 진출하면 자기의 재능도 살리고 명예도 함께 상승하면서 더욱 쉽게 성취할 수 있다.

독자적으로 자유 생업을 가져도 수시로 변동하는 정세에 대응 처세함이 현명하여 큰 재물을 움직이면서 유연하게 발전할 수 있으나 가끔 뜻하지 않은 손재(損財) 횡액(橫厄)수가 수반되어 피해를 당할 위험성이 많으니 인간 왕래나 재산(금전) 거래에 각별히 주의하고 시비와 다툼을 피하면서 특히 여색을 멀리하고 신병에 조심을 기해야 한다.

비록 한때 풍파를 당하더라도 슬기롭게 극복하고 다시 분발하여 크게 성취할 수 있으니 평소 기반이 약하다라는 편견을 저버리고 과감하게 정진해야 한다. 인덕이 없는 몸이라 일생을 통하여 남의 치다꺼리나 봉사를 많이 하라는 운명이라 외관상 남보기보다 자기 실속을 차리기가 힘들고 동기간에도 정이 두텁지 않으니 더욱 신경을 써서 동기간의 우애부터 먼저 돈독히 다져야 한다.

성품이 정직하고 악의는 없지만 자존심이 강하고 경박하여 매사가 조급하다. 이는 늘 해야 할 일들이 산적하여 항시 분망하고 또 한편 전환(轉換)과 굴곡(屈曲), 기복(起伏)과 유동(流動)이 자주 발생하는 운세라 외실 내허(外實內虛)하여 외관상 평탄한 것 같아도 기실 내면적(內面的)으로는 근심과 고난이 잠재하면서 속끓이고 신경쓰는 경우가 많이 발생한다.

그러나 타고난 말운이 풍성하여 별 부러움 없이 영화를 누리면서 무사 태평하리라. 부부궁은 한때 금슬이 산란하거나 풍파가 있기 쉬울 수이니 특히 여색을 멀리하고 자주 다투거나 사소한 시비를 말아야 집안이 조용하고 말운이 편안하다. 하늘이 정한 배필은 범·말·토끼띠가 길연이다.

돼지띠·천수성(天壽星)

초년은 한때 비록 넉넉지 못하여 분주 다사하나 말년
은 유복하게 영화를 누린다. 포부도 크고 자신을 영광
되게 변신시키는 강인한 집념과 추진력이 만난(萬難)
을 극복하고 소기의 목적을 달성하리라.

성격이 온유(溫柔)하고 신의(信義)를 중히 여기며 거짓이 없
고 주관이 뚜렷한 자아의식(自我意識)을 가진 것이 특징이라 하
겠다. 원래 사람됨이 총명하고 일찍 성숙하여 범사에 처리가 치
밀하면서 빈틈이 없다. 평소 인정도 많고 남을 이해하고 동정하
려는 너그러움이 대단한 어진 성품이다. 본시 타고남이 넉넉지
못한 환경에 도달하여 한때 곤고(困苦)하고 어려움을 겪기도 하
나 옛부터 「돼지띠는 의식 걱정은 없다」라고 한다.

점차 성장하면서 포부도 크고 성취욕도 대단하여 현실로는 만
족지 못하고 늘 새로운 목표를 향해 쉬지 않고 도전하는 적극적
인 노력파라 하겠다.

일찍이 학업에 충실하였다면 성적도 상위권에 들 수 있고 남
보다 빨리 공직(公職)에 중용(重用)되어 출세도 하고 이름도 얻
으면서 부귀와 공명을 모두 함께 성취할 수 있다. 또한 자신의
곤고로움을 영화롭게 변신시키면서 만인이 부러워하는 대부 대
귀(大富大貴)의 영화를 기약하는 대길의 수도 있다.

초년은 비록 한때 곤고하여 어려움이 많이 따르기도 하나 점

진적으로 운이 열리면서 앞날의 초석을 다지고 성공의 기틀을
이룩하기 위하여 조금도 쉴틈없이 부단히 전력을 투구하는 성실
한 노력파라 하겠다. 본시 부모 형제와는 별 인연이 없고 부모
의 유산이나 세업에 의지하여 일신과 가정을 지키기는 어려우니
태어난 출생지를 일찍 벗어나 외국이나 타관에서 폭 넓은 사회
에 동참하여 쓴맛, 단맛을 가리지 말고 변화하는 정세와 시류에
맞추어 슬기롭게 대응하면서 열심히 노력하면 만사 하고자 하는
일이 뜻대로 이루어진다.

평생을 통하여 분주 다사하고 심신을 많이 움직이는 운명이라
외로이 적막하게 힘겨운 고난과 역경을 수없이 여러 번 치루는
가운데 재물이 풍성해지고 명예도 함께 상승하면서 사회적 기반
도 굳건하게 다져지는 자수 성가 형국의 사주다.

강인한 집념과 왕성한 추진력이 강점이기는하나 때로는 남의
의견을 무시하고 자신의 고집을 앞세우는 경향이 있기 때문에
대인 관계에 있어서 외로움을 동반하기도 한다. 외관상 겉보기
보다 남모르는 애로와 번뇌가 따르고 일신이 항시 분망하게 많
은 신경을 쓰면서 움직여야 식록이 풍성하게 따르는 수이니 이
도 운명이라 감내해야 한다.

원래 열심히 많이 벌어서 여러 사람에게 도움을 주고 좋은 일
을 많이 하라는 팔자라 친·인척이나 동기가 많아도 별반 도움
이 되지 못하고 궂은일만 겪게 되는 수이니 비록 고달프고 신경
이 쓰이더라도 자애롭게 거두고 포용하는 자세로 임해야 일신이
편안하고 더욱 청한하게 말년의 영화를 마음껏 누리리라.

부부의 금슬은 화락하고 자녀들도 영귀하여 부러울 바 없다.
하늘이 정한 배필은 토끼·양·뱀띠가 길연이니 서로가 존경하
고 늘 사랑으로 섬기면 이를 데 없이 행복하리라.

중년운(中年運)

중년운(中年運)

중년운은 태어난 해의 자기 띠와 태어난 달(음력)을 기준으로 하여 20세 이후부터 40세 이전까지 청·장년기의 운세를 본다. 먼저 태어난 해의 띠와 태어난 달을 연결하여 태어난 달의 천성(天星)을 찾은 후 다음 해설표에서 찾아 보면 중년의 운세를 알 수 있다.

생년(生年) 띠와 월천성(月天星)

월천성 생월 생년	월천귀	월천액	월천권	월천파	월천간	월천문	월천복	월천역	월천고	월천인	월천예	월천수
쥐 (子) 띠	1	2	3	4	5	6	7	8	9	10	11	12
소 (丑) 띠	12	1	2	3	4	5	6	7	8	9	10	11
범 (寅) 띠	11	12	1	2	3	4	5	6	7	8	9	10
토끼(卯) 띠	10	11	12	1	2	3	4	5	6	7	8	9
용 (辰) 띠	9	10	11	12	1	2	3	4	5	6	7	8
뱀 (巳) 띠	8	9	10	11	12	1	2	3	4	5	6	7
말 (午) 띠	7	8	9	10	11	12	1	2	3	4	5	6
양 (未) 띠	6	7	8	9	10	11	12	1	2	3	4	5
잔나비(申)띠	5	6	7	8	9	10	11	12	1	2	3	4
닭 (酉) 띠	4	5	6	7	8	9	10	11	12	1	2	3
개 (戌) 띠	3	4	5	6	7	8	9	10	11	12	1	2
돼지(亥) 띠	2	3	4	5	6	7	8	9	10	11	12	1

보기 쥐띠 5월생이면 월천간(月天奸)성이고, 양띠 1월생이면 월천역(月天驛)성이 된다.

월천귀(月天貴)

점차 늘어나는 복록이라 호운이 열리면서 백사에 어려움 없이 순탄하게 성취되어 재물도 풍성하고 영화도 함께 누릴 수이나, 단 부부궁이 불미하여 풍파 고비수가 있으니 사랑으로 다져야 탈이 없다.

마음씨도 착하고 재주도 뛰어나며 성취욕도 대단하여 백사에 어려움 없이 권리를 행사하고 여러 사람을 지도하면서 우러름을 받을 수다. 일찍이 학업에 정진하였다면 공직에 벼슬하여 공명도 얻고 출세도 기약할 수 있는 대귀한 명조이다.

만일, 독자적인 생업을 가지게 되면 처음은 다소 어려움이 따르기도 하나 점차 좋은 운이 열리게 되어 매사가 순탄하게 서서히 풀려가는 운세라 과감히 추진해 볼 만도하다.

본시 자수 성가하라는 운명이라 설령 부모의 유산이나 세업이 있다해도 그것을 지키거나 늘리기는 어려운 수이니 가급적 부모의 그늘을 일찍 벗어나 자력으로 열심히 노력하여 그 얻어진 대가여야 오래가고 또한 빨리 성공할 수 있다.

타고남이 포부가 크고 성취욕도 대단하여 기회도 빨리 이르러 일찍 만족할만한 직장은 아니라도 쉽게 얻을 수 있고, 또한 점차 복록이 증진하여 승진도 하고 공명도 얻으면서 남보다 빨리 영화롭게 출세를 기약할 수 있다.

혹자는 직장에 만족지 못하여 방황하거나 독자적인 사업을 경

영할 수도 있으나 하는 사업이 처음은 별 승산이 없어도 꾸준하
게 밀고 나가면 소기의 목적을 달성하여 재물도 풍성하고 영화
도 누릴 수이다. 본시 마음 가짐이 어질고 인정에 모질지 못하
여 좋은 일도 많이 하나 타인으로 기인한 손재수(損財數)와 풍
란을 겪으면서 마음 아파하는 구설수도 왕왕 있을 수 이다.

　일생을 통하여 남에게 악하지 않고 인정을 베풀게 되어 심어
진 공덕으로 귀인의 도움을 받으면서 무난하게 주어진 능력을
충분히 발휘하여 크게 성공하고 이름도 휘날리며 노후에는 재운
도 왕성하여 재물도 모으면서 별 어려움 없이 평온하게 지낼 수
있는 안일한 운명이라 할 수 있다.

　부부궁은 일찍이 이성을 알아 가정을 이루어도 크게 만족지
못하고 다소 산란하여 풍파와 고비를 겪을 수 있으니 서로가 너
그럽게 사랑으로 감싸고 화락으로 다져야 탈이 없다. 혹, 부인의
신병이나 풍파로 기인하여 고뇌하고 탄식 할 때도 있으나 슬기
롭게 넘겨야지 만일 그렇지 못하면 명예와 재물을 다 함께 손상
당할 액화(厄禍)수도 있으니 유의해야 한다.

월천액(月天厄)

> 부모의 유산이 있다해도 도움이 되지 아니하니 미련을 갖지 말고 자력으로 자수 성가를 빨리 이룩해야 한다. 변화와 실패수는 많으나 풍상이 교훈되어 자생력이 생기고 마침내 재기하여 크게 성취할 수 있다.

성품은 고집이 세고 신경이 예민하여 감정의 기복이 심하니 감정을 누르는 인내와 수양이 필요하다. 일찍이 부모나 동기의 덕을 보기는 매우 어렵고 설령 세업이나 유산이 있다해도 하는 일마다 성사되는 것이 없이 탕진하기 일쑤이니 아예 미련을 갖지 말고 가급적 부모의 슬하를 속히 벗어나 자력으로 개척하고 노력하여 독자적인 생업을 영위해야 빨리 성공할 수 이니 슬기롭게 대응해야 한다.

천액(天厄)이라 함은 재앙(災殃)을 말하며 곤궁함이 많은 수다. 좋은일 보다는 좋지 않은 일이 더 많으며 자연히 곤고하고 어려움이 많이 따르는 운세이니 항상 조심을 게을리하면 불행한 바람을 맞는다.

어천 만사를 본인 스스로 해결해야 할 일들이 산처럼 쌓였는데 하는 일마다 뜻대로 되는 것이 없으니 더욱 곤혹스럽다.

한편, 세상사의 풍파와 물정을 익혀, 투지력이 생기고 성패를 두려워 하지 않는 용맹심이 우러나 그동안 겪었던 풍상이 교훈이 되고 밑거름이 되어 다시 제기하여 성취하려는 운세이기는하

나 대성을 하기에는 더 많은 세월을 필요로 하니 지혜롭게 어려운 역경들을 극복해 나아가야 한다.

만일 자신에게 이러한 액운이 없이 그저 무사태평하다면 처궁이 불리하여 풍파가 생기고 이별수도 따르니 모두가 운명이라 여기면서 너그럽게 중년의 불운을 스스로 타개하고 재도약의 힘을 기르면서 생활의 지혜를 터득해야 한다.

말년의 운이 기다리고 있으면 말년의 행운과 연결되어 점차로 발전하면서 소기의 목적을 성취할 수도 있으니 용기를 저버리지 말고 한가지 일에 정력을 경주하면서 정진을 해야 한다.

처음 부부의 금슬은 서로가 사랑하고 의지하면서 매우 단란하겠으나 생업이 사랑보다 더 급하여 자연 가정을 등한시하고 반목이 생겨 부부 간에 언쟁을 벌이기도 한다. 그럴 때마다 집을 뛰쳐나가 하늘 아래서 설움을 달래나 하늘에 구름이 끼어 밝은 달을 비추지 못한다. 그러나 서로가 이해하고 먼 훗날을 위하여 너그럽게 참고 이 시기를 슬기롭게 넘기지 못하면 큰 상처를 받을 수도 있으니 참고 넘겨야 말년이 평온하고 안일하리라.

월천권(月天權)

일찍이 공직에 등과하여 여러 사람을 거느리고 지도
하면서 권세를 누리면서 대성 출세할 수이나 한가지
흠이라면 지나친 주관이 고집으로 보여 오해의 소지
가 다분하고 스스로 고민하는 수 이다.

사람됨이 총명하고 주관이 뚜렷하여 작은 일을 해도 크게 성
사시키고 제반 범사에 초지일관하여 굽힐줄 모르는 습성이 타협
은 하지 않아도 공명과 의리를 중히 여기고 대인관계가 원만하
여 가는 곳마다 많은 사람들이 따르게 되니 자연히 직장이나 어
떤 사회단체·모임 등에서 막중한 임무를 맡게 되고 사회적 위
치는 영화로우나 별반 도움은 되지 않는다.

본시 천권성(天權星)을 타고난 사람은 크게 권리를 행사하면
서 이름을 휘날리고 출세하여 여러 사람을 지도하라는 운명이라
작은 일을 해도 크게 성사한다. 일찍이 공문(公門)이나 대기업,
회사, 단체 등에서 녹봉생활을 해야 고난과 풍파가 적고 남보다
빨리 영화롭게 출세도 할 수 있다.

초년에 일찍이 학업에 충실하였다면 권리와 식록이 도처에 유
여하고 육친의 도움이 없어도 자력으로 개척하여 권성(權星)을
잡아 초반에 벼슬길이 열리게 되어 입신 양명(立身揚名)하고 자
수 성가(自手成家)하여 모두가 우러러본다. 한가지 유의할 것은
자신의 지나친 주관이 제3자에게는 고집으로 보여 오해의 소지

가 다분하고 때로는 부딪치거나 스스로 고민하는 수도 있고 자칫하면 인생의 흥망성쇠가 무상함을 자탄할 수도 있으니 각별히 유의해야 하겠다.

그리고 때로는 신병이나 횡액이 따를까 두려우니 조상을 섬기는데 남다른 신앙심을 가지고 한편으로는 대중을 위해 좋은 일을 많이 하면서 공덕을 심어야 탈이 없고 일신이 평안하리라.

부부의 금슬은 좋은 배필을 맞이하는 운을 가졌으므로 엄정한 가정을 꾸미는 데는 손색이 없으나 도화살이 있어 두 방에 옷을 벗는 형국이라 다소 산란하거나 풍파와 고비를 넘겨야할 수 있으니 중용(中庸)과 정도(正道)의 한계선을 벗어나는 일이 없도록 각별히 신경을 써야지 자칫하면 패가 망신하게 된다.

인생을 함께 살아가는 부부 사이에 자신의 마음을 정화(淨化)시켜서 사랑으로 가정의 조화에만 전력하면 만인의 칭송을 받으면서 영화롭게 안과하리라.

월천파(月天破)

> 기복과 변화가 많이 따르나 굳건한 신념과 투지로 만
> 난을 극복하면 반드시 큰사업을 도모할 수 있다. 사업
> 의 성패로 부부의 부딪침이 잦지만 서로가 이해하고
> 슬기롭게 고비를 넘기면 다시 단란하리라.

　재주가 있고 영리하며 사고력이 치밀하고 머리 회전도 빠르
다. 그리고 언행이 너무 속단되어 경박하다는 소리를 들으면서
도 행운의 열쇠를 찾는 데는 언제나 한 발 앞질러 가기도 한다.
한편 그로 인해 관액(官厄)이 닥치거나 행운을 도리어 액운으로
바꿀 수도 있으니 자만하지 않도록 주의를 해야 한다.

　30세 이전에는 크게 이룬 것 없이 분주하기만 하고 뜬 구름처
럼 변동수만 따르니 동분서주하면서 세월만 허송하여 몸과 마음
이 편할 날 없이 너무 허망하기만 하다.

　일찍이 부모의 유산이나 정신적 영향을 비교적 많이 받았으나
이를 지키기는 어려운 수이니 미련을 갖지 말고 부모의 슬하에
서 가급적 속히 벗어나 독자적으로 열심히 노력하고 부지런히
움직여야 성공이 빠르다.

　직종은 가급적 공공기업이나 대기업, 회사 등에서 봉급생활을
하는 것이 이롭고 순탄할 수다. 만일 그렇지 아니하고 자영사업
을 가지면 일신이 고달프고 중년을 지나도 기복과 변화가 빈번
하여 번거롭고 분주하며 신경을 많이 쓰게 된다. 또한 애써 모

은 재물도 가끔 손재수가 뒤따르고 때로는 내마음만 믿고 남을
경계하지 않다가 피해를 보게 되는 경우도 왕왕 있을 수이다.
혹자는 믿었던 자식마저 실패를 안겨다 주어 크게 상심하기도
한다.

처음 시작하는 일에는 되는 것이 별반 없고 실패를 거듭한 연
후에야 이루게 되니 늘 마음만 초조하고 다급하여 외로이 방황
하면서 고뇌하기도 한다.

그러나 가슴 깊이 숨겨져 있는 남다른 집념과 굳건한 투지로
만난을 극복하고 다시 재기하게 되면 반드시 큰 사업을 도모할
수도 있다. 특히, 말년의 운이 기다리고 있으면 중년의 풍상을
밑거름으로 삼고 대기 발전하여 크게 성공할 수도 있다.

부부의 금슬은 사업의 성패로 인한 불안과 함께 풍파살이 동
반하여 부딪침이 잦지만 서로가 참고 이해하면서 슬기롭게 산란
한 액운과 중년의 풍상을 .무사히 넘기면 다시 성숙된 가정을 이
룩하여 화목하고 단란하리라.

월천간(月天奸)

지혜가 총명하여 일찍이 학업에 정진하였으면 공문에
출세하고 독자적인 생업을 가져도 영화를 누릴 수이
나 일신이 늘 분주하고 고난을 겪으면서 신경을 많이
쓰게 되니 항상 자신을 성찰하고 자중해야 한다.

지혜가 총명하여 학업에는 별 어려움 없이 정진할수록 더욱
빛을 보며 다방면으로 박식하여 학문으로 능히 출세도 할 수 있
다. 일찍이 공문에서 관록을 먹거나 대기업, 회사, 단체 등에서
봉급생활을 하면서 진로를 밟아야 일신이 평안하고 남보다 빨리
출세하여 대중의 존경도 받고 사방에 이름을 떨칠 수 있는 부귀
겸전의 운세라 하겠다.

만일, 그렇지 못하고 독자적인 생업을 가지려면 가급적 인간
접촉이 많은 번화한 업종에 종사해야 성공이 빠르고 영화도 누
릴 수 이나 일신이 항시 분주하고 여러 차례 고난을 겪으면서
많은 신경을 써야하는 번거로움이 따른다.

초년에는 범사에 별 부러움 없이 순탄한 편이나 중년에는 간
성(奸星)의 액수가 생겨 비록 패살은 없다해도 거액의 가산이
스스로 흩어지는 산재수와 관액이 따르기도 하니 각별히 유의해
야 한다. 만일, 학업을 이루지 못하였다면 곤고할 수도 있으니
가급적 부모의 슬하에서 일찍 벗어나 독자적으로 분망하게 움직
여야 의식이 유여하고 분망한 가운데 식록이 쌓이는 팔자이니

부단히 노력하여 자수 성가를 속히 이룩해야 성공이 빠르다.

완강한 성정이 굽힐 줄을 모르니 상사와 부딪침이 있거나 관액수(官厄數)를 겪을까 두렵고, 한편 주색 잡기를 너무 좋아해서 낭패 수도 따르니 자신을 자제하고 성찰하는 수양을 길러서 중년의 액수를 슬기롭게 넘겨야 한다.

출중한 지혜만큼 성과는 좋지 않으니 남의 충고도 들으면서 타협하고 수긍하는 융화력을 동시에 발휘하면 충분히 한 무리를 거느릴 권좌를 얻어내어 크게 발전 성공할 수도 있다.

부부의 금슬은 유별나게 다정다감하지는 않아도 비교적 원만한 형이라 무리가 없는 안정된 가정을 이룩할 수 있다. 그러나 도화살(桃花殺)이 범신(犯身)하여 사람이 잘 따르고 이성문제에 환란수(患亂數)가 들어 있으니 특히, 여자를 멀리 해야 가정에 풍파를 모면할 수 있다. 한편 부인의 신병으로 손재나 위기를 겪을 수도 들어 있고 또한 소득 없는 일을 저질러 후회하거나 고통을 당하는 산란(散亂)수도 있으니 각별히 유의하고 어려운 관계를 다시 융합해서 정성을 다하면 집안이 화평하리라.

월천문(月天文)

일찍이 학업에 정진하였으면 공문에 등과하여 영화롭
게 출세하고 인류를 위해 크게 공헌한다. 독자적인 자
영사업을 가져도 대성 발전할 수 있으나 의외의 풍파
와 액화수가 따르니 슬기롭게 대처해야 한다.

지혜가 영특하여 널리 배우고 아는 것이 많아 웬만한 학문에는
막힘이 없으니 가히 장래가 기약된다. 생월에 문관성(文官星)을 띠
고 났으니 공부하기를 업으로 삼으며, 그 출중한 학문으로 공문
에 일찍 등과(登科)해야 희망과 소기의 목적을 성취하여 영화롭
게 출세도 하고 부귀를 누리면서 인류를 위해 크게 공헌할 수
있다.

본시 학업에 정진(精進)하여 최하 말단의 봉급 생활이라도 해
야 일신의 고난과 풍파와 액수를 피할 수 있으니 이도 운명이라
감수해야 한다. 만일 그렇지 못하고 독자적인 자영사업을 가져
도 빈 손으로 능히 자수 성가하여 크게 치부(致富)할 수도 있으
나 가끔 생각지도 않은 관재 구설, 풍파수와 누명, 모함 등 액화
(厄禍)수가 따르니 각별히 유의하고 슬기롭게 넘겨야 한다.

비록 물려받은 재산은 없어도 특성있는 기술 분야나 자기의
기능을 발휘할 수 있는 직종이면 뭐든지 영화롭게 발복하여 크
게 발전할 수 있는 안일한 사주라 하겠다.

한때 곤고하여 어려운 역경을 겪기도 하나 지모(智謀)가 뛰어

나 이를 극복하고 늘 공부하면서 연구, 노력하여 가정과 생업을 일찍 안정권으로 굳히고 날로 번창하니 사람마다 우러러 존경한다.

다만, 사회적 지위가 높아짐에 따라 사사로운 인정을 몰라준다 하여 흔히 매정하다는 말을 들을 수도 있다. 혹자는 애써 수고만 하고 때로는 남에게 이용을 당하거나 희생되기도 한다. 자기가 열심히 연구, 개발한 「노하우」를 엉뚱하게 남 좋은 일만 시키고마는 경우도 있고, 또 뜻대로 되지 않는다고 품었던 포부를 저버리고 자포 자기하여 한숨으로 세월을 허송하는 방탕객이 되는 수도 있다.

부부의 금슬은 성실한 부부로서 손색없이 화목한 가정을 지키니 모두가 따르면서 추앙한다. 그러나 혹자는 도화살이 변계수를 유발하여 뜻하지 않은 풍파가 따르기도 하니 늘 중용(中庸)과 정도(正道)의 한계선을 벗어남이 없이 단란한 가정을 꾸미는 데 정성을 다해야 집안이 평안하고 화목하리라.

월천복(月天福)

> 천복이 풍성하여 만사가 순탄하게 성취되고 부귀와
> 공명, 영화를 누릴 수 있는 귀명이다. 단, 자주 이동하
> 거나 변동하지 말고 꾸준하게 뿌리를 박고 정진해야
> 속히 발전하고 크게 성공한다.

천복(天福)을 생월(生月)에 띠고 났으니 한마디로 백사에 안
되는 것이 없는 유복한 사주라 하겠다. 총명한 지혜와 강인한
의지는 자신의 한계를 알고 기회를 잘 포착하여 정확히 행동하
기 때문에 좀처럼 실패를 하지 않는다.

식록이 풍성하여 동서남북 어디를 가도 유여하게 따르니 걱정
이 없고 만사가 뜻과 같이 이룩되어 큰 부자(富者)가 되거나 아
니면 관록이 영귀하여 공명을 얻고 만인의 우러름을 받으면서
귀하게 되는 영화로운 명이다.

일찍이 학업에 충실하였다면 공문이나 대기업, 회사, 단체 등
에 투신하여 정진함이 가장 이롭다. 이는 지혜가 영특하여 남보
다 빨리 승진하고 명예도 함께 상승하면서 영광되게 출세도 기
약할 수 있다. 만일, 그렇지 못하고 독자적인 생업을 가져도 별
어려움 없이 순탄하게 대성 발전할 수 있는 안일한 운세다.

일찍이 부모로부터 이어받은 세업이거나 자신의 부단한 노력
의 대가로 얻어진 소중한 것이기 때문에 재운은 탄탄한 대로와
같다. 단, 자주 이동하거나 변동하지 말고 한군데 뿌리를 박고

꾸준하게 정진하면 더욱 속히 발전하고 크게 성공할 수 있다.

특히, 중년운은 백사가 순성하는 왕성한 운세이니 근심 걱정할 것이 없고 일의 흐름이 늘 가슴을 시원하게 해준다.

평소 외부 활동이 많고 해외 출입도 빈번하며 또한 수시로 귀인의 도움도 받게되어 어려움을 모르고 재운이 왕성하여 재물의 근원이 샘물처럼 솟아나니 이는 필시 큰 부자(富者)가 되라는 운명이다. 그러나 동시에 인격을 구비하거나 덕망을 겸비하기에는 쉽지 않으니 수양을 쌓아야 한다.

가정에도 부족함이 없이 풍족하여 흡사 가득찬 곡간에 쥐가 든 격이라 남의 어려운 사정을 잘 모르는 것이 흠이면 흠이라 하겠다. 대중을 통해 얻어진 재물을 사회에 환원하고 빈궁한 사람을 도와주면서 공덕을 심어야 더욱 유여하게 복록을 누리리라.

부부의 금슬도 행복이 충만하니 모두가 부러워한다. 그러나 내외중에 신병을 겪거나 낭패를 보는 손재수가 들어있고, 한편으로 바람을 피우고 짜드락거리는 어수선한 풍파수도 따르니 서로가 조심하면 행복이 충만한 성숙된 가정이 될 것이다.

월천역(月天驛)

늘 일신이 분주하고 기복과 부침(浮沈)이 많이 따르나 중년말에 결실을 이룩하여 크게 발전할 수 있다. 뜬구름처럼 떠돌아 다니는 방랑기질을 버리고 한가지 일에 집중해야 피해와 손실을 감소한다.

성정이 유순하고 부지런하며 아량은 넓으나 끈기있는 집념과 투지력이 약한것이 흠이라 하겠다. 생월에 역마(驛馬)운을 띠고 났으니 집안에 있으면 공연히 초조하고 마음이 불안하다. 밖에 나가면 심신이 편안하고 활달하여, 들고 나면서 몹시 힘겨운 역경과 고난을 겪기도 한다.

남보다 분주하게 많이 움직이고 많은 재물도 만지지만 굴곡과 부침이 잦은 흥망수가 빈번하여 여러 차례 성패를 겪을 수다.

이는 한가지 일에 집중하는 집념이 부족하여 시작은 화려해도 중도에서 그만두거나 변경하는 경우가 많으며 또한 백사 하는 일에 늘 만족지 못하고 미래지향적인 꿈에 사로잡혀 뜬구름처럼 떠돌아다니는 방랑기질이 있음이라 하겠다.

본시 부모의 세업이 설령 있다해도 이를 지키거나 늘리기는 어렵고 자칫하면 오히려 탕진하기 쉬운 수이니 미련을 갖지 말고 부모의 그늘을 일찍 벗어나 독자적으로 인간 접촉을 많이 하는 번화한 업종에 몸담아 뿌리를 박고 자주 움직이지 않아야 피해와 손실을 감소하고 속히 성취할 수 있다.

　원래 타고남이 포부도 크고 욕심이 대단하여 봉급생활을 하든 독자적인 사업을 하든간에 한번은 크게 권리를 행사할 수 있는 실권을 잡아 큰 부자가 되거나 귀인으로 공명을 떨치면서 영화롭게 출세도 할 수 있으니 범사에 너무 서둘거나 고집을 부리지 말고 치밀하게 설계부터 세우고 신중하게 대처하면서 남보다 많이 성실하게 움직여야 쉬 목적을 성취할 수 있다.

　그 동안 다방면으로 안 해본 일이 없으리 만큼 분주히 뛰어도 보았으나 세월만 흐르고 드러나게 얻어진 것은 별반 없다. 그러나 지난날 꾸준히 노력하고 닦아온 여러 분야의 대가가 한데 어울려 늦게나마 결실을 이루고 풍성한 재운이 찾아드니 중년 말기에는 영화롭게 대성 발전하리라.

　부부의 금슬은 비교적 원만하여 조용한 가운데 각자 소임을 다하여 성실한 가정으로 융화해 나간다. 혹자는 소득없는 인연을 여러 번 맺어 풍파를 겪거나 산란해질 수 있으며 심하면 별거하거나 결정적인 낭패를 보기도 쉬우니 옆눈을 팔지말고 오직 가정에 충실해야 탈이 없다.

월 천 고 (月天孤)

> 늘 일신이 고적하고 나약한 성품이 현실을 부정하여
> 이동과 변화수가 많이 따르니 굳건한 투지와 슬기로
> 운 지혜를 기르고 어떠한 난관도 스스로 감내하면서
> 극복하는 것만이 성공의 첩경이라 하겠다.

마음이 너그럽고 욕심이 없어 담백한 인상을 주기는 하나 매
사에 하는 일보다 안 해서 안되는 일들이 더 많다.

출생 월에 천고성(天孤星)이 깃들어 마치 어스름 달밤, 산사
에 홀로 서있는 나그네처럼 늘 외롭고 적적하다. 무엇보다 먼저
과감하게 용기를 가지고 여러가지 어려운 역경들을 슬기롭게 극
복해 나아가야 한다.

항상 일신이 고적하여 현실을 부정하고 미래에 집착되어 안정
을 못 이루고 부평초처럼 공허하게 이동과 변화가 많이 따르니
자중 자애하면서 분수를 지키고 조금도 망령되게 움직여서는 안
된다.

나약한 성품이 남들과 같이 아웅거리는 승부욕도 없고 직장에
서도 동료들과 잘 어울리지 않으니, 외롭고 승진도 제때에 되지
않아 늘 현실을 부정하면서 불만 속에 생을 보내야 하니 한번
크게 자신을 돌이켜 깊이 성찰해 볼만도 하다.

본시 이동 변천수가 많은 팔자라 한번 이동하기 시작하면 더
욱 자주 움직이게 되고 아울러 낭패수도 따르니 직장이든 자영

사업이든 한군데 정력을 쏟아야 피해와 손실을 줄인다.

평생을 통하여 많이 움직이고 분주 다사하라는 명이라 지나친
계획이나 우직스러운 고집을 부리면 더욱 낭패수가 따르니 인덕
이 없는 몸 의뢰심을 버리고 요행수를 바라거나 승부를 거는 투
기를 하면 애써 모은 재물도 단 한번에 실패를 볼 수 있는 액운
도 있으니 유의하고 제반 처사를 순차적으로 차근히 정석으로
이룩해야 무난하리라.

본래 육친과도 인연이 엷으며 설령 친인척이나 동기가 있다해
도 별 도움이 되지 않는 독신자격이니 꾸준히 노력하면 끝내는
귀인의 도움도 얻게 되고 고독을 씻으면서 말년의 행운과 연결
되면 그 동안의 공백을 대가로 지불받아 점차 성공도 기약할 수
있으니 용기를 가지고 끈기있게 밀고 나아가야 한다.

부부의 금슬은 결혼후 처음은 흠잡을 데없이 단란하다가 사랑
이 무르익을 중년에 광풍이 휘몰아 한때 번민하기도 하지만 그
고비를 넘기면 과히 걱정하지 않아도 된다.

월천인(月天刃)

일찍이 학업에 정진하였으면 공직에 벼슬하고 영귀하
나 독자적인 생업을 가지면 변화와 굴곡이 많이 따르
니 슬기롭게 굳건한 신념으로 극복하고 자신의 능력
을 최대로 발휘해야 성공을 기약하리라.

본심은 고우면서도 때로는 급한 성격을 자제하지 못하여 물불
을 가리지 않고 뛰어들어 손재를 보고 다칠까 염려스럽다.

일찍이 학업에 정진하여 공무원이나 회사, 단체 등에서 봉급
생활을 하고 거기에서 진로를 밟아야 일신이 편안하며 또한 액
운과 풍파도 최대로 줄이고 모면할 수 있다.

특히, 인성(刃星)은 총칼을 차거나 무술을 전공하면 대길(大吉)
하고 또한 이와같은 분야로 진로를 개척해야 크게 성취하여 만
인의 존경을 받으면서 영화를 누릴 수 있다. 만일, 그렇지 못하
고 자유 생업을 가지게 되면 남 보기에는 태평한 것 같아도 어
려움이 많이 따르고 일신이 고단하며 제반 범사가 지지 부진하
고 또한 시작은 많아도 끝마무리가 없이 유두 무미(有頭無尾)격
이 되어 손재를 보거나 낭패를 겪기도 한다. 중년에는 여러 차
례의 변동과 흥망 성쇠의 굴곡이 따르는 고단한 팔자이니 슬기
롭게 대응하면서 굳건한 신념으로 극복해야 한다.

비록 하는 일마다 막힘이 많고 애로가 있다해도 굽히지 않고
자신의 능력을 최대로 발휘하면 마침내 칠전 팔기(七顚八起)하여

성공을 기약할 수 있으니 지난날의 성패를 교훈으로 삼고 밑거름으로 하여 과감히 도전해야 한다. 그리고 만일 투기를 하거나 목전의 이익에 현혹되어 사교성이 많은 업종 등에 손을 대면 크게 낭패볼 수도 있으니 절대 멀리하고 자제해야 파탄을 모면한다.

특히, 관록을 먹지 않으면 관재 구설수가 많이 따르고 또한 몸에 상처를 입지 않으면 질병이 잦아 고생을 할 지도 모르니 늘 신변에 각별히 신경을 쓰고 작은 질병일지라도 소홀함이 없이 치유하고 예방하면서 규칙적인 생활을 습성화하고 지성으로 공을 들이면 앞날의 횡액도 소멸될 수 있으니 깊고 넓은 지혜와 인내로 슬기롭게 이겨나가야 말운이 순탄하리라.

부부의 금슬은 화목하다가도 별일 아닌 사소한 것을 가지고 불현듯 언쟁을 벌이기도 한다. 이는 풍파살이 있어 더욱 심화되면 고통을 겪는 환란으로 비화되어 간혹 불미한 지경에 이를지도 모르니 고집스런 자존심을 버리고 너그럽게 사랑으로 감싸야 집안이 편안하고 말년을 유여하게 안과하리라.

월천예 (月天藝)

예능 감각이 뛰어나 만인을 상대로 하는 생업을 가지
면 성공이 빠르고, 특수한 재능이나 기술 분야에 진출
해도 명성을 떨치면서 출세할 수 있으나, 단 한가지
일이라도 충실하게 뿌리를 박고 정진해야 성공한다.

예능 감각이 뛰어나 어떤 일이든 쉽게 이해하고 깊이 잘 빠져
든다. 다만, 유의할 것은 팔방 미인이 되기 이전에 자기의 특성
을 찾아 부단히 노력하고 열심히 매진해야 대성할 수 있음을 항
시 염두에 두고 성실하게 노력해야 한다.

중년에는 다소 어려움이 따르나 작은 일이라도 자주 변동하지
말고 사람을 많이 접촉하는 번화한 업종을 가지면 점차적으로
사업도 번창하고 재물도 모아지면서 편안하게 윤택한 생활을 영
위할 수 있다.

특히 재·예능이 뛰어나 재·예능 계통이나 특수한 기술 분야
의 업종에 진로를 밟으면 무난하게 성공할 수도 있고 또한 인기
성이 있는 자유 생업을 가져도 명성을 떨치면서 출세도할 수 있
으나, 다만 많은 재주를 가졌음을 자만하지 말고 한가지 일이라
도 충실하게 뿌리를 박고 정진해야 소기의 목적을 쉽게 이룩할
수 있다.

일찍이 부모의 유산이나 물려받을 세업은 별반 없고 자력으로
근검 노력하여 자수 성가(自手成家)하고 공명을 얻으라는 운명

이라 항시 일신이 고단하고 분주하여 한가할 때가 별반 없다.

그러나 어려운 역경에 이르게 되면 늘 남의 도움과 협력을 얻어서 넘겨야 하는 고비를 겪을 수 있으므로 자존심과 완강한 고집을 세우지 말고 유연하게 대인관계를 원활히 유지하면서 덕을 쌓고 인심을 얻어야 한다.

평소 그 완고한 성정과 독특한 개성이 가진 것은 없어도 남의 수하에서 지배받기를 싫어하고 설령 직장에 들어가도 상사와의 조화가 어려워 많은 고민을 하기도 한다.

특히, 예능 방면에서 크게 공명을 얻으려고 하나 뜻과 같이 못 이루고 세상을 두루 편력(遍歷)하면서 헛되게 소일할 우려도 있다. 한편 그런 속에서 작품이 무르익을 수도 있으나 귀중한 중년을 유랑으로 허송해서는 안된다.

부부의 금슬은 현실생활을 초월한 환상적이기 쉽고 약간의 공백이 생길 우려도 있다. 이는 한때 바람을 피우거나 트러블(trouble)이 있어 자주 다투거나 시비를 말아야 편안한 가정을 보전할 수 있으니 늘 집안에 정력을 쏟아야 한다.

월천수(月天壽)

해야 할 일들이 너무 많아서 늘 일신이 고단하고 변
화와 굴곡이 반복되어 항시 분주하다. 본시 대중을 위
해 좋은 일을 많이 하라는 명이라 대중과 접촉이 많
은 생업을 가지면 쉽게 발복하여 대성 발전하리라.

재주가 있고 모나지 않은 성품이 현실에 만족지 않고 집을 뛰
쳐나가거나 현실과 유리된 꿈같은 생활을 구상하기도 한다.

40세 이전의 중년운은 일신이 늘 분주하고 고단하며 노력은
남보다 많이 하나 기실 노고한 데 비해 소득은 그만큼 뒤따라
주지 않는 고달픈 운세라 하겠다.

본시 여러 사람을 위해 좋은 일을 많이 하라는 선천적 숙명이
라 대중을 위해 좋은 일을 많이 할 수 있는 직업을 가져야 쉽게
발복, 성취할 수 있으니 가급적 인간 접촉을 많이 하는 생업을
가지면 점차적으로 사업도 번창하고 재물도 모아질 수 있다.

평소 남보다 생각이 빠르고 세상 경영에 진취적이기는 하나,
제반 범사가 뜻한 바대로 다 이루어지지 않는 것이 인간사이니
탓해서도 안된다. 한때의 성공이 명성을 얻기도 하고 또한 그로
인해 온갖 풍상을 겪기도 하니 이를 슬기롭게 감내하면서 극복
해야 한다.

평생을 통하여 남에게 좋은 일을 많이 하면서도 좋은 소리 듣
기가 어려우며 친한 사람마저 도리어 피해만 안겨다 주니 인덕

없는 팔자라 여기면서 참고 견뎌야 하는 안타까움이 있다.

변화가 많은 삶으로 굴곡과 실패수가 따르니 욕심을 내거나 편법을 쓰려 하지 말고 순리대로 벽돌을 쌓아 올리듯이 정석으로 움직여야 탈이 없다. 조급하게 서둘다 보면 용두 사미(龍頭蛇尾)격이 되어 애써서 얻어진 좋은 여건도 남 좋은 일만 시키고, 자기 실속은 차리지 못하고 헛수고하는 경우도 있으니 각별히 유의해야 한다.

어떠한 난관에 이르러도 자신의 문제는 자신의 슬기로운 예지로 무리없이 해결하고, 말년과 이어지는 행운이 오면 더욱 많은 일을 하면서 대중을 위해 공헌하고 이름 떨칠 수 이나, 일생을 통하여 성실하게 부단히 노력하는 것이 성공의 첩경이라 하겠다.

부부의 금슬은 애절한 사랑이 단란하고 깊어도 한때 산란하거나 위기를 겪을 수도 있다. 살다가 보면 사소한 문제로 언쟁을 벌이기도 하나 가족을 다스리는 수단이 빼어나 쉬 안정을 꾀하는데 남편으로서 손색이 없다.

말년운(末年運)

말년운(末年運)

말년운은 태어난 달과 생일(음력)을 기준으로 하여 40세 이후 노년기의 운세를 본다. 먼저 앞에서 본 중년운 월천성에다 생일을 연결하여 일천성(日天星)을 찾은 후 다음 해설표에서 찾아 보면 말년의 운세를 알 수 있다.

월천성(月天星)과 일천성(日天星)

일천성 / 생일 / 월천성	일천귀	일천액	일천권	일천파	일천간	일천문	일천복	일천역	일천고	일천인	일천예	일천수
월천귀	1 13 25	2 14 26	3 15 27	4 16 28	5 17 29	6 18 30	7 19	8 20	9 21	10 22	11 23	12 24
월천액	12 24	1 13 25	2 14 26	3 15 27	4 16 28	5 17 29	6 18 30	7 19	8 20	9 21	10 22	11 23
월천권	11 23	12 24	1 13 25	2 14 26	3 15 27	4 16 28	5 17 29	6 18 30	7 19	8 20	9 21	10 22
월천파	10 22	11 23	12 24	1 13 25	2 14 26	3 15 27	4 16 28	5 17 29	6 18 30	7 19	8 20	9 21
월천간	9 21	10 22	11 23	12 24	1 13 25	2 14 26	3 15 27	4 16 28	5 17 29	6 18 30	7 19	8 20
월천문	8 20	9 21	10 22	11 23	12 24	1 13 25	2 14 26	3 15 27	4 16 28	5 17 29	6 18 30	7 19
월천복	7 19	8 20	9 21	10 22	11 23	12 24	1 13 25	2 14 26	3 15 27	4 16 28	5 17 29	6 18 30
월천역	30 6 18	7 19	8 20	9 21	10 22	11 23	12 24	1 13 25	2 14 26	3 15 27	4 16 28	5 17 29
월천고	29 5 17	30 6 18	7 19	8 20	9 21	10 22	11 23	12 24	1 13 25	2 14 26	3 15 27	4 16 28
월천인	28 4 16	29 5 17	30 6 18	7 19	8 20	9 21	10 22	11 23	12 24	1 13 25	2 14 26	3 15 27
월천예	27 3 15	28 4 16	29 5 17	30 6 18	7 19	8 20	9 21	10 22	11 23	12 24	1 13 25	2 14 26
월천수	26 2 14	27 3 15	28 4 16	29 5 17	30 6 18	7 19	8 20	9 21	10 22	11 23	12 24	1 13 25

보기 중년운 월천귀 17일생인 경우 월천귀에서 생일 17일을 찾으면 일천간성이 되고 월천문 17일생인 경우 월천문에서 17일을 찾으면 일천인성이 된다.

일천귀(日天貴)

백가지 복록이 한 몸에 따르니 일찍이 공직에 벼슬하면 높이 출세하고 이름을 휘날리며 존경받는다. 만일, 상업 방면으로 진출해도 크게 성공하여 대사업가로 군림하고 명성을 떨치리라.

백록(百祿)이 몸에 따르니 부족함이 없이 만족하다. 본시 귀인이 되라는 사주라 일찍이 출세하고 높이 되어 이름을 휘날리면서 여러 사람을 지도하고 존경받는 부귀 겸전의 영화를 누릴 수 있는 유복한 말운이라 하겠다.

길한 가운데 간혹 흠이 있다면 내외간의 건강 문제이고 다른 가족들은 백록(百祿)이 몸에 넘쳐 모두 건강하고 장정하니 별 탈이 없고 부(富)와 귀(貴)를 함께 갖추어 사람마다 우러러 보면서 부러워 하리라.

대체로 일찍이 학문에 정진하여 관록을 먹어야 남보다 빨리 출세하고 명성과 부귀를 함께 성취하는 영화로운 운세이다. 만일 그렇지 못하여 상업으로 진로를 밟거나 독자적인 사업을 경영해도 별 어려움 없이 순탄하게 발전하여 크게 성공하고 대사업가로 군림하면서 사방에 명성을 떨칠 수 있다.

단 독자적인 생업을 가지려면 가급적 부친의 세업을 이어받던지 아니면 초·중년에 하던 것을 바꾸지 말고 그대로 존속하면서 지키는 것이 유리하리라.

조급한 성정과 완고한 고집이 가끔 어려운 일에 부딪치게 되면 참지 못하여 당장 때려치우고, 또 다른 일을 모색하려드는 변화수가 가끔 따르니 가급적 새로운 것보다 옛것을 중시(重視)하고 변동하지 않아야 성공이 빠르다.

본시 자력으로 대성하여 천금을 희롱하면서 영화를 누릴 수 이기는 하나 한가지 정치가(政治家)로서의 꿈은 실현되기가 어려우니 자중함이 이로울 수다. 평소 휘하에 많은 사람을 거느리고 부릴 수이니 늘 부드럽게 인화로 다스리고 고집스러운 자존심을 억제해야 탈이 없다. 간혹 심중에 어그러진 일이 있다 해도 이를 감춰두고 자제하지 못하면 낭패와 구설수가 따르니 사사건건 시비를 가리거나 따지는 일들은 가급적 자중하고 그저 유연하게 순응하는 것이 이롭고 평안하다.

행운이 보름달처럼 가득하니 그 광명으로 많은 사람을 위해 공헌하고, 가난하고 굶주리는 외로운 이웃들을 도우면서 공덕을 심으면, 최후의 순간까지 가득 채워진 영화로운 복록을 누리는 대길한 사주다.

일천액 (日天厄)

일찍이 공직을 가졌다면 고관으로 높이 출세하여 존경받으면서 영화를 누리고, 독자적인 생업을 가져도 대성 발전하여 영화를 볼 수 있으나, 간혹 환난이나 위기를 맞아 고통을 겪을 액운수가 따르기도 한다.

일생을 성실하게 부단히 노력하면서 알뜰하고 검소하게 지낸다. 남달리 고생스러웠지만 그 동안 땀 흘리고 쌓은 공덕을 최후까지 연결지어 크게 성취하고 출세하여 부귀를 누리면서 영화를 누릴 수 있으나 몸에 신병이 들지 않을까 염려되니 각별히 조심해야 하겠다.

일찍이 대중을 위한 성직을 가졌다면 더더욱 기쁠 수이나 공직에 봉급생활을 해도 높이 승진하여 만인의 존경을 받으면서 영화를 누릴 수 있다.

또한 대중 접촉을 많이하는 자영사업을 가져도 성실하게 착실하면 크게 발전하여 만인의 존경을 받으면서 영화를 누릴 수도 있으나 간혹 소문보다 외실 내허(外實內虛)하여 실속이 적을 수도 있고 부지런히 애써 노고하여 기틀이 잡히고 소기의 성과를 거두려는 중도에 환난이나 위기를 맞아 몹시 고통을 당하거나 허망하게 되는 풍파를 겪을 액운이 있어 산재·구설·사기·모함 또는 부부 이별·자손 낭패 등 위태로운 난관이나 고충을 겪을 수도 있으니 각별히 유의해야 한다.

　본시 인덕이 없는 명이라 육친이 무덕하고 때로는 형제·친척이나 평소 가까이 하는 친지로 기인하여 신경을 많이 쓰거나 피해를 당하여 탄식하고 후회하는 수도 함께 들어 있다. 인생은 비록 빈 손으로 왔다 빈 손으로 간다지만 한 평생 땀흘린 대가가 텅 비더라도 그 또한 어찌할 도리가 없다. 그저 뒤돌아보아 부끄럽지 않은데 무엇을 후회하랴.

　특히, 이성간의 인연을 여러 차례 맺을 위험이 있으니 건강한 배필을 맞아 결혼하고, 아내에게 작은 신병이라도 있으면 주저하지 말고 조기에 치유케 하고, 항상 아내와 자식들의 신변에 관심을 경주해야 한다.

　그리고 자신에게도 수액(水厄)이 따르니 평생을 통하여 물가를 조심하지 않으면 안된다. 이는「밝은 구슬이 물에 잠긴」격이라 물에 빠질 위험이 있으니 물가나 배안에서 어지러운 행동을 해서도 안되며 간혹 다른 사람의 실수로 고통을 겪을수도 있으니 항시 안전사고에 유의하고 신경을 쓰는 것이 이롭다.

일천권(日天權)

일찍이 공문에 높이 출세하여 권력을 누리며 만인의 존경과 우러름을 받으면서 이름을 떨칠 수이니 몸가 짐과 처세를 잘하고 대중을 위해 공헌하면서 공덕을 심으면 남달리 권도를 지키면서 안과하리라

일찍이 학업에 정진하여 공부를 했다면 문무(文武)를 겸비(兼備)한 뛰어난 재능과 지혜로 장애를 극복하고 공문(公門)에 높이 출세하여 일신이 평화롭고 권력을 누리며 덕망과 위용을 떨치면서 만인의 존경과 우러름을 받을 수 있는 권위있는 사주가 된다.

본시 장원 급제하여 고관 대작이 되라는 강한 운세이기 때문에 잘못 이름이 나고 출세한 격이 되면 오명(汚名)과 파탄을 만나게 되니 정도(正道)와 중용(中庸)의 한계선을 벗어남이 없이 몸가짐과 처세를 잘해야 파탄을 모면 한다. 만일 자칫하면 큰 성공도 못하고 잡다하게 허망한 세월만 보낼 수도 있으니 각별히 유의하고 특히 여자는 더욱 신경을 많이 쓰고 순종하는 부덕을 쌓아야 탈이 없다.

뛰어난 재능과 지혜로, 벼슬이 중년 후기에는 정상에 오르고 노년에 이르니 그 위엄이 하늘을 덮고 그 명성이 사해에 떨치니 만인의 존경과 우러름을 받고 일생동안 남달리 권도(權度)를 지키면서 안일하게 여생을 살아가는 존귀한 명이라 하겠다. 비록 왕운이면서도 한때 산재수도 있고 구설수도 따르기는 하나 슬기

로운 예지로 장애를 극복하면서 잘 이겨가니 크게 걱정할것은
없다. 그리고 형제와 멀리 서로 떨어져 보고 싶어도 만날 기회
가 적으니 항상 가슴이 허전하다. 이는 형제 중에 이민을 가거
나 외국을 자주 드나들어 만날 기회가 적을 수이기 때문이다.

　생일에 천권성(天權星)을 띠고 태어나 말년의 운기가 강왕하
여 대소사 뜻과 같이 안되는 것이 없고 위력이 미치지 않음이
없으니 그 위용과 능력으로 대중을 위해 공헌하고 힘없는 사람
들에게 힘을 나눠주면서 공덕을 심으면 노후 말년에 이르기까지
덕망과 위용을 떨치고 존귀하게 여생을 안과할 수 있는 운세다.

　단, 한가지 흠이라면 남녀 다 같이 부부궁이 아름답지 못하다.
한번 인연으로 해로하기가 어렵고 두 집 살림 내지 두 사람 몸
에서 자식 두기가 쉬우며, 또한 한때의 바람이 가정 파탄의 화
근이 될 수도 있고 여자로 기인하여 손재를 당하거나 실패를 겪
을 액운도 있으니 부부는 서로 이해하고 참아 내면서 고비를 잘
넘기면 풍파와 액운도 사라지고 만년에는 평온하게 안과하리라.

일천파(日天破)

이동, 풍파 등 변화수가 많이 따르고 범사에 장애와 굴곡, 파란과 시련을 겪게 된다. 본시 분주하게 움직 여야 의식이 유여하니 대중과 접촉이 많은 번화한 업 종에 뿌리를 박고 움직이지 않아야 탈 없이 성공한다.

이동과 변화수가 많아 일신이 항상 분주하고 고단하다. 이는 창공에 떠도는 구름처럼 방황하는 형국이라 한군데 오래 몸담아 뿌리를 박지 못하고 이동과 변화를 여러 차례 겪어야 하는 변천 수(變遷數)가 많이 따르고, 또한 제반 범사에 장애가 많아 뜻과 같이 성취되는 것이 없이 가끔 파란과 시련을 겪어야 하니 흡사 구름에 가려진 달과 같이 어설프고 몸과 마음이 한가하지를 않다.

일찍이 외국이나 타관에 멀리 나가 살거나 외지에 왕래를 많 이 하면서 부부간에도 간간이 떨어져 살게 되면 여러가지 어려 운 곤액도 줄이고 가정의 풍파도 함께 모면할 수 있다.

본시 일신이 늘 분주하게 움직여야 의식이 유여하니, 경영지 사는 가급적 인간 접촉이 많은 분주하고 번화한 업종에 몸담아 뿌리를 박고 자주 변동하지 않아야 파란과 손실을 줄이고 재산 도 모으게 된다.

본래 인덕이 없는 몸이라 설령 친·인척이나 동기가 있다해도 별 도움이 되지 못하고 가까운 친지를 믿고서 구제해 주어도 오 히려 근심이 되며 의로운 후배를 믿고 일을 맡기거나 키워주어

도 공덕없이 자신의 자리를 탐내거나 정복하려고드니 세상사가 그저 허무하기만 하다.

유순한 성품이 남보다 인정이 많아 여러 사람을 위해 좋은 일을 많이 하고 봉사해도 수고했다는 빈말뿐 이득은 뒤따르지 않고 때로는 구설만 분분하니 안타깝기만 하다.

괴로움이 생겨도 남을 원망하지 않고 스스로 만족하면서 모든 것을 내 탓으로 돌리니 그 동안 풍상을 겪으면서 얻어진 대가의 공덕이라 여겨진다.

특히, 유의할 것은 작은 감기에도 잘 걸리는 체질이 되어 신병이 잦을까 두려우며 또한 사소한 실수에도 관액이 끼어들어 고민하게 되는 수도 있으니 슬기롭게 대응하면서 극복하고 과감하게 이겨나가야 한다.

부부의 금슬도 남녀 다 같이 그렇게 아름답지는 못해 한 번 인연으로 단란한 가정을 이루기는 어렵고 또한 자식으로 기인하여 괴로움을 겪거나 번민하는 수도 있으며 한편 장자와는 인연이 엷으니 가급적 떨어져 사는 것이 이롭다. 이는 자신이 외롭게 지내야 일신이 편안하고 장수할 운명이다.

일천간(日天奸)

> 지혜가 총명하여 공문에 벼슬하면 이름을 떨치고 영
> 화를 누리면서 많은 존경을 받는다. 자영사업을 해도
> 변동하지 말고 꾸준히 정진하면 유종의 결실을 거두
> 고 대성 발전하여 영화를 기약할 수 있다.

　지혜가 총명하고 재주가 비상하여 공문에 벼슬하면 이름을 떨
치고 영화도 누리면서 많은 사람으로부터 존경받고 높은 직위에
오를 수이나 평소 남보다 한층 더 노력을 많이 해야 목적을 달
성할 수 있다. 그리고 중단(中斷)운이 함께 들어서 한때 난관을
겪어야 할 어려움이 따르기도 한다.

　타고남이 두뇌가 명석하고 재간이 특출하여 늘 현실을 초월한
새로운 것을 구상하기 때문에 많은 일을 만들어 변화수가 따르
고 일신이 항시 분주하다. 그러나 굳건한 의지로 그 변화를 능
히 극복하여 정신적인 즐거움을 느끼게 된다.

　한때는 횡액이 수반되어 심기가 몹시 산란해질 수도 있으나
성급하게 실망할 필요는 없다. 이도 잠시일 뿐 재앙은 스스로
소멸되어 말년운은 그저 탄탄한 대로와 같다. 하늘이 뒤에서 돌
봐 주듯 일마다 성사되어 정치를 했다면 고관 대작에 이르러 대
중의 존경을 받으며 사방에 이름내고 부귀할 수이니 가히 도전
도 해볼만 하다.

　덕망이 높고 인자하여 만나는 이마다 도움을 요청할 것이다.

이때 원근 친소(遠近親疏)를 가리지 말고 조건과 부담없이 도우면, 반드시 저들로부터 은혜의 보답으로 크게 기쁨이 도래(到來)할 것이니 짜증스러워 하지 말라. 본시 인생이란 서로 돕고 도움을 받으면서 살게 되어있다.

혹자는 외관상 보기보다 별반 인덕도 없으면서 자기의 재주만 과신하고 여러가지 손을 대다가 낭패를 겪거나 손재를 당하는 경우도 가끔 있으니 독자적인 자영사업을 하거나 봉급생활을 하더라도 처음잡은 직업을 변동하지 말고 꾸준히 노력해야 유종의 결실을 거두고 영화로운 성취를 기약할 수가 있다.

천간(天奸)성은 간혹 변괴(變怪)수를 유발하여 잘 되면 크게 부귀하고 못되면 어려운 풍파를 만나 파란을 겪을 수도 있으니 슬기롭게 순응하면서 분수를 지켜야 순탄하리라.

평생을 통하여 주색을 삼가해야 구설과 욕이 적고 자신의 건강도 유지된다. 그리고 집안이 산란하다고 혼자 가정을 벗어나면 일신은 편안할 수도 있으나 가족과 집안이 환란에 빠지거나 무너질 수도 있으니 식구들과 떨어져서는 안된다.

일천문(日天文)

성품이 인자하고 학덕을 겸비하여 공문에 벼슬하면
막힘이없이 이름을 떨치고 영화를 누릴 수이나 독자
적인 생업을 가지면 장애와 걸림세가 많고 성취도 늦
어진다. 단, 말운이 유복하여 슬하에 영화가 중중하다.

문창(文昌)성을 생일에 타고나 일찍이 학업에 정진하여 공직
(公職)을 수임하고 공무를 다루어야 대성 발전하고 존경 받으면
서 크게 이름을 떨칠 수 있다. 마음이 착하고 의식은 평생에 유
여하며 슬하에 자손 또한 영귀하여 영화가 중중하니 평탄하고
유복한 말운이 된다.

본시 학덕을 겸비하여 공문(公門)에 등과(登科)하고 인류를
위해 크게 공헌하면서 명예를 누리라는 사주라 관직에 오르면
막힘이 없고 교육자가 되면 큰 스승이 되고 문인이 되면 대문필
가가 될 수이니 사계의 권위자임에는 틀림이 없다.

만일, 그렇지 못하고 대기업이나 사회·단체 등에서 봉급생활
을 해도 순탄하게 소기의 목적을 쉬 성취할 수 있으나 독자적인
생업을 가지고 혼자 힘으로 움직이면 매사에 장애와 걸림세가
많고 성취도 늦어지는 수가 있다. 이는 재주는 출중하나 세정에
어두워 남의 길만 닦아 주는 격이 되어 애써 노력하고 각고 끝
에 얻어진 「노하우」도 남 좋은 일만 시키거나, 아니면 정작 일
은 내가 하고 소득은 남이 차지하는 수고로운 수도 있다.

　대체로 말년 운은 고귀한 행복을 소유하고 영화롭게 이름을 빛내는 자손까지 두면서 청한하게 여생을 안과하는 대길한 운명이다.

　단 한가지 그 고귀한 성품으로 아내를 맞이하면 엄정하고 원만한 가정을 이룩하여 더욱 행복할 수도 있으나 매력적인 외모만 중시하고 환상적인 아내를 맞이하면 마음이 산란하거나 어수선한 난관을 넘겨야 하는 풍파가 생겨 세상을 원망하고 탄식하는 수가 있다.

　인생이란 본래 귀천이 없으나 스스로의 가치기준을 설정함에 따라서 천차 만별(千差萬別)의 차이가 생긴다. 사람마다 가치관이 다르고 행위의 기준이 틀리니 인간은 귀천이 있을 수 밖에 없다. 이는 모두가 자업 자득(自業自得)임을 어찌하랴. 처음에는 서로가 매력을 느껴 결합을 했지만 함께 살아가면서 성격의 차이로 생각이 서로 다르다하여 충돌이 잦으면 결국 서로가 고생이 된다. 하늘이 맺어준 인연이라 어떤 수난이 있어도 감내하고 슬기롭게 사랑으로 조화를 이루어야 한다.

일천복(日天福)

지난날의 공적이 결실을 맺어 재물이 풍성하고 일신
이 영화롭다. 일찍이 상업을 경영했다면 천금을 희롱
하는 거부가 되어 많은 사람에게 도움을 주면서 풍요
롭게 가업을 빛내는 고귀한 명이라 본다.

　지난날 성실하게 쌓아온 공덕이 풍요롭게 결실을 맺어, 가는
곳마다 재물이 들어와 풍성하고 인연마다 도와주려나서니 일신
이 영화롭고 귀하며 만인이 우러러 존경을 한다. 이는 특히 생
일에 천복(天福)성을 타고 났으니 부귀하고 다복하여 말년의 대
운은 용이 여의주(如意珠)를 희롱하는 격이라, 만사가 뜻과 같
이 안되는 것이 없으니 영화롭고 태평하다.
　상업을 경영 했다면 비범한 능력과 수완을 최대로 발휘하여
천금의 복록을 누릴 수 있는 거부가 되어 창고에는 항상 의식이
축적되고 부명(富命)의 소리를 들으면서 풍요롭게 가업을 더욱
빛나게 다지리라. 또한 공무원이나 대기업, 회사, 단체 등에서
봉급생활을 가져도 남보다 빨리 승진하고 출세하여 이름을 떨치
면서 권위를 행사할 사주다.
　말년의 운이 이와 같이 만사 형통하여 어려움을 모르고 사방
으로 널리 활동하면서 여러 사람에게 도움을 주고 협력을 받으
면서 제반 범사가 순탄하게 성취되어 대성 발전하니 비록 한때
의 고난과 어려움이 닥치더라도 크게 걱정할 염려는 없다.

　　원래 주어진 능력이 뛰어나 많은 사람을 위해 신경을 쓰고 소득 없는 남의 치닥거리를 하면서 표적 없는 노고를 자주 하게 되나, 이도 주어진 운명이니 그저 감내하고 좋은 일을 많이 하면서 공덕을 베풀면 풍요한 복록이 말년에 더욱 유여하리라.

　　한가지 흠이라면 50세가 지난 후 한 번의 불행한 바람이 휩쓸어 궁지에 이르는 고통과 환란 등 액화수(厄禍數)가 들어 있으나 각별히 유의하고 지혜롭게 대처하면 무난하니 크게 걱정하지 않아도 된다.

　　사람이란 본래 평등한것이나 사람마다 달라서 없는 이는 없고 있는 이는 넘치게 있는 것이 인간세상이다. 있고 없는 이가 골고루 나눠가지면 평등해 질것 같으나 평등한 나눔은 있을 수 없으며 있고 없는 것은 스스로 지어 만드는 것이지 놓고 받는 것이 아니다. 사람에게 남을 돕는 다는 일 보다 더 아름다운 일은 없으니 곤경에 처한 이를 돕는데 인색하지 말고 너그럽게 덕을 베풀어야 한다.

　　부부는 평생을 생사 고락하면서 가장 가까이 있는 동반자다.

일천역(日天驛)

들고 남이 무쌍하여 변동수가 많이 따르고 분주 다사
하나, 집을 나가면 심신이 활달하고 재물도 중중하다.
말운이 강왕하여 뭐든지 하기로 작심하면 안되는 일
이 없으니 충분한 성공을 기약할 수 있다.

　타고남이 대중과 접촉을 많이 하면서 항시 바쁘게 움직여야
이로울 수이다. 일찍이 가업(家業)을 지키거나 집안에 있으면
마음이 답답하고 부부 사이에도 이롭지 못하니, 해외 왕래나 국
내 출입을 많이 하면서 늘 분주하게 나돌며 활발히 활동할 수
있는 직종을 가져야 성공이 빠르다. 즉, 다국적 상대의 무역이나
국내에서도 지사나 지점 같은 것을 많이 두고 내왕 하면서 장사
를 하면 크게 성공도 기약할 수 있으며 또 한편 마음도 편안하
고 활달하여 일신도 건강하다.
　흔히들 「역마(驛馬)살이 끼어서」 하지만 집에 박혀 있으면 공
연히 불안하고 매사가 잘 이룩되지 않기 때문이라 여겨진다. 말
년 운세가 강왕하여 외국 드나들기를 이웃처럼하고 세계를 두루
편렵하면서 뭐든지 하기로 작심하고 뛰어들면 되지 않는 일이
없으니 모두가 감탄한다. 단 욕심을 내어 탁한 마음을 먹고 이
득에만 눈이 멀면 끝에 가서는 그 탁한 욕심만큼의 손해를 보게
되므로 정도를 벗어남이 없이 성실하게 노력의 대가를 구해야
한다.

　직장이든 개인 사업이든 하는 일은 모두 순탄하게 성취되어 화려하게 충분한 성공을 기약할 수 있다. 단 소득은 많아도 돈을 물같이 쓰고 별 표적없이 나가는 곳 또한 많은 팔자로, 자신의 능력으로 만인에게 기쁨을 주고 저들과 더불어 공존 동락하면서 수시로 융통성 있게 대응 처세하면 그 명성이 날로 더 높아지리라.

　본래 육친(부모·형제·처자)과는 인연이 박하여 별 도움이 되지 못하고 간간이 손재를 볼 수도 있으며 또한 신경도 많이 써야 할 일들이 생기면서 일신이 고단하니, 식구 많은 집은 가급적 분산하고 되도록 멀찌감치 떨어져 살아야 이로우며, 자손도 자기 그늘에서 키우려들지 말고 일찍 내보내야 진취력도 생기고 쉬 성공할 수 있다.

　부부의 금슬은, 본래 이성과의 인연을 여러 차례 맺으란 명이라, 처음 만난 인연과는 늘 불만속에 있으며 두 사람 몸에 자식을 두거나 별거 또는 재혼 등 풍파살이 들어 있으니, 서로가 이해하고 가끔 떨어져 살아야 풍파를 모면할 수 있다.

일천고(日天孤)

일신이 늘 외롭고 고독하게 사방을 편력하니 성패가 복잡하다. 일생을 통하여 남에게 해 끼치는 일이 없는 고고한 인격의 소유자이나, 부부의 운은 불미하니 사랑으로 너그럽게 극복하면 말년은 화락하리라.

본시 외롭게 운을 타고나 인덕이 없고 육친과도 인연이 엷으며 늘 답답하고 외로워도 어느 누구와 의논할 사람이 없다. 일신이 늘 고독하고 적막해도 스스로 안위(安慰)하고 외로움을 달래는 고고한 학처럼 인생을 달관하여 정원의 난초와 같이 고결한 품위와 지혜가 총명하지만 친구가 드물어서 가을 국화와 같다.

그러나 이러한 외로움은 말년으로 가면서 점차 사라지고 덕담을 나누면서 인생을 즐겁게 영위할 수 있다.

대체로 유동과 변화 수가 많이 따라서 늘 일신이 하늘에 떠도는 구름처럼 강산을 두루 편력하면서 재물을 뿌리는 형국이라, 굴곡과 풍상을 겪기도 하나 때로는 행운이 동반되어 좋은 기회도 생기고 많은 재물도 만지지만 들어오면 뒤따라 나갈 곳이 쫓아오니 항시 바쁘고 신경도 많이 쓰게 된다.

평소 남 보기에는 아무 일 없는 것같아도 숨어진 근심과 번거로움이 많이 따르고 한번쯤 신병을 겪을 수도 있다. 한편, 이와 같이 액화를 넘겨야 수명이 길어질 운명이니 각별히 유의하고 슬기롭게 이겨나가야 한다.

　일생을 통하여 남에게 해를 끼치거나 싸우는 일이 없고 누구에게 배신을 당해도 누구든 좋은게 좋다는 것이 인생관이다. 이는 지적으로 수준이 낮아서가 아니라 운을 외롭게 타고났기에 봄날 깊은 산 숲속에서 외로이 슬피우는 두견(杜鵑)새처럼 고적해서다. 이래서 아무에게나 융화를 잘 해주나 그래도 속마음은 흔들림이 없으니 모두가 좋아하고 덕망(德望)있는 인격의 소유자라 한다.

　인생이란 본래 혼자인데 비록 친·인척과 인연이 없더라도 마음과 마음으로 맺은 진실한 인연이 있을테니 오히려 더 애달프고 아름답다. 고독을 밖으로 달랠 수 없고 스스로 정리함이 최선의 방책임을 알고 항상 혼자 있을 수 있는 수행(修行)을 쌓아야 하겠다.

　부부의 인연도 두 방에 옷을 벗는 형국이라, 처음 맺은 인연으로 평생 해로하기 위해서는 각별히 유의하고 상호 사랑으로 너그럽게 극복하면 그 괴롭던 외로움도 점차 사라지고 말년에는 그윽한 난초와 같이 청조하게 덕담(德談)을 나누면서 화락(和樂)하리라.

일천인 (日天刃)

일찍이 공직에 벼슬하거나 대기업, 회사, 단체 등에
취업해야 이롭고 소망과 목표를 쉬 이룩할 수 있다.
독자적인 생업을 가지면 장애가 따르고 잘 성사되지
않는다. 항시 다툼을 피하고 몸을 잘 챙겨야 한다.

본시 국록을 먹는 관리나 총칼을 차는 직종에 종사해야 속히
출세하고 영화를 누리면서 일신이 편안하다. 천인성은 귀하게
되어 여러 사람을 거느리고 우러름을 받으며 이름을 얻는 명이
라 일찍이 공무원이나 군경, 의약사 등 문무(文武)간에 봉급받
는 기관이나 대기업, 회사, 단체 등에서 종사해야 이롭고 소기의
목적도 쉬 성취되어 부귀를 누릴 수가 있다.

만일, 그렇지 못하고 독자적인 자유 생업을 가지게 되면, 뭔가
하려고 해도 잘 성사가 되지 않고 일신이 고단하며 또한 인덕이
없어 배신을 당하기 쉽고 특히, 남 때문에 자신이 큰 피해를 보
거나 관재 구설을 당하는 낭패를 보는 경우도 있으니 항시 타인
을 경계하고 직종은 되도록 쇠(鐵)나 흑(土)과 연관이 많은 것
을 붙잡아야 이롭다.

인살(刃殺)이 범신(犯身)하여 잘 되면 장상(長上)에 이르는
큰 인물이 되고, 못되면 추풍에 낙엽처럼 하명(下命)이 될 수도
있는 위험하고 사고성이 많은 명이다. 성품은 호탕하고 천금을
일시에 써도 궁한 줄을 모르는 배짱과 오기나 고집을 부리다가

파탄을 당하거나 고난을 겪게 되어 후회하는 수도 있다.

평소 건강하다가도 몸에 상처나 신병, 수술, 교통 사고 등 위험한 고비를 겪을 수도 있고 또한 관재 구설수도 따르니, 남과의 마찰과 다툼을 피하고 주색을 멀리하면서 몸을 잘 챙겨야 액화수를 모면 한다.

혹자는 범사가 뜻과 같이 되는 것이 없으니 일신이 고단하여 흡사 날개에 상처입은 새처럼 날고 싶어도 날지 못하는 형국이라, 늘 인생을 자탄하고 염세하여 방탕하면서 가산마저 탕진할 수도 있으니 유의하고, 하던 일을 꾸준히 지키면서 슬기롭게 극복해야 손실을 모면 한다. 단 옛날에 살던 곳이 정이 들어 떠나지 못하지만 이사를 가면 옛터보다 발전하고 생활도 나아질 수 있다.

부부의 금슬은 대수롭지 않은 일에도 자주 짜드락거리는 명이니 각별히 유의하고 하늘이 맺어준 인연이라 항상 너그럽게 이해하는 마음으로 순응해야 파탄을 모면하고 만년에는 다시 처음 만났을때처럼 화락하리라.

일천예(日天藝)

> 예능 감각과 재능이 출중하여 특수한 예능 분야나 만
> 인을 상대하는 번화한 업종을 가지면 속히 출세하고
> 이름을 떨칠 수 있다. 말운은 부귀 왕성하여 재록이
> 풍성해지는 순탄한 운세다.

교묘한 재능이 출중하고 예능 감각이 뛰어나 일찍이 예능 방
면으로 정진하였다면 예술의 극치를 이루어 후예들의 사표가 될
수도 있다.

만일, 그렇지 못하고 독자적인 자유 생업을 가져도 대체로 일
많이하고 남보다 앞자리에서 권리를 행사하면서 점차로 재물도
모으고 사회적으로 이름도 남기며 대성 발전하여 유명세를 치루
게 된다.

천예(天藝)성을 생일에 타고난 사람은 대개 기골이 남아답고
풍체가 늠름하며 지혜가 영민하고 재능이 출중하여 예능 분야가
아니더라도 특수한 기술 계통이나 또는 인간 접촉을 많이 하는
번화하고 인기성 있는 업종에 종사하거나 직접 경영을 해도 부
귀와 소망이 속히 성취되고 쉽게 대성 발전할 수 있다.

본시 타고남이 거짓말을 싫어하고 의리를 중히 여기며 자신의
의지를 좀처럼 굽히려 들지않는 냉정한 성품이 사물에 격동하기
가 쉽고 한편 가난한 사람을 이해하는 관용도 구비하여 많은 사
람들이 반기니 만인 접대격이라 일생에 고락(苦樂)과 기복(起伏)

이 많이 따르고 공명과 인기가 올라도 돈에는 크게 관심이 없어 자기 실속을 차리기가 어렵고 힘들 수이다. 그 동안 열심히 애써 분주하게 살아온 가운데 간간이 어려운 고비를 겪으면서 중년을 딛고 발전을 하니 만년에는 반드시 부귀의 문이 열리리라. 이와같이 부귀의 문이 열리면서 점차 재물도 풍성하게 모아지고 사회의 많은 사람들도 가는 곳마다 반기며 명예도 함께 상승한다. 간혹 가정에 처자의 근심이 있더라도 잠시일뿐 곧 화평을 되찾고 주어진 일에 올바로 정진을 하게되니 백사가 무난하게 성취되면서 대성 발전하리라.

　본시 인생이란 쟁취하는 것이 아니다. 서로를 경영함이요 내 성공이 곧 모든 이의 여건이었음을 알고 가끔 친구들에게 손재수를 당하더라도 너그럽게 포용하는 자세로 임해야 한다.

　부부의 금슬은 사소한 것을 가지고 다투지 말고 자신에게 결점이 있음을 알지 않으면 안된다. 함께 평생을 생사 고락하면서 같이 살아갈 동반자 이기에 이도 잠시일뿐 곧 화평을 다시 되찾고 항상 깊은 사려로 생의 동행을 삼으니 더욱 조화롭고 단란하리라.

일천수(日天壽)

말운이 대길하여 소망을 성취하고 영화를 누리며 대중을 위해 좋은 일을 많이 하면서 동기간에 우애를 다져야 한다. 시비와 구설수가 많으니 이해 관계가 없는 일에는 관여하지 말고 포용하는 자세로 임해야 한다.

천성이 강직하고 매사에 빈틈없이 공평하지만 아무도 이해하여 주지 않으니 일신이 외롭고 안타깝기만 하다. 사리를 판단함이 명석하고 냉철하나 불같이 급한 성품이 너무 조급하게 판단을 내려 행동에 옮기다가 관액이나 구설수에 오르기 쉽다.

초년은 비록 한때 곤고했더라도 말년에 이르면서 점차 의식이 유여하고 제반 범사가 순탄하게 성취되면서 몸과 마음이 편안하니 대길한 운세라 하겠다.

일찍이 독자적인 생업을 가지거나 대기업 사회 단체 등 공직생활을 가져도 무슨 일이든지 확고한 신념을 가지고 대하여 난관에 부딪쳐도 뜻을 굽히지 않으므로 지도자가 많다. 다만 두려움 없이 목표를 향해 전진을 하여 신중한 면이 결여되어 그 결과가 소기의 목표에 이르지 못할 수도 있다. 그러나 의식은 유여하여 평탄하게 영화를 누리게 된다. 단 50세 이후에 이사를 다니는 것은 이롭지 못하니 가급적 삼가하고 특히, 많은 사람과 왕래를 하면서 남에게 좋은 일을 많이 해도 공덕은 간 데 없고 도리어 누명이나 모함 등 관재 구설이 따르며, 하찮은 일에도

공연히 인심을 잃게되는 경우가 왕왕 있으니, 항시 무슨 일이든 대소간에 분명히 하고 이해관계가 없는 일에는 관여하지 않아야 시비와 구설을 피할 수 있다.

　본시 타고남이 성실하고 침착하며 굳은 의지와 적극적인 행동성을 두루 갖추고 있어서 때로는 남의 의견을 무시하고 자신의 고집을 앞세우는 경향이 있기 때문에 대인관계에 있어서 고립되는 경우가 있으며 또한 동기나 친·인척간에 너무 내것 네것 따지거나 시시비비를 가리면 불화하거나 다툼이 생기면서 우애가 깨어질 염려도 있으니, 늘 너그럽게 양보하고 포용하는 자세로 임해야 일신이 편안하다. 인정이 많고 신의를 지키려고 노력하나 한가지 흠이라면 변덕스러운데가 있고 고집이 완강하여 간혹 고집을 부리면 의아해 할 정도로 남의 말을 잘 들으려고 하지 않는다. 그러나 말운이 왕성하여 영화롭게 안과하리라.

　부부간의 금슬은 슬기롭게 잘 순응하여 더욱 조화롭게 성숙된 가정을 이끌 수 있으니 걱정하지 않아도 된다.

총 운(總運)

총운(總運)

총운은 태어난 날(生日)과 태어난 시각(生時)을 기준으로 하여 노후 말년의 숨은 인덕과 환경 상태 등 총 운세를 본다. 초·중·말년의 운이 조화를 이루어 형성되고, 한평생을 이끌어가는 운명의 주인이라 할 수 있다. 먼저 앞에서 본 말년운 일천성에다 생시를 연결하여 시천성(時天星)을 찾은 후 다음 해설표에서 찾으면 총운을 알 수 있다.

시간 보는 법

현행 시간	23시 ~ 1시	1시 ~ 3시	3시 ~ 5시	5시 ~ 7시	7시 ~ 9시	9시 ~ 11시	11시 ~ 13시	13시 ~ 15시	15시 ~ 17시	17시 ~ 19시	19시 ~ 21시	21시 ~ 23시
옛 시간	자 (子)	축 (丑)	인 (寅)	묘 (卯)	진 (辰)	사 (巳)	오 (午)	미 (未)	신 (申)	유 (酉)	술 (戌)	해 (亥)

참고 시간을 모르고 어림으로 잡아야 할 경우에는 해, 달이 뜨고 지는 시간을 현행 시간과 비교하여 오차가 없도록 해야한다.

일천성(日天星)과 시천성(時天星)

시천성 \ 생시 \ 일천성	시천귀	시천액	시천권	시천파	시천간	시천문	시천복	시천역	시천고	시천인	시천예	시천수
일천귀	자(子)	축(丑)	인(寅)	묘(卯)	진(辰)	사(巳)	오(午)	미(未)	신(申)	유(酉)	술(戌)	해(亥)
일천액	해(亥)	자(子)	축(丑)	인(寅)	묘(卯)	진(辰)	사(巳)	오(午)	미(未)	신(申)	유(酉)	술(戌)
일천권	술(戌)	해(亥)	자(子)	축(丑)	인(寅)	묘(卯)	진(辰)	사(巳)	오(午)	미(未)	신(申)	유(酉)
일천파	유(酉)	술(戌)	해(亥)	자(子)	축(丑)	인(寅)	묘(卯)	진(辰)	사(巳)	오(午)	미(未)	신(申)
일천간	신(申)	유(酉)	술(戌)	해(亥)	자(子)	축(丑)	인(寅)	묘(卯)	진(辰)	사(巳)	오(午)	미(未)
일천문	미(未)	신(申)	유(酉)	술(戌)	해(亥)	자(子)	축(丑)	인(寅)	묘(卯)	진(辰)	사(巳)	오(午)
일천복	오(午)	미(未)	신(申)	유(酉)	술(戌)	해(亥)	자(子)	축(丑)	인(寅)	묘(卯)	진(辰)	사(巳)
일천역	사(巳)	오(午)	미(未)	신(申)	유(酉)	술(戌)	해(亥)	자(子)	축(丑)	인(寅)	묘(卯)	진(辰)
일천고	진(辰)	사(巳)	오(午)	미(未)	신(申)	유(酉)	술(戌)	해(亥)	자(子)	축(丑)	인(寅)	묘(卯)
일천인	묘(卯)	진(辰)	사(巳)	오(午)	미(未)	신(申)	유(酉)	술(戌)	해(亥)	자(子)	축(丑)	인(寅)
일천예	인(寅)	묘(卯)	진(辰)	사(巳)	오(午)	미(未)	신(申)	유(酉)	술(戌)	해(亥)	자(子)	축(丑)
일천수	축(丑)	인(寅)	묘(卯)	진(辰)	사(巳)	오(午)	미(未)	신(申)	유(酉)	술(戌)	해(亥)	자(子)

보기 말년 일천권에 진(辰)시(7시~9시) 생일 경우, 일천권에서 생시인 진(辰)시를 찾으면 시천복(時天福)성이 되고, 말년운 일천간에 오(午)시(11시~13시) 생일 경우, 일천간에서 생시인 오(午)시를 찾으면 시천예(時天藝)성이 된다.

시천귀(時天貴)

> 지난날 젊은 시절의 성실한 노력이 풍요로운 결실을
> 맺어 말년의 영화는 부족함이 없이 만족하다. 일생을
> 통하여 성패와 굴곡도 많았으나 슬기롭게 극복하여
> 가정도 안정되고 자손도 효도하며 경사를 본다.

한 송이 국화꽃을 피우기 위하여 수많은 신고(辛苦)를 겪어야
하듯이 그 동안 성패수도 여러 번 있었다. 재물은 스스로 모으
고 스스로 흩기도 하는 변화와 굴곡이 수없이 따르기도 하였으
나 성실한 노력이 결실을 맺어 한걸음 도약을 하고 재물과 권리
가 늘어나면서 가정에 틀도 잡히게 되니 매사가 순조롭게 뜻과
같이 이룩되면서 부족함이 없이 풍후한 삶을 누리게 되리라.

의식은 풍족함 속에서 가난의 고통이 무엇인가를 모르고 살지
만 정상을 향해 꾸준히 노력해가는 기다림으로 지내기 때문에
외로움이 뒤따르기는 하나 부부가 늙어가면서 단란하고 자손 또
한 효도하여 경사를 볼 수 있다.

천성이 근면하여 항상 수고를 해야 하는 번거로움이 동반되기
도하나, 만인이 우러러 존경하는 유복한 운명이다.

생일에 천복(天福)이 들면 부귀가 겸비(兼備)하고, 천문(天文)이
들면 학문으로 이름을 떨치며, 간(奸)성이 들면 사회사업가로
덕망이 높다. 대체로 생시에 천귀(天貴)성을 타고 나면 노후 만
년에 부귀가 기다리고 있는 존귀한 운명으로 본다.

시천액(時天厄)

일생을 통하여 하는 일마다 어려움이 많고 실속은 적으며 백사가 시작은 화려해도 결실은 부실하다. 뭐든지 하면 된다는 안이한 생각을 버리고 심사숙고후 신중하게 대처해야 손실을 줄일 것이다.

한평생 부지런하여 칭찬은 많이 받지만 소득은 언제나 뒤따르지 않고 해야 할 일들이 산처럼 쌓였으니 해도 해도 끝이 없다. 뭐든지 하면 된다는 안이한 생각으로 아무 일에나 쉽게 손대어 실패수가 많이 따르니, 반드시 심사숙고하여 신중하게 임해야 손실을 줄이고 작은 일이라도 크게 성사시킬 수 있다.

본시 인덕이 없어 남에게 좋은 일을 많이하고도 도리어 피해를 당하거나 좋은 소리를 듣지 못하고 공덕 없는 시주만하는 고단한 팔자다. 이도 전생의 숙명이라 그저 슬기롭게 감내해야 한다.

노후에 자손 덕보기는 어렵고 내외간에도 액운이 많이 따르며, 애써 모은 재물은 부동산에 투자하고 직접 관리를 잘 해야 만년에 의식이 편안하다. 만일 생일에 천액(天厄)이 거듭 겹쳐 있으면 크게 낭패를 볼 수도 있으며 또한 천파(天破)성이 들면 큰일을 벌이지 않아야 손실을 감소한다. 단 복(福)과 귀(貴)성이 들면 부귀를 성취하고 모든 이를 잘 보살피게 되어 늘 존경을 받는 삶을 누리게 되리라.

시천권 (時天權)

일찍이 총명한 지혜와 권리를 많이 타고나 관록이 따르고 지도자의 권위를 지키면서 공명을 얻는다. 일생에 부침도 많이 따르니 항시 분주하게 움직이고 많은 사람에게 도움을 주어야 심신이 건강하다.

총명한 지혜와 권리를 많이 타고나 그 위용이 당당하다. 바위라도 뚫고 지나려는 의지와 용기로 매사에 대처하니 어려울 바 없으나, 용기가 넘쳐 생각이 짧고 성정이 조급하여 매사를 속전속결로 처결하려드니 그만큼 실패수도 많이 따른다. 하는 일마다 자신감이 넘치고 어떤 위치에 처하여도 권위를 떨치며 세상 경영에 참여하는 지도자격이라 일찍 공직생활을 가져야 할 명이다.

만일 관록의 길이 열리지 않으면 반드시 큰 사업을 벌여 경영자나 지휘의 권좌를 차지하고, 비범한 수완과 계략으로 언제나 앞장서며 리드한다.

본시 분주하게 움직이고 많은 사람을 도우라는 명이라 한가하게 있으면 번민이 많고 몸이 불편하니 여러 사람과 응대하면서 뭐든지 바쁘게 움직여야 권리도 따르고 심신이 건강하다.

생일에 천수(天壽)와 천복(天福)성이 들어있으면 반드시 대성하고 생월에 귀(貴)나 간(奸)성이 들어있으면 일찍 공명을 떨쳐 한 나라의 경영에 참여하는 기둥이 될 수도 있다.

시천파(時天破)

가산과 직업에 여러 번 변동을 맞을 수 있으니 굳건한 신념으로 실패라는 「징크스」를 자신이 부숴야 한다. 투기성이 있는 사업은 절대 금물이니 부동산에 투자하고 묶어둬야 탈없이 노후 말년이 평안하다.

무엇이든 작은 것에서부터 만족을 찾아 점차로 늘려가는 습성을 쌓아야 한다. 분에 넘치는 욕심을 내어 투기하거나 목전의 이익에 현혹되어 허욕을 부리면 낭패수를 겪는다.

본시 여러 번 가산도 옮기고 직업도 여러 차례 변동하는 운세라, 남의 꼬임에 잘 빠지기 쉽고 새로운 시세에 민감하여 백사에 너무 쉽게 덤비고 포기하는 일이 많아서 대성하기가 어렵다. 일찍이 애써 모은 돈은 자신이 갖고 있지 말고 자손에게 투자를 하면, 그 자손의 덕으로 여생을 평안하게 보내리라.

특히, 중년에 투기성이 있는 업종에 투자를 하거나 위험성이 있는 돈놀이 같은 것은 절대 금물이니 삼가하고 부동산 등에 깊이 잘 간수해야 보전한다.

초년 운세에 귀(貴)나 복(福)운이 들면 쉽게 액운을 면할 수도 있으나, 중년에 액(厄)운이 들면 실패할 수 있다. 말년에 파(破)·액(厄)운이 들면 오히려 운세가 풀리는데 도움이 되기도 하지만, 좋은 일이 있을수록 조심하고 재산을 지키는 수단을 필요로 하니 더욱 수양을 쌓아야 하겠다.

시천간(時天奸)

일찍이 젊어서 품은 뜻을 만년에야 이룩하는 「대기 만
성」의 명조라, 범사에 하는 일은 길흉이 상반되나 근면
과 성실, 부단한 노력으로 만난을 극복하여 대성 발전하
니 간혹 곤고함이 있다해도 절대 한탄할 것 없다.

젊어서 품은 뜻을 만년에야 이루는 대기 만성(大器晩成)형이
라, 주어진 행운에 너무 쉽게 뛰어들지 않도록 자중함이 필요하
다. 평소 도움을 주기 위해 찾아오는 사람은 없어도 도움을 받
고자 하는 사람이 너무 많다. 도와줄 능력이 없어도 거절을 못
하고 애써 도와줘도 전부 은혜로운 것만은 아니다. 좋은 소리를
못듣는 것도 운명이니 탓하지 말라.

범사에 하는 일은 많아도 다 성사되지는 않으니 길흉이 상반
되고 마냥 밝지만은 않다. 부모·내외·자손 중 하나는 갖추지
못할 수 이니 가족 등에 생기는 액운을 조심하면 영민한 재주로
일찍이 출세하여 안정된 자리를 확보하고 부단히 노력하여 노후
말년에는 안과하리라.

생년·월·일에 천간(天奸)성이 겹쳐 들어있으면 지나칠 정도
로 영리하여 오해를 받게 되는 수도 있으니 경박하지 않게 주의
를 하고, 권(權)이나 문(文)성이 함께 합세하면 반드시 관록을
얻게 되는 운세이니 학업에 일찍 정진해야 한다. 만일 액(厄)과
파(破)운이 들어있으면 생활에 오해를 불러 일으키는 수도 있다.

시천문(時天文)

호탕한 성품과 출중한 재주로써 일생을 별 어려움 없이 차분하게 결실을 이뤄 많은 재물을 모으고 막힘이 없는 행복된 삶을 누리면서 사방에 이름을 휘날리고 존경을 받으리라.

호탕한 성품이 융화를 잘 이루고 뛰어난 재주와 기술로 많이 벌고 많이 쓰며 자신을 잘 돌보니 호쾌한 삶을 누릴 수 이다.

일찍이 학업에 정진하면 공무원이나 학자, 의약사 등 인기성 있는 분야의 직종에서 성실하게 결실을 이뤄, 많은 재물을 모으고 이름도 높이 얻으면서 행복된 삶을 누릴 수 있다.

만일, 이와 같이 못하면 불평이 안으로 쌓여 가족에게 아름답지 못함이 생길 수도 있고, 또한 한쪽 부모를 모시는 액운을 겪어야 처자(妻子) 궁에 낭패나 수심을 모면하는 운세이기도 하다. 늘 차분하게 자신을 살피는 데는 빈틈이 없으나 간혹 가족들에게 소홀히 하여 발생되는 액운을 조심하고 신경을 써야 한다.

전반적인 운세에서 권(權)이나 귀(貴)운을 함께 갖추면 관록은 얻은거나 다름이 없고, 수(壽)와 복(福)운이 들어있으면 태평은 이룩된 셈이다. 액(厄)이나 파(破)운을 만나면 학업이 중단될 우려가 있고, 생년(生年)에서 천간(天奸)운을 만나면 일찍이 공문에 벼슬하고 출세할 수 있다.

시천복(時天福)

> 만년 복분이 무궁하여 부귀 겸전하니 비록 한때 고난
> 이 있다해도 번뇌할 필요가 없다. 자칫하면 남의 사정
> 을 모르는 매정한 사람이 되기 쉬우니 여러 사람을
> 거두고 도움을 주면서 지내야 복수를 누린다.

말년이 유복하여 고대 왕실 좋은 집에서 부러울 바 없이 태평
하게 영화를 누리면서 부귀와 공명을 함께 구전(俱全)하는 대길
한 사주다. 만일 관록을 먹으면 더욱 대성하고 아름다워지리라.

한때 비록 곤고하거나 어려움이 있다해도 항상 살아날 길이
트여 있으니 두려워하거나 번뇌하지 않아도 된다. 다만 생존 경
쟁을 위하여 고뇌하거나 투쟁을 모르고, 역경에 이르러도 스스
로 타결할 줄 모르는 나약한 기질이 아쉽고 만년 내복(來福)이
무궁하여 잘못하면 남의 사정을 모르는 매정한 사람이 되고 독
선자가 될까 염려된다.

사람은 언제나 자신의 복이 남으로부터 비롯된다는 것을 잊지
말고 항시 여러 사람을 거두고 도움을 주면서 지내야 더욱더 발
복하고 복수(福壽)를 누리며 존경을 받게 된다.

일생 운세에 귀(貴)와 권(權)운이 동반되면 반드시 복을 누리
게 되고, 문(文)과 수(壽)운을 겸비하면 평탄한 삶은 걱정할 바
없다. 그러나 액(厄)과 파(破)성을 만나면 하는 일에 틈이 생기
고, 고(孤)를 만나면 사람이 따르지 않아 고독을 느끼게 된다.

시천역(時天驛)

한곳에 오래 머물지 못하고 동서남북으로 분주하게 다니면서 자수 성가하고 천금도 희롱할 수이다. 세계를 무대로 만인과 상대하는 업종이면 적성에도 맞고 승산이 있으며 재물도 모을 수 있다.

천성이 부지런하여 한곳에 오래 머물면 쉽게 싫증을 느끼고 늘 새로움을 찾아 동서로 분주하게 내왕하고 또 그렇게 움직여야 재물이 따르는 운세다.

때문에 직장에 나가면 남달리 자리를 잘 옮기는데 명수가 되고 또한 이사도 자주 하게 된다. 육친과는 덕이 없어 초년부터 고독하고 곤고하여 자력으로 자수 성가하라는 운명이다.

천하를 두루 다니면서 천금의 재산을 모으고 또한 아쉬움 없이 돈을 물쓰듯 쓰기도 하며 사업마저 자주 바꿀 우려가 있다. 성정이 호탕하여 대인관계가 원만하고 많은 사람과 접촉이 빈번한 업종이면 승산이 있고 재물도 모을 수 있으니 세계를 무대로 무역업을 경영하거나 국내에서도 지사를 많이 두고 돌아다닐 수 있는 업종이면 적성에 맞고 이상적이라 할 수 있다.

전반적인 운세에 간(奸)이나 권(權)운이 들어있으면 외유하여 관록을 누리거나 외국을 상대로 큰 사업을 하게 되고, 귀(貴)나 복(福)운을 만나면 제반 사업이 대성하며, 액(厄)이나 파(破) 또는 고(孤)운을 만나면 하는 일마다 다 순조롭지는 않다.

시천고(時天孤)

> 항시. 분주하게 움직여야 심신이 건강하고 재물도 모을 수 있다. 육친과는 인연이 박약하여 고독하지만 늘 화합으로 다지는데 노력하고 기도하는 마음으로 자중 자애 하면서 슬기롭게 극복해야 한다.

항시 외롭고 적막하게 동서로 돌아다니면서 분주하게 움직여야 심신이 평안하고 재물도 늘어나는 번거로운 사주라 하겠다.

말년운은 일신이 고단하고 범사에 여러 모로 노력은 많이 하나 성패가 빈번하여 심신이 한가롭지 못하다. 자식들과도 각각 떨어져 살게 되며 내외간에도 쓸쓸히 지내야 하는 고적한 운세라 늘 자중 자애하면서 기도하는 마음으로 일하지 않으면 성패로 기인한 고독감을 스스로 감내하기 어려울 때도 있으니 슬기롭게 극복하면서 친·인척이 아닐지라도 깊은 정을 나눌 수 있는 친구 등을 사귀고 늘 화합으로 이해하고 노력하면, 고독을 이길 수 있고 스스로 자비로움을 느껴 안위가 될 수도 있다.

일신이 고독하고 분주한 명이라 일없이 편안하게 있으면 신병을 앓거나 손재를 당할 수 있으니 항시 몸을 움직여서 건강을 유지해야 한다.

일생 운세에서 예(藝)나 문(文)운을 겸비하면 충분히 능력을 발휘할 수 있고, 귀(貴)와 복(福)운이 들어있으면 비록 고독은 하더라도 항상 주위에 사람이 있어 고독을 모르게 된다.

시천인(時天刃)

일찍이 문·무간에 관록을 먹거나 대기업 등에서 봉급생활을 해야 일신이 평안하고 대성 발전할 수 있다. 그렇지 못하면 동서로 분주하게 움직여도 사람은 따르나 큰 재물은 모으기가 어렵다.

일찍이 문(文)·무(武)간에 관록을 먹거나 대기업, 회사, 단체 등에서 봉급생활을 해야 대성 발전할 수 있다. 그렇지 못하면 내집 한칸 마련하지 못하고 가는 곳이 내집이 되지만 실제로 내집이 없어 곤고하기만 하다.

성정이 불의를 보면 그저 보아넘기지 못하고 매사에 참여하려 하고 말재주가 뛰어나 만사를 말로써 해결하려드니 명성은 있어도 실제로 남는 것이 없어 늘 궁색하다.

어디를 가나 사람이 많이 따르고 의식은 풍족하다. 큰 재물은 없어도 마음은 항상 넉넉하다.

말년에 이르러도 재산권을 자기가 직접 가지고 지켜야지 자손에게 이전하면 풍파를 겪을 수 있으니 되도록 한가지 일을 한군데 뿌리 박아 움직이지 않아야 손실을 줄이고 탈이 없는 이로울수다.

만일, 사주·운세에서 문(文)과 예(藝)운을 만나면 호탕한 기계로 인생을 편력하고, 천액(天厄)성을 보면 자수 성가하며, 귀(貴)와 복(福)운이 들어있으면 안정된 생활을 영위할 수 있다.

시천예(時天藝)

> 지혜가 총명하고 재주가 뛰어나 일찍이 공직에서 봉
> 급생활을 하면 일신이 평안하고 부귀를 누릴 수 있다.
> 평소 자신의 기능에만 너무 과신하지 말고 뭐든지 꾸
> 준하게 전력 투구해야 크게 성취한다.

    지혜가 총명하고 재주가 뛰어나 일찍이 공문에서 관록을 먹거
나 회사, 단체 등에서 봉급생활을 해야 일신이 편안하고 부귀를
누리게 된다. 만일 그렇지 못하면 특수한 기술 계통이나 예능
방면으로 진출을 해도 성공을 기약할 수 있다.

    본래 움직임이 많은 운세라 세업은 없어도 자수 성가하여 대
기 만성의 기쁨을 누릴 수 있는 운세이니 뭐든지 올바로 취하고
꾸준하게 전력 투구하면 크게 성취할 수 있으니 비록 한때 어려
움이 있을지라도 참고 견디는 미덕을 길러야 한다. 간혹 인정에
얽메어 낭패를 겪을 수도 있으니 금전이나 인간 관계를 분명히
하고 또한 자손으로 기인하여 걱정하는 수도 따르니 유의하면서
슬기롭게 고비를 넘겨야 무난하리라.

    일생 운세에 예(藝)운이 겹쳐 있으면 의욕이 지나쳐 실보다
허가 많고, 액(厄)이나 고(孤)운이 들어있으면 외롭게 홀로 살
기를 좋아하며, 역(驛)이나 파(破)운이 들어있으면 뜻은 있어도
하는 일마다 성취하기가 어렵게 될 수이니 매사에 신중을 기해
야 한다.

시천수(時天壽)

말운이 유복하여 부족함을 모르고 하는 일마다 뜻과 같이 성취되어 모두가 우러러 존경하고 부러워한다. 단, 인간 왕래에 이득없는 궂은일을 많이 겪으면서 신경을 쓰더라도 자애롭게 거두어야 복수를 누린다.

말년의 운세는 고목에 꽃이 피는 형국이라 의식이 풍성하여 부족함을 모르고 집안에는 근심과 걱정이 없으니 몸과 마음이 평안하다.

한 가지 걸림세가 있다면 인간 왕래에 이득없는 궂은일을 많이 겪으며 여러 사람의 힘이되어 주라는 운명이라, 다소 고달프거나 신경을 쓰더라도 항시 자애롭게 여러 사람을 거두고 도움을 주면서 공덕을 심으면 더욱더 화려하게 영화를 누릴 수이니 사회에 공헌하는데 주저함이 없이 앞장서서 봉사해야 한다.

한때 내외간에 산란하던 고비도 이미 지났으니 무고할 수요, 만사 부러워할 바 없이 태평하니 자중 자애하며는 험한 일을 아니 보고 평안하게 삶을 누리는 유복한 운세다.

생일에서 천귀(天貴)성을 만나면 더없이 영귀하고, 생월에 간(奸)과 권(權)운이 들어있으면 관록이 높고 명성을 떨친다. 생년에서 수(壽)운을 겸하면 타향에 나가 기반을 구축하고, 문(文)과 예(藝)운을 겸비하면 문예로 대성한다. 너무 안정된 운세라 변괴(變怪)수에 이르면 어려움을 당할 수도 있다.

순환대운(循環大運)

순환대운(循環大運)

순환하는 대운은 태어난 해의 자기 띠와 태어난 달(음력)을 기준으로 12지지를 동물에 비교하여 그 인간의 전생과 성격, 그리고 과정의 변화, 직업 등 일생에 돌고 도는 대운세를 해설하였으니, 먼저 태어난 해의 띠와 태어난 달(생월)을 연결하여 찾아보면 쉽게 대운을 알 수 있다.

전생과 순환대운

대운 / 생월 생년	봉황 (鳳凰)	사자 (獅子)	금계 (金鷄)	노치 (老雉)	연자 (燕子)	홍곡 (鴻鵠)	백록 (白鹿)	공작 (孔雀)	적구 (赤鳩)	주작 (朱雀)	청학 (靑鶴)	앵무 (鸚鵡)
쥐 띠 (子)	1	2	3	4	5	6	7	8	9	10	11	12
소 띠 (丑)	2	3	4	5	6	7	8	9	10	11	12	1
범 띠 (寅)	3	4	5	6	7	8	9	10	11	12	1	2
토끼띠(卯)	4	5	6	7	8	9	10	11	12	1	2	3
용 띠 (辰)	5	6	7	8	9	10	11	12	1	2	3	4
뱀 띠 (巳)	6	7	8	9	10	11	12	1	2	3	4	5
말 띠 (午)	7	8	9	10	11	12	1	2	3	4	5	6
양 띠 (未)	8	9	10	11	12	1	2	3	4	5	6	7
잔나비띠(申)	9	10	11	12	1	2	3	4	5	6	7	8
닭 띠 (酉)	10	11	12	1	2	3	4	5	6	7	8	9
개 띠 (戌)	11	12	1	2	3	4	5	6	7	8	9	10
돼지띠(亥)	12	1	2	3	4	5	6	7	8	9	10	11

보기 소띠 축(丑)년생 8월이면 백록(白鹿)이 되고, 닭띠 유(酉)년생 1월이면 노치(老雉)가 된다.

봉황(鳳凰)

본명은 쥐가 변모하여 봉황으로 태어난 격이라 지혜가 총명하고 마음이 정직하여 대하는 이마다 존경심을 갖는다. 부모의 세업은 이어받지 못하고 부단하게 성실히 노력하여 자력으로 자수성가(自手成家)를 해야 한다. 천성이 착하고 마음이 인자하여 남의 어려운 일을 보면 내 몸을 돌보듯 도우려 하니 인덕이 많을 수 이다.

본시 생각이 원대하여 큰 소망을 품고 대업을 도모하나, 초년에는 유두 무미(有頭無尾)격이 되어 시작은 많아도 결실이 별반 없으니 몹시 안타깝다. 그러나 중년부터 점차 좋은 운이 열리게 되어 말년에는 만사가 형통하고 재물도 풍성하여 여생을 유여하게 부러움 없이 안과하리라.

14 · 15세에는 일신이나 집안에 경사가 있고 심신이 안락하다.

25 · 26세에는 남의 모함이나 사기 등 신변에 횡액과 손재수가 들어있으니 매사를 심사 숙고(深思熟考)하고 침착하게 결행해야 탈이 없다.

32 · 33세에는 대운이 다가오는 상운(上運)기라 소망이 성취되고 큰 재물을 움직이면서 크게 발전할 수 있으나, 한편으로는 정신적으로 시달림을 받을 수도 있다.

37 · 38세에는 재물이 쌓이고 희망이 달성되는 기쁨을 얻으면서 크게 성취하여 중년 말에 기틀을 확고히 다질 수 있는 왕운(旺運)기다.

43 · 44세에는 그 간의 노력이 결실을 맺고 목적을 이룩하는 대운이 도래(到來)하나 잘못하면 크게 낭패 볼 수도 있다.

　말년 57·58세에는 만사가 순조롭고 재물이 풍성하게 늘어나 큰 이득을 보면서 마지막 행복을 다지는 행운의 수이다. 이후 만년에도 길성(吉星)이 내조(來照)하여 자손에게 기쁨과 출세수 가 있고 재물 또한 부러움 없이 풍성하며, 일신도 무병장수하면 서 영화롭게 행복을 누리리라.

사자(獅子)

본명은 소가 변모하여 사자로 태어난 격이라 두려움 없이 우직하고 자기의 소신을 잘 굽히려 들지 않아 간혹 구설수에 휘말리기도 한다. 일찍이 부모의 세업이 있다해도 늘리거나 지키기는 어렵고 한때 동기간에 액운이나 재난이 따르기도 한다.

제반 범사에 겉보기보다 내실이 있고 계획은 치밀하나 잘 되는 것은 적고 또한 우직스러운 고집이 한번 마음을 정하면 꼭 하고마는 뚝심 때문에 손해를 자초(自招)하기도 한다. 재물에는 인색해야 얻어지고 직업은 흙과 연관성이 있는 농장이나 토건업·농산물 등에서 개척, 정진하면 크게 성취할 수도 있다.

일찍이 유아시절에 여러 번 위태로운 고비를 겪으면서 부모의 속을 썩이고 보호를 받기도 한다.

17·18세에는 2월에 복사꽃이 만개하는 형국이라, 일신이 영화롭고 가슴에 품은 소망이 성취되는 기쁨이 있을 수이다.

25·26세에는 귀인을 만나거나 또는 결혼을 할 수도 있다. 적은 즐거움이라도 만나는 수이니 소기의 목적을 쉽게 달성하리라.

31·32세에는 하던 일을 중단하거나 소망이 수포로 돌아갈 변화수가 있으니 해오던 일을 변경하지 말고 슬기롭게 밀고 나가야 탈이 없다. 금전관계에 손재수가 들어 있으니 특히, 조심을 해야 한다.

37·38세에는 이동 변화수가 따르니 새로운 계획을 추진하거나 시작하면 신경을 많이 쓰게 되고, 타인과 연관되어 속을 썩일 수 있으며 또한 자칫하면 손재를 당하거나 정신적 고통을 겪을 수도 있다.

45·46세에는 큰 재물을 움직이는 왕운(旺運)이 내도(來到)하여 소기의 목적을 달성하고 대성 발전하는 대길수이니 좋은 시기를 놓치지 말고 평생의 기반을 다듬어야 한다.

51·52세에는 말년의 행운기라 재물이 축적되고 소망사가 뜻과 같이 이룩되면서 기쁜 일을 보고 경사가 있을 수이니 말년의 기틀을 잘 잡아야 노후 남은 여생을 평탄하게 안과할 수 있다.

금계(金鷄)

　본명은 호랑이가 변모하여 황금빛 닭으로 태어난 격이라 위용이 엄숙하고 준수하여 반드시 여러 사람을 거느리고 권리를 행사하면서 대성 발전할 수 있다.

　초년에는 비록 어려움이 있지만 장년기에 들면서 점차 개운(開運)하여 노후에는 넉넉한 삶을 누리게 된다.

　일생을 통하여 좋은 기회와 여건을 많이 맞이하지만, 반면 실수와 헛수고도 여러 차례 겪기도 한다. 그러나 중년말부터는 왕운이 열리게 되어 재물이 유여하고 명예도 함께 상승하여 모두가 우러러 존경한다. 그 동안 애써 얻어진 재물을 잘 관리하여 뒤늦게 후회하는 일이 없도록 유의해야 한다. 평생에 두려운 바는 부부의 이별이나 풍파가 따르기 쉬운 수이니 결혼은 가급적 늦게함이 이롭고 늘 가정에 충실을 기해야 탈이 없다.

　초년에 하는 일은 용두 사미(龍頭蛇尾)격이 되어 처음 시작은 화려해도 끝맺음이 없으니 안타깝다. 어린 시절에는 일신상이나 부모 혹은 집안에 큰 근심 내지 풍파를 겪게 되는 수있으나, 17·18세에는 화창한 봄 기운이 모란을 피우는 겪이 되어 일신이 영화롭고 기쁨이 있거나 소망이 이뤄지는 대길의 수다.

　25·26세에는 대체로 결혼을 하거나 아니면 좋은 사람을 만날 수도 있다. 그러나 너무 큰 목적이나 소망 등은 쉽게 달성될 수 없으니 그저 분수를 지키고 자중 자애해야 한다.

　37·38세에는 대왕(大王)의 운기라 대성 발전하여 재물이 늘어나고 범사 순탄하게 소망이 성취된다. 단, 유의할 점은 이성 문제로 한때 위험에 빠지거나 풍파를 겪을수 있으니 신중하게

대처해야 한다.

48·49세에는 확정적인 대성의 운세라 오랜 동안에 걸친 소망과 포부를 실행할 수 있는 계기가 이룩되는 상운(上運) 수이다. 그러나, 경거망동하면 함정에 빠지는 실패의 염려가 따르기도 하니 자중 자애해야 탈이 없다.

52·53세에는 평생의 기틀을 굳건히 다지고 소기의 목적을 달성하여 큰 이득을 거둘 수 있다. 이후 만년은 별 어려움 없이 여생을 유연하게 안과하리라.

노치(老雉)

　본명은 토끼가 변모하여 늙은 꿩으로 태어난 격이라 지혜가 많고 재주는 있으나 언행이 너무 속단되어 경박하다는 말을 듣기 쉽다. 머리 회전이 빠르고 행운의 열쇠를 찾는 데는 남보다 한 발 앞질러간다. 그러나 그로 인한 행운을 도리어 액운으로 바꿀지도 모르니 경솔하지 않도록 자중해야 하겠다.

　본시 재물은 많이 타고났으나 스스로 쌓았다가 스스로 흩어버리는 흥망수가 들어 있으니 설령 부모의 유산이 많이 있다해도 받지 말아야 할 수다. 또한 몸에 흉터나 점이 없으면 한때 중병이나 손재를 피하기가 어려울 수이니 항시 몸관리를 잘해야 하겠다.

　초년기는 외로이 분주하게 지내야 이롭고 그러다가 17·18세에 이르면 봄바람에 모란이 피는 형국이 되어 소망을 이루거나 기쁜 일을 맞이할 수 있다.

　21·22세에는 명예를 얻거나 영화로움을 기약하게 된다. 이때, 기쁜 일을 보아야지 만일 좋은 일을 못만나면 도리어 일신상에 좋지 않은 액화가 발생하게 되는 수도 있으니 슬기롭게 대처해야 하겠다.

　28·29세에는 운수 대통하여 발전하는 변화수가 있고 새로운 일을 계획하거나 사회 진출을 모색하는 성공수가 있으며 또한 결혼할 부부운도 들어 있다.

　32·33·34세에는 고목이 봄을 만난 형국이라 중년 초기의 기반을 확고히 다지는 기간이다. 공직의 승진이나 영전의 운이 있고. 성공의 문을 들어서는 기회를 맞을 수이니 기회를 놓치지

않도록 최선을 다하라.

42·43세에는 중년말의 기틀을 잡고 명예가 상승하는 왕운이라, 하던 일에 뿌리를 박고 큰 재물을 못 얻으면 도리어 크게 손실을 보고 방황하는 재앙수를 겪게 되니 경망하게 움직이지 말고 자중 자애해야 한다.

50세 이후부터는 의식이 풍성한 태평수이나, 단 자손(子孫)궁이 이롭지 못하니 특별히 신경을 많이 써야 근심과 걱정을 모면할 수 있다.

52·53세에는 열심히 알뜰하게 모은 재물을 잘못 다루면 오래 두고 후회하거나 어려움을 겪을 수도 있으니 새로운 계획이나 구상, 추진 등은 가급적 매사에 신중을 기해야 손실을 모면한다.

말년 후기에는 만사를 정리하여 자산의 주도권을 자녀에게 양보하고 경영의 일선에서 후퇴함이 이롭다.

연자(燕子)

본명은 용이 변하여 제비로 태어난 격이라, 인품이 준수하고 재주가 뛰어나며 행실이 차분하고 범사를 서두름이 없이 순리대로 처세하여, 막힘이 없고 덕망도 쌓게 되어 많은 사람들이 모두 믿고 존경하며 따른다. 성정은 비록 급하기는 하나 경각에 풀어지고 악의가 없으니 대인 관계가 원만하다. 결혼은 가급적 늦게 하는 것이 이롭고 일생에 한두 번 중병을 겪거나 아니면 신체에 상처를 남기게 되는 수가 있다.

초년은 곤고하여 형제나 친족의 혜택없이 쓸쓸함이 많이 따르기도 하나, 성품이 온화하여 일생동안 남으로부터 도움을 받아 외롭거나 고독하지 않다. 재물도 부족함을 모르고 성실하게 사는 타입이라 일신이 늘 편안하다. 혹 크게 성공을 못하면 남보다 유달리 재주가 있고 많은 사람을 구제하며 살라는 운명이라, 만인에게 도움을 주는 재능이나 특수한 기술이 없으면 괴로움과 장애가 많이 따르기도 한다. 사람됨이 총명하고 성실하여 많은 사람들이 신뢰하면서 도움을 주려 한다. 범사에 귀인의 도움을 얻어서 성취하게 되는 일이 많으니 신망을 받도록 처신하고 항상 정석으로 살면 별 어려움 없이 일생을 순탄하게 안과하리라.

21·22세에는 흡사 꽃동산에 봄기운이 찾아드는 형상이라 소기의 목적을 순조롭게 달성하는 행운을 차지한다.

28·29세에는 큰 소망을 성취하는 대운기라 평생의 기틀을 잡아 확고하게 다지고, 발전시켜야 할 운기다. 기쁜 일이 중중하여 결혼도 하고 식구도 늘어나는 수 있다.

35·36·37세에는 점점 발전하는 대왕의 운기이니 신중하게

기회를 놓치지 않도록 침착하게 과감히 도전해 볼만도 하다.

44·45세에는 한걸음 더 도약을 하고 재물이나 권리가 늘어나는 상운기라 만사가 형통하여 앞으로 더더욱 크게 발전 성취할 수 있다.

56·57세에는 말년의 행복과 기반을 완성시키는 개척운이 분명하니 다방면으로 신경을 쓰고 분주하나 대체로 무난하게 발전할 수 있다. 단, 무리하거나 지나치다보면 도리어 관재 구설수에 얽히어 피해를 보고, 궁지에 빠져들게 되면 오래 두고 속을 썩일 수 있으니 자중해야 한다. 이후 만년에도 새로운 계획을 구상하는 변화를 맞을 수 있다.

홍곡(鴻鵠)

본명은 뱀이 변모하여 큰 기러기로 태어난 격이라, 겉으로는 우둔해 보여도 안으로는 밝은 지혜가 번뜩이고 아량이 넘친다. 타고남이 선곤 후태(先困後泰)의 명이라 처음은 비록 곤고해도 말년에는 태평할 수다. 원래 인덕은 엷으며 부모의 세업 또한 바랄 것 없으니 외롭게 부단히 노력하여 자수 성가를 속히 이룩해야 한다.

본시 일찍 공직을 가져야 하나 그렇지 못할 경우에는 긴 세월을 허송할 수도 있으니 가급적이면 사무직이나 아니면 흙과 연관성을 깊이 하는 직업을 가져야 속히 대성할 수 있다. 특히 말년에는 부동산에 투자하는 것이 안전하고 바람직하다.

유·소시 간혹 부모나 가정에 걱정이 생기나 15·16세에 이르면 모란이 꽃을 피우는 형국이라 소망이 성취되고 목적이 달성된다.

24·25세에는 귀인을 만나거나 영화로움을 기약할 수 있다. 이성 교제가 아니라도 기쁨이 있을 수이고 시험의 합격이나 직장, 직업 등을 가지게 되는 장상지도(將相之道)가 들어있다.

33·34세에 이르면 점차로 발전해가는 왕운기라 재수가 형통하여 승진, 영전, 사업의 확장 등 빛을 보게 되는 수이나, 때로는 경사와 걱정이 함께 겹쳐질 염려도 있으니 매사를 신중하게 대처해야 평탄하리라.

42·43세에는 전환, 개척의 운기라 여러모로 즐거움과 기쁨이 함께 성취되어 재물과 명예가 늘어나고 영화로움이 따르나, 도난, 사기 등 액화를 당할까 두렵고 특히, 관재·횡액수도 함께

있으니 각별히 조심해야 피해를 모면한다.

46·47세에는 금옥이 만당할 수라, 재록이 형통하여 소망을 달성하고 목적을 성취하게 되는 대길의 운기다. 이 시기를 놓치지 말고 평생의 기반을 다듬어야 한다.

57·58·59세는 일생의 마지막 왕운기라 일신이 영화롭고 재물이 풍성해질 발전의 수이니 지난날 쌓아온 기반과 바탕을 잘 활용하여 대망의 목적을 이룩하면 만년 노후는 유연하게 태평하리라.

백록(白鹿)

본명은 말이 변모하여 사슴으로 태어난 격이라, 마음이 너그럽고 물욕이 없어 항상 칭송을 받는다. 일찍 성숙하여 지혜가 총명하고 자신의 한계를 잘 알면서 움직이기 때문에 좀처럼 실패하지 않는다. 본시 타고난 의식은 풍성하나 일신은 항상 분주하고 성실히 노력하여 많은 재물을 모으고 소망을 성취한다.

성정이 다소 급하기는 하지만 인정이 많고 대인 관계가 원만하여 이르는 곳마다 도움이 많을 수다. 원래 공문에서 관록 생활을 해야 이롭고 사방에 이름을 떨칠 수이나, 그렇지 못하면 인간 왕래가 빈번한 만인을 상대하는 업종이면 뭐든지 속히 성공을 기약할 수 있다.

17·18세에는 고기가 용문에 오르는 형국이라 원하는 바 소기의 목적을 달성할 수 있으나 자기 주장을 너무 고집하면 도리어 낭패를 볼 수 있으니 조심해야 한다.

25·26세에는 봉황이 서로 마주 대하는 형국이라 이성문제로 신경쓰는 일이 생길 수 있고, 일시적인 실수로 오래 두고 속 썩이는 상황에 이를 수도 있으니 각별히 유의해야 한다.

32세에는 소기의 목적을 성취할 수 있는 대운기라 뭐든지 늘어나고 귀인을 만나 공문에도 출입하면서 즐거움을 만끽할 수 있다. 단, 이성문제에 조심해야 하겠다.

37·38세에는 많은 재물과 명예를 획득하고 이름을 떨치는 대길한 운기다. 중년기의 기반을 확고히 이룩하고 소기의 목적을 달성하는 상운기이니 시기를 놓치지 않도록 최선을 다해야 한다.

43·44세에는 운수가 대통하여 우물 안의 고기가 바다로 나가

는 형국이라(井魚出海) 명성과 재물이 늘어날 수이니, 이 때를 놓치지 말고 잘 관리하여 안정된 기반을 다시 한번 더 다지도록 노력하라. 분수를 알고 부주의로 인한 손실을 조심하면 한평생을 순탄하게 안과할 수 있는 유복한 운명이 되리라.

공작(孔雀)

본명은 양이 변모하여 공작으로 태어난 격이라 마음은 어질고 유순하며 아량은 넓으나 집념과 투지력이 약하다. 본시 부모의 슬하에서 일찍 벗어나 자력으로 적수 성가(赤手成家)해야 할 운명이라 일생을 통하여 공덕은 많이 베푸나 인덕이 없고, 많이 노력하면서 분주하게 신경은 쓰지만 수고로움이 쉽게 사라지지 않는다.

초년에는 간간이 성패의 굴곡이 찾아들어 몸과 마음이 항상 분주하나 이렇다할 소득과 공적이 뒤따라 주지 않는다. 뭐든지 한군데 뿌리 박고 꾸준히 정진해야 한다. 한군데 오래 머물지 못하고 자주 옮겨다니면 허송 세월을 할 수도 있다. 그러나 적은 것을 쌓아서 큰것을 이루는 적소 성대(積少成大)의 형이라, 열심히 노력하여 일생에 한번은 크게 부자 소리를 들을 수 있는 운명이니 꾸준히 노력만 하면 대성 발전할 수 있다.

17·18세에는 화창한 봄바람에 꽃이 피는 형국이라 신수 대통하여 소기의 목적을 달성하거나 기쁜 일을 볼 수 있다.

23·24세에는 영화를 볼 수가 들어 있어 배우자를 만나거나 이성 교제수가 있으나 간혹 뜻하지 않는 위험한 사고나 신병 등을 겪을 수도 함께 들어 있다.

28·29세에는 여러모로 변화를 맞을 수라 새로운 계획이 발전되어 재록이 풍성하고 소망사가 순조롭게 풀리면서 배우자를 만나거나 주변에 변화가 발생하여 심적으로 방황하게 될 수도 있다.

38·39·40세에는 중년의 기틀을 완성하여 명예와 재물이 함께 따라 즐거움이 넘치는 왕운기라 좋은 시기를 잘 관리해야 한다.

43·44세에는 용이 여의주(如意珠)를 희롱하는 형국이라 재운이 열리고 서광이 비치는 변화, 반전의 수가 있다. 그러나 잘못 풀리면 위험한 곤경에 이르거나 관재 구설 등의 재앙과 환란을 겪을 수 있으니 경거망동해서는 안된다.

50세에 이르면 마침내 만사가 여의(如意)하게 되니 이는 그동안 닦아온 공덕과 경륜의 소치라 여겨진다. 이는 흡사 따뜻한 봄기운이 얼어붙었던 추위를 녹이듯 영화롭게 대성 발전하여, 이후 말년을 영화롭게 안과할 수 있도록 기틀이 완성되어 안과하리라.

적구(赤鳩)

본명은 원숭이가 변모하여 붉은 비둘기로 태어난 격이라, 침착한 성품이 항상 성실하게 연구하고 노력을 아끼지 않으나 초·중년에는 동서남북으로 분주하게 바빠도 크게 신통한 소득이 따르지 않고 타인으로 기인하여 늘 자신이 낭패를 겪게 되는 불미한 수가 들어 있다.

본시 인덕이 박약하여 부모 형제와 떨어져, 자신이 노력해서 자수 성가(自手成家)하라는 팔자라 자력으로 열심히 개척해야 한다. 한때는 심신을 분주하게 수고하여 모은 재물을 가만히 앉아서 따로 먹어 없애는 사람이 있을 수도 있으니, 매사를 너무 서둘지 말고 차근히 추진하는 것이 바람직하다. 타고남이 처음은 곤고해도 말년은 편안함을 누리는 선곤 후안(先困後安)의 명이라, 어떠한 어려운 일에 처해도 교묘하게 자력으로 처리하는 재치와 잠재 능력이 있다.

15·16·17세에는 봄바람에 돛달고 호수로 나가는 형국이라 기쁜 일을 보고 즐거움이 가득하다.

20·21세에는 소기의 목적을 달성하여 이름을 얻는 대길수가 있다.

24·25세에는 귀인이나 배우자를 상봉하게 되는 운기라, 인생 세간에 유동성이 있어 변화를 맞게 되니 시험의 합격이나 직업을 갖는 등 대체로 희망적인 기쁨이나 영화로움이 있을 수다.

특히, 여성에게는 출가운도 있고 임신, 낙태운도 함께 들어 있으니 이성관계를 주의해야 한다. 의외로 상황이 이상하게 전개되어 마음이 산란해질 수도 있다.

36·37세에는 영화로움이 무궁한 왕운기라 큰 일에 손을 대고 이름을 떨칠 수 있는 대운이 태동하여 뜻하는 바 모두 순탄하게 성취하리라.

43·44세에는 손에 천금을 희롱하는 형상이라 소망사에 영화와 발전이 함께 하는 상운기이니 때를 놓치지 않도록 더욱 노력하여 말년의 기틀을 이룩해야 한다.

51·52세에는 금옥이 만당하고 춘풍에 제비가 날아드는 형국이라, 일생에 마지막 왕운기이니 행복과 평안을 붙잡고 소망을 달성해야 한다. (특히, 남의 모함이나 사기·구설 등 횡액수도 함께 따르니 각별히 유의할 것)

60세가 넘으면 만인이 우러러보게 되니 신경쓰지 말고 청한하게 소일하도록 힘쓰는 것이 제일 좋으리라.

주작(朱雀)

본명은 닭이 변모하여 영혼을 지키는 붉은 주작으로 태어난
격이라 성품은 활달하고 말재주가 좋으며 남의 일에 관심을 잘
가지고 친절이 지나쳐 경망스럽게 보이며 구설수에 오르기 쉬우
니 침착하게 무게를 지녀야 한다. 뜻은 높으나 산을 넘고 물을
건너는 형국이라 매양 하는 일에 번거로움이 많이 따르며 모으
고 흩어짐이 한두 번이 아니다.

육친과는 인연이 희박하고 설령 부모의 세업이 있다해도 이를
지키기는 어려운 명이니 일찍이 폭 넓은 사회 생활에 동참하여
분주하게 움직이고 활동해야 살아갈 진로가 속히 잡히고 정돈되
는 분주한 사주다. 평소 아는 바가 많고 이해력이 풍부하여 비
록 구설수에 오를지라도 할 말은 하고 살기 때문에 마침내 자신
의 영달을 도모하는 재주를 발휘한다.

10세 이전 유·소시, 질병이 잦고 죽을 고비를 넘기는 액운이
들어 있어 위험을 겪기도 한다.

22·23·24세에는 화창한 봄바람이 꽃을 피우는 격이라 소기
의 소망이 성취되고 운수가 형통하여 상황이 바뀌게 되는 운이
형성되어 영화로움을 얻게 되는 즐거움이 있을 수다.

31·32세에는 순풍에 돛달고 호수로 나가는 형국이니, 이때부
터 중반기의 운기가 대성하여 직장인은 승진이나 영전을 하고
이권을 얻어 재물도 얻게 된다. 단, 무리를 하거나 분수에 지나
치면 벼랑 끝에 밀려나는 위험수도 따르니 자중해야 한다. (여
성의 경우, 잠깐의 실수로 오래 두고 속 썩을 일이 발생되는 예
가 많이 있다) 특히 이별수가 강하여 갈라서거나 별거하는 수가

있고 혹자는 법정 문제로 비약되는 수도 있으니 각별히 주의를 해야 한다.

33·34세에는 드디어 신수 대통하여 뜻을 이루기 시작하니 이는 흡사 초원에 단비를 내리는 형상이라 큰 계획이 성립되어 권리를 행사하고 많은 재물을 움직일 수 있다.

43·44세에는 중년기의 기반이 확고히 다져지고 사업도 기틀을 이룩하여 대성 발전하는 상운기라 하겠다.

51·52·53세에는 천금을 희롱하여 만인의 우러름을 받고 명예도 함께 상승하는 장년기의 대왕운기이니, 크게 한번 성공하고 평생에 터전을 마무리할 수 있는 마지막 기회이니 놓치지 말고 잘 잡아야 한다.

청학(靑鶴)

 본명은 개가 변모하여 청송의 백학으로 태어난 격이라 마음이 청백하고 일신이 한가롭다. 겉으로는 융통성 없이 우둔해 보이지만 안으로는 영민한 재주가 잠재해 있으니 갈고 닦을수록 빛을 발산하게 된다. 본시 겸허하고 높은 데 뜻을 가지는 수라, 초년에는 여러 모로 애로가 깃들어 어려움이 따르나 폭 넓은 사회에 진출하면 큰 재물은 없어도 소소한 재물은 유여하게 늘어나고 성공도 기약할 수 있다. 대체로 젊어서 뜻을 세우면 중년에 반드시 이룩하며 말년까지 태평을 누리고 여생도 일생을 안연(安然)하게 보내리라.

 초년의 13세 이전에는 낙상(落傷)하거나 다칠 우려가 있고 신병 등 액운이 따를지도 모르니 조심을 해야 하겠다.

 22·23세에는 일신에 기쁨과 영화로움이 따르는 영귀(榮貴)한 운이, 흡사 물고기가 용문(龍門)에 오르는 격이라 만사가 형통하다.

 28·29세에는 운명을 변동 개척하는 대운기라 평생을 경영하는 문턱을 밟을 수이니 심사 숙고하여 침착하게 대응 처세하면 매사가 순탄하게 잘 풀려나간다.

 34·35세에는 몸과 마음이 편안하고 재복이 강왕하여 소망을 성취할 수 있는 길운기라, 직장엔 승진 내지 영전의 운이 있고 사업에는 발전, 번창의 대운이 있으니, 주변 환경에 변화와 전환이 오는 것을 진취적으로 슬기롭게 유도하여 소망의 꽃을 피우도록 해야 한다.

 38·39세에는 청운의 뜻을 펴고 능력을 최대로 발휘하는 상운

기라, 재산이 불어나거나 일신이 귀하게 되는 승진, 영전, 출세 등의 대통수가 들어있으니 명예가 상승하고 이름을 떨치게 된다.

44·45세에는 대성 발전(大成發展)의 운기라 작은 것을 큰 것으로 전환시키는 성공의 결실기이다. 귀인이나 실력자의 협력과 도움도 받을 수 있는 확고한 변동이 따르는 영귀(榮貴)한 왕운기다.

48·49세에는 명예가 상승하거나 재물이 불어나든가 양단간 경사를 봐야지, 기쁜 일을 못보면 도리어 재물이나 인간관계에 복잡한 애로를 겪거나 물질적 손실을 보게 된다.

52·53세에는 봄동산에 꽃이 피는 형국이라 수중에 권리를 잡고 천금을 희롱하는 발전, 성취의 기쁨이 따르는 운이다. 명예가 상승하고 재물도 늘어나면서 귀인의 도움도 크게 힘입을 수 있다.

노후 만년에는 생활 주권을 양보하고 일선에서의 활동을 그만해도 무방하니 남은 여생을 청한(淸閑)하게 안과하는 것이 상책이라 하겠다.

앵무(鸚鵡)

　본명은 돼지가 변모하여 앵무새로 태어난 격이라 성품이 완고하고 청렴하며 용모도 준수하고 말재주도 뛰어나 모두가 존경하고 부러워한다. 일찍이 부모의 유업을 지키는 것보다 스스로 성공의 길을 택하는 것이 더 많은 영화를 기약할 수 있다. 동서남북 어디를 가도 의식은 유여하고 한가지 일에 집중하는 능력과 새로운 상황에 잘 적응하는 융통성을 지니게 되어, 설령 어떤 어려운 일에 처해도 침착하게 해결하고 성사시키는 그 집념과 재주가 비상하다. 특히, 대인관계가 원만하고 설득력이 있어 통하지 않는 데가 없으니 범사에 막힘이 없다.

　자산은 스스로 모으고 스스로 흐트리는 운명이라, 한때는 화려하고 쾌락하게 즐거운 세월을 영위하나 중년에 치패(致敗)의 액운이 들어있으니 각별히 유의하고 성실하게 기틀을 닦으면 말년운은 부러움 없이 평안하고 태평하리라.

　어려서는 신병이 잦아 허약하지만 16·17세가 되면서 신수가 환히 피고 일신상에 기쁨이 열리는 운이 온다. 중년의 33·34세에는 재운이 왕성하여 희망이 달성되는 발복의 운기라, 직장에는 승진이나 영전이 있고 사업에는 번창과 발전을 함께 하는 대길의 운이 있다.

　35·36세에는 치패(致敗)의 횡액수가 들어있어 재물의 손실 외에도 관재 구설이나 모함, 누명 등 환란을 겪을 수 있으니 신변상의 험란을 잘 방비해야 한다. 자칫하면 평생을 두고 크게 후회하는 실수가 야기될까 두려우니 각별히 조심을 해야 한다.

　37·38세에는 순풍에 배를 띄우고 고목에 봄이 오는 형국이

라, 경영지사가 날로 번창하고 새롭게 추진하는 사업은 순탄하게 이룩되어 중반기의 기틀을 확정하는 대왕의 운기다.

41·42세에는 연못의 고기가 바다로 나가 용이 되는 형상이라 소망사가 계획대로 추진되어 만사가 형통하는 대통수가 있다. 이후 중년 후반부터는 부귀 영화가 겸전하여 부러움 없이 마음이 넉넉하고 여유가 생기니, 천하를 두루 편력하면서 공명을 얻고 스스로 귀인이 되어 태평하게 여생을 안과하리라.

제 Ⅱ 장
음양(陰陽)과 오행(五行)

천간(天干)과 지지(地支)
오행(五行)의 상생상극(相生相剋)
천간합충(天千合沖)

음양(陰陽)과 오행(五行)

음양(陰陽)과 오행(五行)

　우주의 생성과 종말에 대해서는 지금까지 확실한 정설이 없으나, 음양 오행론에 의하면 태극에서 처음 천지가 시작될 때, 밝은 것은 하늘이 되고 어두운 것은 땅이 되어 천지가 형성되면서 음과 양, 오행이 함께 생출(生出)하여 우주가 전개되었다고 한다. 이리하여 우주의 모든 삼라 만상은 전부가 음양의 과정을 거쳐서 생성(生成)되고 금(金)·목(木)·수(水)·화(火)·토(土) 오행의 원리에 의해서 생멸(生滅)하고 성쇠(盛衰)가 이루어진다고 한다.

　음양과 오행의 그 오묘(奧妙)한 기운은 우주 만물의 존재와 작용의 원천을 이루며 자연이나 인간을 포함한 모든 생명체의 근본이 음양 오행의 원리와 그 기운에 의해서 이루어진다고 보고 있다.

　음양 오행의 이치와 조화가 너무나 심오하고 변화 무쌍하여 그 광대한 원리를 모두 이해하기에는 어려움이 많으나, 그 생명의 비밀과 흥망 성쇠의 원리가 음양 오행에 소속되어 있으므로, 음양과 오행의 상생과 상극의 이치는 우리의 운명을 해명하고 개선하는데 핵심적인 열쇠가 된다. 독자는 먼저 음양과 오행의 기초 원리부터 차분하게 숙지해야 곧 이해가 빠르리라.

천간(天干)과 지지(地支)

천간과 지지는 음양(陰陽)과 오행(五行)을 표상(表象)하는 문자이다. 고대 중국에서는 10천간(天干)과 12지지(地支)를 표시해서 달력으로도 사용하고 점차 각 분야에 확대 적용하여 점(占)도 치게 되었다고 한다.

10천간은 갑(甲)·을(乙)·병(丙)·정(丁)·무(戊)·기(己)·경(庚)·신(辛)·임(壬)·계(癸)이고, 12지지는 자(子)·축(丑)·인(寅)·묘(卯)·진(辰)·사(巳)·오(午)·미(未)·신(申)·유(酉)·술(戌)·해(亥)이다.

이 10천간과 12지지를 순차적으로 배합하여 60갑자의 모체가 되는데 여기에는 음(陰)과 양(陽)이 있고 금(金)·목(木)·수(水)·화(火)·토(土) 오행이 배속되어 있다. 사주명리학(四柱命理學)도 간지(干支)의 음양 오행과 변화 작용의 원리를 풀이한 것이므로 오행학상(五行學上)의 기본 술어만은 꼭 숙지하고 암기해야 하겠다.

1. 10천간(天干)

천간 (天干)	갑 (甲)	을 (乙)	병 (丙)	정 (丁)	무 (戊)	기 (己)	경 (庚)	신 (辛)	임 (壬)	계 (癸)
음양	양	음	양	음	양	음	양	음	양	음
오행	목		화		토		금		수	
절기	봄		여름		사계(四季)		가을		겨울	

  10천간은 하늘을 상징하고 양(陽)에 속하면서 음과 양을 내포
하고 있다. 이래서 천간 「갑」은 양이고 「을」은 음(陰)이며, 오행
으로는 「목」에 속하고 절기로는 「봄」에 해당한다.

2. 12지지(地支)

지지 (地支)	자 (子)	축 (丑)	인 (寅)	묘 (卯)	진 (辰)	사 (巳)	오 (午)	미 (未)	신 (申)	유 (酉)	술 (戌)	해 (亥)
음양	양	음	양	음	양	음	양	음	양	음	양	음
오행	수	토	목	목	토	화	화	토	금	금	토	수
월별	11	12	1	2	3	4	5	6	7	8	9	10

  12지지는 땅을 상징하고 음에 속하면서 양과 음을 내포하고
있다. 이래서 지지 「자(子)」는 양이고 오행으로는 「수(水)」에
속하며 월로는 「11월」에 해당한다.

3. 간지오행(干支五行) 종합표

천간	갑을(甲乙)	병정(丙丁)	무기(戊己)	경신(庚辛)	임계(壬癸)
지지	인묘(寅卯)	사오(巳午)	진술축미(辰戌丑未)	신유(辛酉)	해자(亥子)
수(數)	3. 8	7. 2	5. 10	9. 4	1. 6
오행	목	화	토	금	수
오방	동	남	중앙	서	북
절기	춘(春)	하(夏)	사계(四季)	추(秋)	동(冬)
오기	풍(風)	열(熱)	습(濕)	조(燥)	한(寒)
오색	청(靑)	적(赤)	황(黃)	백(白)	흑(黑)
오미	산(酸)	고(苦)	감(甘)	신(辛)	함(鹹)

4. 천간(天干)의 의의(意義)

갑(甲)　갑목(甲木)은 천간의 머리글자로서 큰 수풀과 같은 나무를 상징하며 「인목(寅木)」과 그 뜻을 같이한다. 이는 봄철에 나무가 껍질을 터트리고 새싹이 솟아나는 것을 형상하며 성장, 확장 등의 뜻을 내포하고 있다.

을(乙)　을목(乙木)은 화초목(花草木)과 같은 일년초나 작은 나무 등을 상징하고 「묘목(卯木)」과 뜻을 같이한다. 이는 만물이 처음 생성할 때 자라는 그 모습을 형상하여 덩굴, 소목과 같은 작은 숲 등을 의미한다.

병(丙)　병화(丙火)는 태양과 같이 작열하는 큰 불덩이를 상징하며 사화(巳火)와 그 뜻을 같이한다. 이는 만물이 훤하게 그 정체를 드러내는 형상이기도 하여 태양, 발산, 선양(宣揚) 등의 뜻을 내포하고 있다.

정(丁) 정화(丁火)는 등불과 같은 작은 불로서 사물의 어둠을 밝히는 분야를 상징하며 이는 오화(午火)와 같다. 만물이 성실하게 성장하는 뜻을 내포하고 달과 별, 등불과 같은 작은 불을 형상한다.

무(戊) 무토(戊土)는 성곽과 같은 흙더미를 뜻하며 이는 진술(辰戌)토와 같다. 무토는 만물의 성장을 억제, 조절, 조화 작용을 내포하며 통일, 발전 등 영원성을 보장하고 성곽과 제방 같은 역활의 뜻을 지니고 있다.

기(己) 기토(己土)는 논밭에 있는 작은 흙덩이를 상징하며 이는 축미(丑未)토와 같다. 기토는 만물의 성장을 완전히 성숙하게 하면서 항구적인 중심 기강을 유지해 주는 화합(和合), 중화(中和) 작용과 저장 등을 상징한다.

경(庚) 경금(庚金)은 총, 칼과 같이 강경하고 큰 쇳덩이를 형상하며 신금(申金)과 같다. 이는 만물의 결실과 완성을 상징하면서 수확(收穫), 수축(收縮), 응고(凝固) 등의 뜻을 지니고 있다.

신(辛) 신금(辛金)은 귀금속과 같은 작은 쇳덩이를 상징하며 유금(酉金)과 같다. 이는 만물의 성장과 결실을 완성하여 모체로부터 분리되는 것을 상징하며 사별(死別)의 고통 등을 내포한다.

임(壬) 임수(壬水)는 강과 호수와 같은 큰 물을 뜻하며 해수(亥水)와 같다. 이는 생성(生成)의 일기를 끝마치고 음양이 서로 교차되면서 새로움을 갖는 형상이라 하겠다.

계(癸) 계수(癸水)는 이슬비와 같은 작은 물을 상징하며 자수(子水)와 같다. 이는 수기(水氣)가 왕성한 겨울에 새로운

세계가 성장하고 있음을 내포하며 양기가 태동(胎動)하는 것과
같다고 본다.

5. 지지(地支)의 의의(意義)

자(子) 자수(子水)는 양기(陽氣)가 새롭게 싹트는 것을 뜻
하며 이는 봄을 잉태(孕胎)함과 같다. 임(壬)의 뜻을 이어받고
만물의 시원(始元)인 물(水)을 상징한다.

축(丑) 축토(丑土)는 12월 절(節)이라 그 매섭던 한기도
다하여 스스로 굴종(屈從)하기 시작함과 같다. 그리고 생명의
원천인 씨앗을 감싸주는 형상을 상징한다.

인(寅) 인목(寅木)은 양기가 지표(地表)를 뚫고 솟아 오르
려는 상태이고, 만물은 활동을 강하게 시작하려는 시기이다. 이
는 곧 태양이 떠오르는 여명과 같다.

묘(卯) 묘목(卯木)은 만물이 곧 땅 위로 솟아오르려는 행
위를 상징하며 이는 각종 출입문과, 계절로는 춘분(春分)에 비
유한다.

진(辰) 진토(辰土)는 의기(意氣)를 펴는 기상이라 수화
(水火)를 억제 조절하고 변화하여 성장과 발전을 상징한다.

사(巳) 사화(巳火)는 태양의 뜨거운 기운이 지표면에 투사
(透射)되어 양기가 충만됨을 상징한다.

오(午) 오화(午火)는 태양열과 같은 형상을 상징하며 또한
음양이 교체하면서 서로 놀래고 미워한다는 뜻을 내포하고 있다.

미(未) 미토(未土)는 하루 해가 서산에 기운 것처럼 성장
은 중지되고 결실을 하게 되는데 나뭇잎은 떨어지고 수분은 하
강하는 현상이다.

| 신(申) | 신금(申金)은 만물의 성장을 억제하게하고 풍요로운 결실을 가져오게 하는 뜻을 내포하고 있다.

| 유(酉) | 유금(酉金)은 오곡백과가 결실을 완료하여 그 풍요한 형상이 둥근 달처럼 가득함을 뜻한다.

| 술(戌) | 술토(戌土)는 만물이 생성하는 한 시대가 다했음을 나타내고 다음의 새 생명을 잇기 위해 씨앗을 보존한다는 뜻을 지니고 있다.

| 해(亥) | 해수(亥水)는 만물이 생성하는 한 시대가 이미 끝났지만 새 새대를 위한 씨앗을 수장(收藏)하고 있음을 의미한다.

6. 60갑자와 납음오행(納音五行)

10천간(天干)과 12지지(地支)에서 이루어지는 여러가지 현상과 조화는 무궁 무진하다. 인간사에서 남녀가 짝을 형성하여 조화를 이루듯이, 10천간과 12지지가 순차적으로 결합하여 60갑자를 형성하는데, 예를들면 10간의 첫째 「갑(甲)」과 12지의 첫째 「자(子)」가 합하여 「갑자(甲子)」가 되고, 다음 「을(乙)」과 「축(丑)」이 합하여 「을축(乙丑)」이 된다. 이와 같은 순으로 결합이 되어 「임술(壬戌)」, 「계해(癸亥)」에서 끝이 나는데 이 순서가 한바퀴 돌면 60이 된다. 그래서 옛부터 우리 인간은 만 60세가 되면 회갑(回甲)이라 하여 잔치를 베풀고 축하를 해왔다.

납음오행(納音五行)은 음양의 조화에 의해 만물이 생성해가는 차례를 오행으로 표시한 것이므로 명리학에서는 크게 중시하지 않으며 또한 그 원리가 너무나 심오하여 여기서는 생략한다.

60갑자 납음오행표

갑자 을축 (甲子)(乙丑)	병인 정묘 (丙寅)(丁卯)	무진 기사 (戊辰)(己巳)	경오 신미 (庚午)(辛未)	임신 계유 (壬申)(癸酉)	공망 (空亡)	납음 공망
해중금	노중화	대림목	로방토	검봉금	술해	수
갑술 을해 (甲戌)(乙亥)	병자 정축 (丙子)(丁丑)	무인 기묘 (戊寅)(己卯)	경진 신사 (庚辰)(辛巳)	임오 계미 (壬午)(癸未)		
산두화	윤하수	성두토	백납금	양유목	신유	무
갑신 을유 (甲申)(乙酉)	병술 정해 (丙戌)(丁亥)	무자 기축 (戊子)(己丑)	경인 신묘 (庚寅)(辛卯)	임진 계사 (壬辰)(癸巳)		
정천수	옥상토	벽력화	송백목	장류수	오미	금
갑오 을미 (甲午)(乙未)	병신 정유 (丙申)(丁酉)	무술 기해 (戊戌)(己亥)	경자 신축 (庚子)(辛丑)	임인 계묘 (壬寅)(癸卯)		
사중금	산하화	평지목	벽상토	금박금	진사	수
갑진 을사 (甲辰)(乙巳)	병오 정미 (丙午)(丁未)	무신 기유 (戊申)(己酉)	경술 신해 (庚戌)(辛亥)	임자 계축 (壬子)(癸丑)		
복등화	천하수	대역토	채천금	상차목	인묘	무
갑인 을묘 (甲寅)(乙卯)	병진 정사 (丙辰)(丁巳)	무오 기미 (戊午)(己未)	경신 신유 (庚申)(辛酉)	임술 계해 (壬戌)(癸亥)		
대계수	사중토	천상화	석류목	대해수	자축	금

오행(五行)의 상생 상극(相生相剋)

오행의 상생(相生)과 상극(相剋)의 원리는, 봄이 오면 꽃이 피고 여름이 가면 가을이 오고 꽃이 지면 열매를 맺는 것과 같이, 자연에 의하여 공전하는 것이 상생과 상극의 원리라 하겠다.

1. 오행(五行)의 상생(相生)

(1) 목생화(木生火)

나무를 태워야 불이 일어나니, 나무는 불을 낳고 불은 나무에 의해서 생성(生成)된다. 나무가 없으면 불은 살 수가 없으니 나무는 불의 희생자가 되면서 불을 생성한다.

(2) 화생토(火生土)

불에 탄 재가 흙이 되니, 불은 흙을 낳고 흙은 불에 의해서 생성된다. 불이 없으면 흙이 형성될 수 없으니 불은 흙의 희생자가 되면서 흙을 생성한다.

(3) 토생금(土生金)

흙이 압축되어 금이 되니, 흙은 금을 낳고 금은 흙에 의해서

생성된다. 흙이 없으면 금이 생성될 수 없으니 흙은 금의 희생
자가 되면서 금을 생출(生出)한다.

(4) 금생수(金生水)

금석을 통하여 물이 소생하니, 금은 물을 낳고 물은 금에 의
해서 생출된다. 금이 없으면 물이 생성될 수 없으니 금은 물의
희생자가 되면서 물을 생출한다.

(5) 수생목(水生木)

물은 나무를 자라게 하니, 물은 나무를 낳고 나무는 물을 먹
고 자란다. 물이 없으면 나무가 살 수 없으니 물은 나무의 희생
자가 되면서 나무를 생성한다.

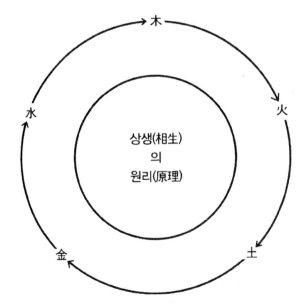

이는 「목생화→화생토→토생금→금생수→수생목」 순으로 상생
작용이 끊임없이 순환, 반복되고 있다.

2. 오행(五行)의 상극(相剋)

(1) 수극화(水剋火)

물은 타는 불을 꺼버릴 수 있고 불이 물을 만나면 꺼짐을 당한다.

(2) 화극금(火剋金)

불은 금속류를 녹일 수 있고 금은 불에 의해 녹힘을 당하고 변형된다.

(3) 금극목(金剋木)

금은 나무를 자를 수 있고 나무는 금속에 의해 잘리워진다.

(4) 목극토(木剋土)

나무는 흙 속에 뿌리를 박고 흙은 나무에 의해 파괴된다.

(5) 토극수(土剋水)

흙은 물을 못흐르게 막을 수 있고 물은 흙에 의해 막힘을 당하고 흡수된다.

상극(相剋)의 원리(原理)

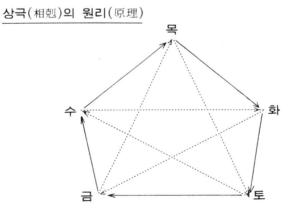

위의 그림에서 보는 바와 같이 「금·목·수·화·토」 오행의
모든 각 국이 상생과 상극에 다 같이 연관되어 있다. 예를들면,
목(木)은 「목생화」 「수생목」의 상생 작용에 관여되기도 하지만,
「금극목」 「목극토」의 상극 작용에도 관여된다. 이는 오행의 상
생중에 상극이 포함되어 있고 상극중에 상생이 내포되어 있다.
만약에 상생만 있고 상극이 없다면 정상적인 평형 발전이 유지
될 수 없고, 반대로 상극만 있고 상생이 없다면 우주 만물은 생
성할 수 없을 것이다. 그리하여 상생 상극은 모든 사물이 평형
을 유지하기 위해서는 상호 불가분리의 관계에 있음을 알 수가
있다.

3. 간지(干支)의 조화(造化)와 생극(生剋)

(1) 천간(天干)

갑(甲)을(乙)	병(丙)정(丁)	무(戊)기(己)	경(庚)신(辛)	임(壬)계(癸)
목(木)	화(火)	토(土)	금(金)	수(水)

양(陽):갑(甲) 병(丙) 무(戊) 경(庚) 임(壬)이고,
음(陰):을(乙) 정(丁) 기(己) 신(辛) 계(癸)이다.

(2) 지지(地支)

인(寅)묘(卯)	사(巳)오(午)	진(辰)술(戌)축(丑)미(未)	신(辛유)(酉)	해(亥)자(子)
목(木)	화(火)	토(土)	금(金)	수(水)

양(陽):인(寅) 오(午) 진(辰) 술(戌) 신(申) 자(子)이고,
음(陰):묘(卯) 사(巳) 축(丑) 미(未) 유(酉) 해(亥)이다.

가. 천간과 지지를 오행의 원리로 볼 때, 「금극목(金剋木)」이

되어 「금」이 「목」을 극상(剋傷)한다해도 「갑목(甲木)」「양(陽)」
이 「신금(辛金)」「음(陰)」을 만나면, 상호 상극관계이기는 하나
그 상극 작용은 매우 약하다. 이는 「양목(陽木)」과 「음금(陰金)」
이 상극 작용을 하기 이전에 음양합(陰陽合)을 이룩하기 때문이
다. 그러나 「갑목(甲木)」이 「경금(庚金)」을 만나면 상극관계는
더욱 강하게 나타난다. 이는 갑목과 경금이 다 같이 「양(陽)」에
속하기 때문이다. 그리고 「을목(乙木)」이 「신금(辛金)」을 만나도
상극관계는 강하다. 그러나 「을목」이 「경금」을 만나면 상극 작용
은 약하다. 이는 「음목」과 「양금」이 천간합(天干合)을 이룩하여
오히려 유정한 작용을 하기 때문이다.

　간지(干支) 오행(五行)이 다 같은 「양양(陽陽)」이나 「음음(陰陰)」
끼리는 강하게 상극 작용을 하나, 「양음(陽陰)」 또는 「음양(陰陽)」
끼리는 상극 작용이 약화되고 오히려 유정한 「합(合)」으로 작용
을 하게 된다.

　나. 상생(相生)관계도 「양」과 「음」, 「음」과 「양」 이성간의 상
생관계를 더욱 유정한 상생으로 본다. 앞으로 10신론에서 더 상
세히 설명이 되겠으나 음이 양을 생성(生成)하고, 양이 음을 생
성하는 것은 이상적인 상생으로 보고, 양이 양을 생하거나 음이
음을 생하는 것은 진실된 마음에서 우러나오는 협력관계로 보지
않는다.

　단, 식신(食神)과 상관(傷官)의 상생만은 양이 양을 생하거나
음이 음을 생하는 것을 좋은 협력관계로 보고, 반대로 음이 양
을 생하거나 양이 음을 생하는 상생관계는 불순한 협력관계로
보고있다. 각 오행의 이치가 모두 이와 같으니 각별히 잘 숙지
하기 바란다.

천간합충(天干合冲)

천간합(天干合)

갑 목 (양) 기 토 (음)	합 화 토 (合 化 土)	중정지합(中正之合)
을 목 (양) 경 금 (음)	합 화 금 (合 化 金)	인의지합(仁義之合)
병 화 (양) 신 금 (음)	합 화 수 (合 化 水)	위엄지합(威嚴之合)
정 화 (양) 임 수 (음)	합 화 목 (合 化 木)	인수지합(仁壽之合)
무 토 (양) 계 수 (음)	합 화 화 (合 化 火)	무정지합(無情之合)

천간합은 음과 양이 화합하여 유정한 부부관계를 이루는것과 같다. 10간중 다섯 개의 양간이 여섯번째 음간과 합이 되는데, 「갑(甲)」「양목(陽木)」은 「기(己)」「음토(陰土)」를 극제(剋制) 할 수 있으나 극제를 하지 않고 애정으로 연결되어 화합을 이루 게 된다. 여타의 간합(干合)도 이와 같이 성립이 되며 상세한 것 은 다음 신살론(神殺論)과 격국편(格局編)에서 설명하기로 한다.

천간충(天干冲)

천간충은 다음과 같은 관계에서 이룩된다.

갑경 (甲庚)	을신 (乙辛)	병임 (丙壬)	정계 (丁癸)	무갑 (戊甲)	기을 (己乙)	경병 (庚丙)	신정 (辛丁)	임무 (壬戊)	계기 (癸己)

천간충은 천간에서 일곱번째 오행이 서로 상극관계에 있음을 말한다. 양은 양극(陽剋)관계에서 충(沖)이 되고, 음은 음극(陰剋)관계에서 충(沖)이 된다. 충이란 글자 그대로 서로 충돌된다는 것을 뜻하며 아울러 재기(再起), 재출발의 역활도 내포한다.

지지합충(地支合沖)

삼합(三合)

인오술(寅午戌)	신자진(申子辰)	사유축(巳酉丑)	해묘미(亥卯未)
합화국(合火局)	합수국(合水局)	합금국(合金局)	합목국(合木局)

　지지의 합에는 삼합(三合)과 육합(六合)이 있는데, 이는 음양
배합의 원리로서 음양이 서로 결합하여 목적을 완성하는데 그
뜻을 두고있으며 합의 궁극적인 목적은 생산에 있다고 본다.

육합(六合)

자축합화토	인해합화목	묘술합화화	진유합화금	사신합화수	오미합태양태음
(子丑合化土)	(寅亥合化木)	(卯戌合化火)	(辰酉合化金)	(사신合化水)	(午未合太陽太陰)

지지상충(地支相沖)

자오충	축미충	인신충	묘유충	진술충	사해충
(子午沖)	(丑未沖)	(寅申沖)	(卯酉沖)	(辰戌沖)	(巳亥沖)

　천간에서 상충되는 것을 상극이라 하고, 지지에서 상충되는
것을 지충이라 하는데 그 작용력은 천간 상충보다 더 심한것으
로 본다. 그러나 「진술축미」는 사고지(四庫地)라하여 상충되는
것을 기뻐하고 꺼리지 않는다.

제 III 장
사주(四柱)의 구성(構成)

사주(四柱)의 구성(構成)

사주(四柱)의 구성(構成)

사주란 글자 그대로 풀이하면 네 기둥이라는 뜻이다. 네 기둥
이란 곧 사람이 출생한 「연·월·일·시」를 말하며,

출생한 연을 연주(年柱)라 하고,

출생한 월을 월주(月柱)라 하며,

출생한 일을 일주(日柱)라 하고,

출생한 시를 시주(時柱)라 한다.

각 주(柱)의 간지(干支) 두 자가 한 주(柱)가 되어 「사주 팔
자(四柱八字)」라 칭하게 된다. 사주의 간지는 그 사람의 운명을
판단하는데 기본이 됨으로 「사주 팔자」 중 한 자만 틀려도 전혀
다른 운명을 판단하게 됨으로 착오가 없도록 각별히 유의하고
정확을 기해야 한다. 별첨 부록에 있는 음·양력 대조표나 천세
력(千歲曆)을 참조하여 전부 음력을 기준하고 음력으로 적용한다.

사주정법(四柱定法)

1. 연주(年柱)

연주는 이 세상에 처음 태어난 해의 「태세(太歲)」간지(干支)로 연주를 정하는데, 예를들면 1947년에 출생하였다면 1947년의 태세가 「정해(丁亥)」년이라 연주는 「정해(丁亥)」로 정하게 된다. 그런데 한가지 유의할 것은 평소 일상 생활에서는 1월 1일 ○시를 신·구년의 경계로 삼고 있으나, 사주 명리학(四柱命理學)에서는 12절후(節候)중 입춘(立春)의 절입시(節入時)를 그 해의 경계로 하고 있다. 그리하여 입춘일부터 새해로 계산을 해야 한다.

예를들면 1947년(丁亥) 1월 10일에 출생을 해도 그 해의 입춘일이 1월 15일에 들어 있으면 그 사람의 출생 연도는 1947년 정해(丁亥)로 보지 않고 전년도인 1946년의 태세 「병술(丙戌)」로 보고 연주를 「병술(丙戌)」로 정해야 한다.

2. 월주(月柱)

월주는 태어난 당해 월의 「월건(月建)」으로 월주를 정하는데, 앞에서 연주의 간지를 정할 때 입춘일을 기준으로 하듯이 월주의 간지를 정하는데 있어서도 각 월의 「절령(節令)」입절일(入節日)

을 기준하여 정하게 된다.

가령 1983년(계해) 1월 25일생의 경우, 2월절인 경칩(驚蟄)이 1월 22일에 들어있으니 1월 25일생의 월주는 1월의 월건 「갑인(甲寅)」을 쓰지 않고 2월의 월건 「을묘(乙卯)」를 쓴다. 또한 예로 1982년(임술) 12월 25일생의 경우, 1월절인 입춘(立春)일이 12월 22일이라 12월 25일생은 입춘일을 지나서 출생하였으니 연주를 1982년 「임술(壬戌)」을 쓰지 않고 1983년의 「계해(癸亥)」를 써야하며, 또한 월주도 1982년(임술) 12월의 월건 「계축(癸丑)」을 쓰지 않고 1983년 「계해(癸亥)」 1월의 월건 「갑인(甲寅)」을 사용해야 한다. 월건은 연두법(年頭法)에 의하여 다음 도표와 같이 정해져 있으며 보는 방법은 출생년의 천간에 「갑(甲)」과 「기(己)」가 든 해의 월건(月建)은 「병인(丙寅)」·「정묘(丁卯)」로 시작되고, 「을」과 「경」이 든 해의 월건은 「무인(戊寅)」·「기묘(己卯)」로 시작이 된다.

24절후표(節候表)

월 구분	1월	2월	3월	4월	5월	6월	7월	8월	9월	10월	11월	12월
절(節)	입춘	경칩	청명	입하	망종	소서	입추	백로	한로	입동	대설	소한
일출시	07:34	06:57	06:13	05:32	50:11	05:17	05:41	06:08	06:34	07:04	07:33	07:47
일입시	17:59	18:30	18:58	19:27	19:50	19:56	19:34	18:51	18:04	17:30	17:13	17:28
후(侯)	우수	춘분	곡우	소만	하지	대서	처서	추분	상강	소설	동지	대한
일출시	07:17	06:35	05:51	15:19	05:11	05:28	05:54	06:21	06:48	07:20	07:44	07:44
일입시	18:15	18:45	19:12	19:19	19:57	19:48	19:15	18:29	17:44	17:17	17:17	17:42

음력에서는 1년을 12절 12후로 나누고 있으니 곧 12개월 24 절후가 된다. 입춘(立春)은 1월절이고 「우수(雨水)」는 1월의 「후(候)」가 되며 절(節)과 후(候)와의 일수는 15일간이다. 절후의 산출원리는 매우 복잡한 것이므로 생략하니 천세력을 이용하기 바란다.

위의 일출시간과 일입시간은 생시를 결정하는데 좋은 참고가 될 것이다.

월건 조견표(月建早見表)

월 연간	1월	2월	3월	4월	5월	6월	7월	8월	9월	10월	11월	12월
갑기년	병인	정묘	무진	기사	경오	신미	임신	계유	갑술	을해	병자	정축
을경년	무인	기묘	경진	신사	임오	계미	갑신	을유	병술	정해	무자	기축
병신년	경인	신묘	임진	계사	갑오	을미	병신	정유	무술	기해	경자	신축
정임년	임인	계묘	갑진	을사	병오	정미	무신	기유	경술	신해	임자	계축
무계년	갑인	을묘	병진	정사	무오	기미	경신	신유	임술	계해	갑자	을축

갑·기(甲己)년:병인(丙寅)두   을·경(乙庚)년:무인(戊寅)두
병·신(丙辛)년:경인(庚寅)두   정·임(丁壬)년:임인(壬寅)두
무·계(戊癸)년:갑인(甲寅)두

[예] 1989년(기사) 9월생의 경우 「갑」과 「기」년은 「병인」두로부터 시작되어 아홉번째 9월의 월건은 「갑술(甲戌)」이 된다. 이와 같이 보아가면 1990년(경오) 9월생의 경우 「병술(丙戌)」이 월건이 되고 아울러 이는 월주(月柱)가 된다.

3. 일주(日柱)

일주는 곧 생일의 간지(干支)인데 이는 첨부된 부록이나 기타 책력에 의하여 태어난 날의 일진(간지)을 찾아서 「일주」로 정하는데 출생일의 일진이 곧 사주의 일주(日柱)가 된다.

[예] 1990년 4월 20일생의 경우, 이 날의 일진을 천세력에서 찾아보니 4월 1일의 일진은 경신(庚申)이고 4월 21일의 일진은 경진(庚辰)이다. 그래서 4월 20일생의 일진은 「경진」의 전일인 「기묘(己卯)」가 되며 「기묘」는 곧 사주의 일주(日柱)가 된다.

4. 시주(時柱)

시(時)의 간지(干支)는 항상 일정하고 시간은 일간(日干)에 의해 정해져 있다. 역리학에서는 하루를 12시간으로 나누고 이 12시는 「자(子)·축(丑)·인(寅)·묘(卯)·진(辰)·사(巳)·오(午)·미(未)·신(申)·유(酉)·술(戌)·해(亥)」시를 말하며 이는 12지지(地支)에 시간을 배정한 것이다. 이 12시간을 오늘의 24시에 견주어 보면 다음과 같다.

오행시	자	축	인	묘	진	사	오	미	신	유	술	해
현재시	23:00 ~ 01:00	01:00 ~ 03:00	03:00 ~ 05:00	05:00 ~ 07:00	07:00 ~ 09:00	09:00 ~ 11:00	11:00 ~ 13:00	13:00 ~ 15:00	15:00 ~ 17:00	17:00 ~ 19:00	19:00 ~ 21:00	21:00 ~ 23:00

앞에서 설명한 바와 같이 월의 첫머리는 「인월(寅月)」에서부터 시작되지만 시의 첫머리는 「자시(子時)」에서부터 시작된다. 「갑·기(甲己)」일은 「갑·자(甲子)」시에서 시작되고 「을·경(乙庚)」일은 「병자(丙子)」시, 「병신(丙辛)」일은 「무자(戊子)」시, 「정임(丁壬)」일은 「경자(庚子)」시, 「무계(戊癸)」일은 「임자(壬子)」시에서 각각 시작한다.

출생 시각을 정확히 잘 모르고 어림으로 잡아야 할 경우에는 출생 당시의 해나 달, 별, 그림자 등의 위치와 뜨고지는 시각을 오늘에 비교하여 오차가 없도록 산정을 해야 한다. 옛날의 1시간은 지금의 2시간에 해당하고 1각은 15분대에 해당되며 4각은 오늘날의 1시간대에 해당된다.

시간 조견표(時間早見表)

시\일간	자	축	인	묘	진	사	오	미	신	유	술	해
갑기일	갑자	을축	병인	정묘	무진	기사	경오	신미	임신	계유	갑술	을해
을경일	병자	정축	무인	기묘	경진	신사	임오	계미	갑신	을유	병술	정해
병신일	무자	기축	경인	신묘	임진	계사	갑오	을미	병신	정유	무술	기해
정임일	경자	신축	임인	계묘	갑진	을사	병오	정미	무신	기유	경술	신해
무계일	임자	계축	갑인	을묘	병진	정사	무오	기미	경신	신유	임술	계해

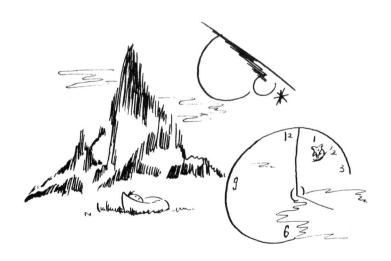

대운(大運)의 설정(設定)

사주는 사람이 타고난 선천적 운명을 점지(點指)하는 기준이
되고, 대운은 그 선천적 운명이 어느 시기에 어떻게 작용할 것
인가를 대운에서 점지하게 된다.

1. 대운(大運) 설정법(設定法)

대운은 생년의 간지에 의하여 생월과 절후를 기준으로 정하게
되는데 연간(年干)이 「양」에 속하는 남자와 연간이 「음」에 속하
는 여자의 대운은 미래절(未來節)을 향해 월주(月柱)후 일위에
서 순행(順行)하고, 반대로 연간이 「음」에 속하는 남자와 연간
이 「양」에 속하는 여자의 대운은 과거절(過去節)을 향해 월주전
일위에서 거꾸로 역행(逆行)을 한다.

(1) 연간 양음표(年干陽陰表)

양간년	갑(甲)	병(丙)	무(戊)	경(庚)	임(壬)
음간년	을(乙)	정(丁)	기(己)	신(辛)	계(癸)

[예] 1950년 「경인(庚寅)」생은 양간년(陽干年)생이 되고,
1951년 「신묘(辛卯)」생은 음간년(陰干年)생이 된다.

여기서 순행이라 함은 「갑자·을축·병인」순으로 순행함을 말하고, 역행이라 함은 「계해·임술·신유」와 같이 거꾸로 역행하는 것을 말한다.

[예] 「갑자」년 「무진」월생 남자의 대운은 양간(陽干)이기 때문에 순행을 하여 월주 「무진」후 일위인 「기사」에서부터 시작하여 「기사·경오·신미·임신·계유·갑술」순으로 순행을 하고, 같은 「갑자」년 「무진」월생 여자의 대운은 남명과 달리 반대로 역행을 하는데, 월주 「무진」전 일위인 「정묘」에서부터 시작하여 「정묘·병인·을축·갑자·계해·임술」과 같이 반대로 역행을 한다. 이 대운은 순행(順行) 또는 역행(逆行)을 하여 매 10년마다 변하는데 몇 살 때마다 변하는가는 행운 세수에 의해서 정해진다.

(2) 행운 세수(行運歲數)의 설정(設定)

양남(陽男) 음녀(陰女)는 순행하여 미래절(未來節)로 대운(大運)을 설정하고 음남(陰男) 양녀(陽女)는 과거절(過去節)로 역행(逆行)하여 대운을 설정하는데, 이 대운이 몇 살 때부터 몇 살 때까지 해당되는가를 정하는 것이 행운 세수(行運歲數)이다.

가령 1월 10일에 출생한 양간년 남자와 음간년 여자의 경우 미래절(未來節)로 순행하여 2월의 절기 「경칩일」까지 몇 일인가를 알아본다. 경칩일이 1월 22일이라면 출생한 1월 11일로부터 11일째 되는 날이 된다. 이 11일을 「3」으로 나누는데 (11÷3), 「4」로 나누면 「1」이 모자라고 「3」으로 나누면 「2」가 남는다. 이 때 「2」가 남을 때는 「1」을 더하여 「4」로 행운 세수를 정하고, 「1」이 남을 때는 계산에 넣지 않고 「3」으로 행운 세수를 정한다.

㈎ 대운산출 [예1]

병인년 6월 10일생 남자의 대운 행운 세수

연(年):병인(丙寅)	병신 8세~17세
	정유 18세~27세
월(月):을미(乙未)	무술 28세~37세
일(日):신유(辛酉)	기해 38세~47세
	경자 48세~57세
시(時):무자(戊子)	신축 58세~67세

㉠ 본명은 「병인」 양간년 생이라 미래절로 순행한다.

㉡ 월주 「을미」의 후 일위(一位)인 「병신」에서 순행하여 「병신·정유·무술·기해·경자·신축」의 순으로 대운이 정해진다.

㉢ 병인년의 월력을 보면 7월의 절기 입추가 7월 3일이다. 생일인 6월 10일로부터 입추인 7월 3일까지는 23일이 있다. 이 23일을 「3」으로 나누니 (23÷3), 「7」이 되고 「2」가 남기 때문에 1을 더하여 「8」로 행운 세수를 정한다. 세수 「8」은 8세에서부터 대운의 지배에 들어간다는 뜻이다.

㉣ 다시 요약을 하면, 대운은 「병신·정유」순으로 정해지고 행운 세수는 「8」이 되어 8세가 되면 「병신」 대운에 들어와 17세까지 차운에 지배를 받고 18세에 「정유」운으로 들어가면 27세까지 「정유」운에 의하여 주관이 된다.

이하 같은 방법으로 보며 매 10세마다 대운이 교체된다.

㈏ 대운산출 [예2]

정묘년 6월 1일생 남자의 대운 행운 세수

연(年):정묘(丁卯)	병오 7세~16세
	을사 17세~26세
월(月):정미(丁未)	갑진 27세~36세
일(日):병오(丙午)	계묘 37세~46세
	임인 47세~56세
시(時):무자(戊子)	신축 57세~66세

㉠ 본명은 「정묘」 음간년 생이라 과거절로 역행을 한다.

㉡ 월주 「정미」의 전일 위인 「병오」에서 역행하여 「병오·을사·갑진」 순으로 대운이 정해진다.

㉢ 6월에서 역행하여 5월의 입절일(入節日) 망종(芒種)이 5월 11일이라 생일인 6월 1일로부터 역행으로 계산을 하니 6월이 1일, 5월이 19일, 합계 20일이 된다. 이 20일을 「3」으로 나누면 「6」이 되고 「2」가 남기 때문에 「1」을 더하여 행운 세수는 「7」이 되고 세수 7세부터 대운 「병오」운에 의해 지배된다고 본다.

(3) 12개월의 입절일(入節日)

월별	1월	2월	3월	4월	5월	6월	7월	8월	9월	10월	11월	12월
입절	입춘	경칩	청명	입하	망종	소서	입추	백로	한로	입동	대설	소한

대운은 출생월을 기준하여 설정하는데 앞에서도 설명한 바 있으나 명리학에서는 월일을 기준하여 연월을 구분하는 것이 아니고 절기(節期)를 표준하여 연월을 구분한다. 예를들면 3월 25일에 출생을 해도 4월의 절기인 「입하(立夏)」가 3월 20일에 들어 있으면 3월생으로 보지 않고 4월생으로 간주하고, 갑자년 1월 5일 생이라해도 1월의 절기인 「입춘(立春)」이 1월 10일에 들어있으면 갑자년 1월생으로 보지 않고 전년인 계해년 12월생으로 인정하게 된다.

절기(節氣)와 지장간(支藏干)

1. 절기의 중요성

　명리학은 기상의 변화와 오행의 생극(生剋) 조화를 기준으로 하여 판단하기 때문에 절후를 대단히 중요시하고 있다. 앞에서도 설명한 바 있으나 연월을 결정하는데도 월과 일을 무시하고 입절일(入節日)을 기준으로 하여 연월(年月)을 구분하고 있다. 그리하여 더욱 월지(月支)를 중요시하고 월지를 중심으로 격국(格局)을 형성하게 된다. 그리고 월령(月令) 지지(地支)에는 감추어져 있는 지장간(支藏干)이 있는데 이 지장간 속에는 「여기(餘氣)·중기(中氣)·정기(正氣)」가 소장(所藏)되어 있다.

(1) 지장간(支藏干)

지지 구분	자 (子)	축 (丑)	인 (寅)	묘 (卯)	진 (辰)	사 (巳)	오 (午)	미 (未)	신 (申)	유 (酉)	술 (戌)	해 (亥)
여기 (餘氣)	임 (壬) 10	계 (癸) 9	무 (戊) 7	갑 (甲) 10	을 (乙) 9	무 (戊) 7	병 (丙) 10	정 (丁) 9	무 (戊) 7	경 (庚) 10	신 (辛) 9	무 (戊) 7
중기 (中氣)		신 (辛) 3	병 (丙) 7		계 (癸) 3	경 (庚) 7	기 (己) 10	을 (乙) 3	임 (壬) 7		정 (丁) 3	갑 (甲) 7
정기 (正氣)	계 (癸) 20	기 (己) 18	갑 (甲) 16	을 (乙) 20	무 (戊) 18	병 (丙) 16	정 (丁) 20	기 (己) 18	경 (庚) 16	신 (辛) 20	무 (戊) 18	임 (壬) 16

[보기] 여기·중기·정기에 표시된 숫자는 30일을 나누어 배정한 일수이다.

「축토(丑土)」에는 여기(餘氣) 계수(癸水)가 9일간, 중기(中氣) 신금(辛金)이 3일간, 정기(正氣) 기토(己土)가 18일간 장간되어 있음을 뜻한다.

(2) 여기(餘氣)

여기(餘氣)라 함은 전월의 정기(正氣)가 이월된 것을 의미한다. 1월 입춘절을 지지(地支)로 표현할 때에는 「인목(寅木)」으로 대하는데 12월 소한절은 「축토(丑土)」절의 계속으로 「축토」의 남은 기운 여기(餘氣)가 입춘절에 7일간 남아서 잠재해 있다는 것을 의미한다.

(3) 중기(中氣)

중기(中氣)는 「인목(寅木)」의 초기(初氣) 첫기운인 여기(餘氣)가 7일간 머물고 인목 본래의 정기(正氣)인 「갑목(甲木)」이 16일간 주관하는데 무토(戊土) 여기(餘氣)와 갑목(甲木) 정기(正氣)와

의 사이에서 양자를 소통하는 「병화(丙火)」가 7일간 있으니 이
것을 중기(中氣)라 한다. 그런데 입춘후 제 8일부터 14일 사이
에 출생하였다면, 이 기간은 왕성한 「병화」가 주동을 하는 때임
으로 이 사람이 타고난 수기(受氣:받은 기운)는 「병화(丙火)」가
된다.

⑷ 정기(正氣)

정기(正氣)는 지지(地支)가 지니고 있는 본래의 기(氣), 본기
(本氣)를 이르며 가장 왕성하다. 그래서 왕성한 정기(正氣)를
제일 중시한다.

다시 예를들면 「자월(子月:11월)」의 입절일은 「대설」일이 되
기 때문에 대설후 10일까지는 「임수(壬水)」의 「여기」가 「자월
(11월)」을 사령(司令) 대표하고, 대설후 11일부터 「소한」까지는
「정기(正氣)」인 「계수(癸水)」가 대표, 사령한다는 것이다.

㈎ 「자·오·묘·유(子午卯酉)」 사왕일은(四旺日)은 「오(午)」
를 제외하고 여기와 정기로 구성되고, 여기가 10일간, 정기가 20
일간을 사령한다.

「인·신·사·해(寅申巳亥)」 사생일(四生日)은 공통적으로 여기
무토(戊土)가 7일간을 사령하고, 각 삼합궁(合宮)의 화기(化氣)가
중기로서 7일간을 사령하며, 정기는 각 월의 후반 16일을 관장
한다.

㈏ 「진·술·축·미(辰戌丑未)」는 전월의 여기가 9일간 사령
하고, 중기는 각 삼합궁의 화기(化氣)인 음간(陰干)이 3일간 사
령하고, 정기는 「진술」 무토(戊土)와 「축미」 기토(己土)가 각
월의 18일간을 관장한다.

근·묘·화·실(根苗花實)

 사주는 연·월·일·시의 네 기둥으로 구성이 되어 사주라 하고,「근·묘·화·실」은 연주(年柱)가 「근(根)」즉 뿌리가 되고, 월주(月柱)는 「묘(苗)」즉 싹이 되며, 일주(日柱)는 「화(花)」즉 꽃이 되고, 시주(時柱)는 「실(實)」즉 열매가 된다하여 「근·묘·화·실(根苗花實)」사근(四根)이라 한다.

1. 근·묘·화·실 표(根苗花實表)

사주	사근	육친(六親)	연령
연주	근(根)	조부모·선대	1~15세
월주	묘(苗)	부모·형제·자매	15~30세
일주	화(花)	본인·처첩	30~45세
시주	실(實)	자녀·손자	45~60세

(1) 연주·뿌리(根)

 연주를 뿌리라 함은 뿌리는 만물의 시원(始源)이라 뿌리가 있어야 「묘(苗)」즉, 싹이 자라고 꽃이 피면서 열매를 맺는다. 그리하여 연주는 뿌리가 되고 조상이 되며 조부모와 가통을 알아

보고 본신의 과거 15세 이전 유·소년 시절을 살피게 된다. 연월이 상생하고 길신이 있으면 부모가 복을 받게 되고 본인도 유·소시 훌륭한 가정에서 자라는 행복을 누리게 될 것이다.

(2) 월주·싹(苗)

월주를 「묘」즉, 싹이라 하며 부모와 형제 자매를 알아보고 자신의 청년기 운을 살피게 된다. 월주에 용신(用神)과 희신(喜神)이 있고 생왕(生旺)되면 부모와 형제가 모두 발전하고 행복을 누리게 된다.

(3) 일주·꽃(花)

일주를 꽃이라 하여 자신과 가정을 살피게 되는데 일간(日干)을 자기 주성(主星)으로 하고, 일지(日支)는 남자에게 처(妻)가 되며 여자에게는 남편이 된다. 일주가 생왕(生旺)하고 용신(用神)과 길신(吉神)이 있으면 가정 생활이 원만하고 30세 이후부터 45세까지 장년기에 복을 누리는 것으로 판단한다.

(4) 시주·열매(實)

시주를 열매라 하여 말년운을 알아보고 자손의 일을 살피게 된다. 일주와 시주가 상생하고 조화를 이루면 현명한 자녀를 두고 45세 이후의 말년을 행복하게 보내게 된다.

(5) 사주의 순수성

사주는 모름지기 순수해야 한다. 타주(他柱)에서 연주(年柱)를 상하게 되면 부조(父祖)에게 불리하고, 월주(月柱)를 상하게 되면 부모와 형제가 불리하며, 일주(日柱)를 상하게 되면 본신과 아내가 이롭지 못하고, 시주(時柱)를 상하면 자손이 해롭고 말년이 공허(空虛)하게 된다.

사람의 운명도 기상학적 측면에서 보면 자연의 성장 과정과 그 이치가 다를 바 없다. 즉, 새싹은 뿌리가 있어야 생출하고, 꽃은 새싹이 없었다면 곱게 필 수 없고, 열매도 꽃이 필 때 모든 여건이 맞고 암수 수정이 잘 되어야 좋은 결실을 가져옴과 같다.

사주도 이와 같이 순수하고 형 · 충 · 파 · 해(刑冲破害)와 공망(空亡) · 사절(死絶)이 없고 또한, 길신(吉神)의 도움이 있으면 일생을 행복하게 안과(安過)하는 좋은 길명이 될 것이다. 그러나 이와 반대가 되면 평생에 어려움이 많고 고난을 겪어야 하는 흉명(凶命)이 되는 것이다.

제 IV 장
합·형·충·신살(合刑冲神殺)

합·형·충·신살(合刑冲神殺)

신살(神殺)의 작용(作用)

합(合)·형(刑)·충(沖)과 다양한 여러 신살(神殺)은 사주의 길흉을 판단하는데 중요한 비중을 차지하게 된다.

일간(日干)을 중심으로 한 타간지(干支)와의 상호간 합(合)을 이룩하면서 변화 작용에 좋은 기쁨을 안겨다 주는 길신(吉神)이 있는가하면, 반면에 슬픔과 눈물을 안겨다 주는 흉신(凶神)이 있어 인생 행로에 희비(喜悲)가 교차되는 다양한 작용을 한다.

1. 천간합(天干合)

갑기(甲己)	을경(乙庚)	병신(丙辛)	정임(丁壬)	무계(戊癸)
합토(合土)	합금(合金)	합수(合水)	합목(合木)	합화(合火)
중정지합 (中正之合)	인의지합 (仁義之合)	위엄지합 (威嚴之合)	인수지합 (仁壽之合)	무정지합 (無情之合)

음양과 오행편에서 언급한 바 있으나 천간이 상합(相合)한다함은 곧 남녀가 정답게 짝을 이루는 것과 같은 형상이다.

오행의 원리로 볼 때, 「갑」은 「양목」이고 「기」는 「음토」인데 「갑목」은 「기토」를 제복(制伏)할 수 있으나 제복을 하지 않고 「갑」과 「기」는 음양이 애정으로 연결되어 「합」이 이룩되면서 「토」가 된다는 것이다. 여타의 간합도 이와 같은 이치로 「합」이 성립된다.

(1) 갑기 합토(甲己合土)

사주 가운데 「갑기」의 합이 있으면 마음이 너그럽고 남과 타협을 잘하며 범사 하는 일에 절도가 있고 맡은 바 책무를 성실히 수행하여 많은 사람들로부터 존경과 신임을 받는다. 그리고 남녀 다 같이 일생을 유정하게 행복을 누릴 수 있는 「합」이라 한다.

㈎ 「갑」일 생이 「기」와 합하면, 신의가 있고 정직은 하나 지능이 약하고 활동성이 부족하다고 본다.

㈏ 「기」일 생이 「갑」과 합하면 신의는 없어도 일처리를 잘하고 사회 활동과 대인 관계가 원만하다.

㈐ 사주에 「갑」과 「기」가 하나 이상 두세 개가 들어있으면 남녀 다 같이 행실이 부정하여 패가 망신하는 일이 있다고 본다.

(2) 을경 합금(乙庚合金)

사주에 「을경」의 합이 있으면 성품이 강직하고 용감하며 주관성이 뚜렷하고 남녀 다 같이 다정 다감하여 부부가 상호 존경하면서 선행을 베푸는 인의(仁義)의 합이라 한다. 그러나 타주에 「편관 칠살(偏官七殺)」이나 「사절(死絶)」이 들어있으면 사람됨이 무정하고 인색하며 또한 주색을 탐닉하여 주변 사람들로부터 사람 대접을 못받는 비천한 명이 된다고 한다.

㈎ 「을」일 생이 「경」과 합하면 예의가 없고 결단성이 부족하다.

㈏ 「경」일 생이 「을」과 합하면 의리가 없고 자기 주장만 앞세운다고 본다.

(3) 병신 합수(丙辛合水)

사주에 「병신」의 합이 있으면 위엄은 있으나 마음이 비굴하고 잔인하며 매사에 이기적이고 주색을 좋아하게 된다.

(가) 「병」일 생이 「신」을 합하면 지혜는 뛰어나고 머리는 총명하나 품행이 경박하다고 본다.

(나) 「신」일 생이 「병」을 합하면 몸집은 적으나 마음이 어질고 따뜻하게 가정을 잘 꾸려간다고 한다.

(4) 정임 합목(丁壬合木)

사주에서 「정임」이 「합목」되면 성정이 매우 감정적이고 민감하며 자신을 과대 평가하는 경향이 있고 남녀 다 같이 행실에 부정을 저지르기가 쉽다. 특히, 「편관 칠살」이나 「도화(桃花)」가 있으면서 「사절(死絶)」이 사주에 함께 있으면 주색과 음란으로 패가 망신할 염려가 있다.

(가) 「정」일 생이 「임수(壬水)」와 합을 이루면 마음이 소심하고 질투심이 강하며 허영과 사치를 좋아한다.

(나) 「임」일 생이 「정화(丁火)」와 합을 이루면 성정이 예민하고 신의가 없으며 일생에 부침(浮沈)이 많이 따른다.

(5) 무계 합화(戊癸合火)

「무계」는 무정지합이라 남녀간에 다 같이 무정하면서 화려하고 사치함을 좋아한다.

(가) 「무」일 생이 「계수(癸水)」와 합을 이루면 머리는 총명하나 성정이 냉정하다.

(나) 「계」일 생이 「무토(戊土)」와 합이 되면 사람됨이 우매하여 범사에 시작은 있어도 끝맺음이 없으니 유시 무종(有始無終)의 격이라 하겠다.

2. 천간충(天干冲)

천간충은 다음과 같이 이루어진다.

갑경 (甲庚)	을신 (乙辛)	병임 (丙壬)	정계 (丁癸)	무갑 (戊甲)	기을 (己乙)	경병 (庚丙)	신정 (辛丁)	임무 (壬戊)	계기 (癸己)

(1) 충(冲)의 의의

충(冲)이란 서로 상극 관계에서 부딪쳐 충돌이 된다는 뜻이다. 이래서 일명 칠살(七殺)이라고도 하며, 이는 파괴·파산(破産)·분리(分離)·사상(死傷)·비애(悲哀)·질병(疾病) 등 흉액(凶厄)을 암시하는 흉살(凶殺)이기는 하지만 사주의 격국(格局) 구성(構成)에 따라 길신이 되는 때도 허다하고 또한 흉액의 정도도 왕쇠(旺衰)에 따라 일정하지 않다. 「인·신·사·해(寅申巳亥)」「사생지(四生地)」는 충을 꺼리고, 「진·술·축·미(辰戌丑未)」「사고지(四庫地)」는 충이 있어야 창고를 열게 되니 희신(喜神)이 되고, 「자·오·묘·유(子午卯酉)」「사왕지(四旺地)」는 「왕지(旺地)」임과 동시에 「패지(敗地)」가 되어 유동성이 있다.

(2) 충의 작용

㈎ 천간(天干) 상호간에 충되는 것을 「극(尅)」이라 하고 지지(地支) 상호간에 충되는 것을 「충(冲)」이라고 한다. 천간이 극(尅)하면 지지도 움직임을 받고, 지지가 충하면 천간도 함께 움직이게 되는데, 천간도 극하고 지지도 충하게 되면 천극지충(天尅地冲)이라 하여 그 영향력은 대단히 크다.

㈏ 왕(旺)한 곳에 충하면 쇠(衰)해지고 쇠(衰)한 곳에 충하면 넘어지거나 아니면 다시 왕(旺)해진다. 그래서 「왕」을 원하는 데는 충을 꺼리고 「쇠(衰)」를 원하는 데는 충을 기뻐한다. 그리고 「희신(喜神)」을 충하면 흉하게 되고 「흉신」을 충하면 길하게

된다.

㈐「편관 칠살(偏官七殺)」이 하나 있고 신왕(身旺)하면 대길할 수 있는 명조(命造)이나, 신약(身弱)하면서 「편관(偏官)」이 거듭 들어있으면 평생을 두고 잔병을 치루거나 괴로움을 겪어야 하는 장애가 끊이지 않고 일생을 고생하게 된다.

㈑ 상충은 연간과 월간·일간과 시주(時柱) 가까운 사이에서만 충이 성립되고, 연(年)과 일(日), 월(月)과 시(時)처럼 한칸 뛰어서 상충 되는 것은 비충(飛沖)이라 하고 이 비충의 영향력은 극히 미약하다. 이는 중간에서 싸움을 말리고 조정을 하기 때문에 상충이 성립되지 않는다고 본다.

㈒ 월주는 제강(提綱)이라하여 충되는 것을 가장 꺼리고 공망(空亡)은 충을 하면 화를 충하는 것이 되어 도리어 복이 되고 충은 해소된다.

㈓ 연주와 월주가 상충하면 부모의 세업을 지키지 못하고 고향을 떠나게 된다. 월간과 일간이 상충하면 부모, 형제가 불리하고 일주와 시주가 상충하면 자녀손과 인연이 박하며 자녀들과 함께 동거하기가 어렵다고 한다.

지지(地支)의 합·충·파·해(合冲破害)

1. 합·충·파·해 원진표

천간합 (天干合)	갑기(토) (甲己土)	을경(금) (乙庚金)	병신(수) (丙辛水)	정임(목) (丁壬木)	무계(화) (戊癸火)
삼합국 (三合局)	사유축 (금) 巳酉丑 (金)	해묘미 (목) 亥卯未 (木)	신자진 (수) 申子辰 (水)		인오술 (화) 寅午戌 (火)
육합 (六合)	자축(토) 子丑(土)	인해(목) 寅亥(木)	묘술(화) 卯戌(火)	진유(금) 辰酉(金)	사신(수) 巳申(水)	오미(화토) 午未(火土)
삼형 (三刑)	축술미(무은지형) 丑戌未(無恩之刑)		인사신(지세지형) 寅巳申(持勢之刑)		자묘(무례지형) 子卯(無禮之刑)	
육형 (六刑)	인→사 (寅巳)	사→신 (巳申)	신→인 (申寅)	축→술 (丑戌)	술→미 (戌未)	미→축 (未丑)
자형 (自刑)	진진 (辰辰)	오오 (午午)	유유 (酉酉)	해해 (亥亥)	자묘 (子卯)	묘사 (卯巳)
파 (破)	자유 (子酉)	축진 (丑辰)	인해 (寅亥)	오묘 (午卯)	사신 (巳申)	술미 (戌未)
충 (冲)	자오 (子午)	축미 (丑未)	인신 (寅申)	묘유 (卯酉)	진술 (辰戌)	사해 (巳亥)
육해 (六害)	자미 (子未)	축오 (丑午)	인사 (寅巳)	묘진 (卯辰)	신해 (申亥)	유술 (酉戌)
원진 (元嗔)	자미 (子未)	축오 (丑午)	인유 (寅酉)	묘신 (卯申)	진해 (辰亥)	사술 (巳戌)

2. 지지합(地支合)

　합이란 음양이 다른 간지가 동일한 기세로 결합이 되어 작용하는 것을 합이라 한다. 음양의 합 가운데는 천간합(天干合)과 지지간에 음양과 속성이 다른 지지가 상호 결합하는 삼합(三合)과 육합(六合)이 있다.

(1) 삼합(三合)

인오술(寅午戌)	신자진(申子辰)	사유축(巳酉丑)	해묘미(亥卯未)
화국(火局)	수국(水局)	금국(金局)	목국(木局)

　삼합은 각 지지가 분리되어 있을 때는 독자적인 개성이 지배하나 삼합이나 육합을 이루면 동일한 국세(局勢)를 형성하고 그 결합된 위력과 변화는 대단히 크게 작용을 한다. 그리고 이는 사회나 공동 생활을 위한 유대, 결합관계를 내포하여 가정과 사회, 단순과 복잡, 개인과 전체 등 각 분야에 유관한 인연을 맺게 한다.

　(가) 삼합의 작용력은 「목」을 희신(喜神)·용신(用神)으로 할 때 삼합·육합하여 「목」이 되면 더욱 대길하고, 반대로 기신(忌神)일 때에는 삼합·육합하여 「목」이 되면 더욱 흉하게 된다.

　(나) 삼합자는 용모가 수려하고 성품이 원만하며 지혜가 총명하다. 만일 「합」 가운데 「충」이 들어있으면 파국(破局)이 되어 합력도 충력도 다 함께 약화되어 저속하고 공을 이루지 못한다. 반면, 「천을귀인(天乙貴人)」이나 「정관(正官)」 또는 「식신(食神)」이 삼합되면 의식이 풍성하고 사랑을 받으며, 또한 「건록(建祿)」이 함께 있으면 명망과 기적의 운이 있다고 한다.

(2) 육합(六合)

자축(子丑)	인해(寅亥)	묘술(卯戌)	진유(辰酉)	사신(사신)	오미(午未)
토(土)	목(木)	화(火)	금(金)	수(水)	화토(火土)

천간에서 음과 양이 합을 이루듯이 지지에서도 음과 양이 합을 이룬다. 그의 작용은 길신이 합하면 더욱 길중하고 흉신이 합을 하면 한층 더 흉해진다. 만일 합을 이룬 지지가 공망(空亡)이 되면 합력도 공망력도 다 함께 약화된다. 그리고 근합(近合)은 강하나 원합(遠合)은 합력이 약하고 또한 충(冲)·파(破)를 하면 「합(合)」도 안되고 「충(冲)」도 안된다.

㈎ 자축 합화토(子丑合化土)

자일(子日)이 「축」을 만나면 복이 가벼워지나, 반대로 「축일(丑日)」이 「자」를 합하면 복이 중하다고 본다.

㈏ 인해 합화목(寅亥合化木)

「인해」는 합인 동시에 「파」가 된다. 선합 후파(先合後破)라 하여 「파」의 작용이 약하다. 「인일해합(寅日亥合)」은 복이 중하나 「해일인합(亥日寅合)」은 복이 약하다.

㈐ 「술묘」 합과 「진유(辰酉)」·「사신(巳申)」 합은 복이 약하고 「묘술(卯戌)」·「유진(酉辰)」·「신사(申巳)」 합은 복이 중하다. 단, 「오미(午未)」는 합을 해도 오행이 변하지 않고 그저 자연적인 음양의 기운이 교류될 뿐이다.

㈑ 대개 남자는 합이 많으면 사교성과 외교 능력이 있고, 여자는 합이 많으면 행실이 부정하면서 음탕한 명이 된다고 한다.

3. 지지충(地支冲)

지지의 상충은 많은 여러 살 가운데 가장 그 영향력이 크다고 본다. 지지에서 상충이 되면 그 성질이 강폭하고 배은 망덕하며 조·부모와의 이별, 극처(剋妻), 해자(害子), 고독(孤獨) 등의 화액을 내포하고 있다.

그러나 사주의 격국 구성에 따라 길신이 되기도 하고 흉신이 되기도 하며 흉액의 작용도 신왕(身旺) 여부에 따라 각각 상이하게 영향을 준다.

(1) 지지(地支) 상충(相冲)의 성립

상충 (相冲)	자오 (子午)	축미 (丑未)	인신 (寅申)	묘유 (卯酉)	진술 (辰戌)	사해 (巳亥)

보기 자(子)가 오(午)를 「충」하고 축(丑)은 미(未)를 「충」한다.

(2) 지지상충의 작용

(가) 자오상충(子午相冲)

항상 일신이 불안정하고 타관살이를 하게 되며 심장, 신장 계통의 질병이 발생한다.

(나) 축미상충(丑未相冲)

형제가 각각 다른 마음을 품고 재산의 다툼 때문에 원한으로 변하게 되며 하는 일마다 항상 막힘이 많다. 비장, 위장, 소화기 계통의 질병이 발생하기 쉽다.

(다) 인신상충(寅申相冲)

남녀 다 같이 성정이 민감하고 다툼이 많으며 대장, 신경 계통의 질환이 발생한다.

(라) 묘유상충(卯酉相冲)

골육이 처참한 상해를 당하고 부부가 불목하며 가문의 변화가 있게 된다. 간, 폐 또는 말초신경 질환이 발생한다.

㈎ 진술상충(辰戌相冲)

축미(丑未)와 함께 사묘지(四墓地)는 「상충」함으로서 길경사가 발생하나 인간이 고독하고 풍파가 끊이지 않는다. 위, 신장, 피부 질환이 발생한다.

㈑ 사해상충(巳亥相冲)

하는 일에 반복이 많고 적은 일도 크게 되며 항상 손해를 본다. 소장, 심장, 방광, 혈압 등의 질환이 발생한다.

4. 상형(相刑)

삼합과 육합에 의하여 사람이 가정을 이루고 조직과 사회 단체를 이루며 국가와 기구를 형성한다고 하면 이를 분리, 변화, 해산, 파멸시키는 것이 「충(冲)」이 되고, 이 조직, 사회, 국가의 질서유지를 위하여 형벌권을 행사하고 제재 조치를 취하는 것이 「형(刑)」이라 할 수 있다. 이래서 형은 사회의 질서유지를 위하여 각종 형벌이나 제재 조치 등의 작용을 내포하고 있다.

(1) 상형(相刑)의 성립(成立)

인사신 (寅巳申)	지세지형 (持勢之刑)	인사 (寅巳)	사신 (巳申)	인신 (寅申)		
축술미 (丑戌未)	무은지형 (無恩之刑)	축술 (丑戌)	술미 (戌未)	축미 (丑未)		
자묘 (子卯)	무례지형 (無禮之刑)	자묘 (子卯)	묘자 (卯子)			
육형 (六刑)	인사 (寅巳)	사신 (巳申)	인신 (寅申)	축술 (丑戌)	술미 (戌未)	축미 (丑未)
자형 (自刑)	진진 (辰辰)	오오 (午午)	유유 (酉酉)	해해 (亥亥)		

(2) 상형의 작용

상형(相刑)은 상충(相沖) 다음으로 심한 작용을 하는 흉살(凶殺)로 본다. 그러나 「형」이 생왕(生旺)하거나 제복(制伏)이 되면 경영에 성공하고 형권(刑權)을 구사할 수 있는 권위직(법관·변호사·의약사·경찰·교도관·감사 등)에 진출하게 된다고 본다. 이는 내가 남을 구속하든지 아니면 내가 남에게 구속을 당하게 된다는 작용력을 암시하고 있기 때문이다. 그리고 상형은 사주 어디에 있든지 원근을 가리지 않고 그 작용은 동일하며 상형 석 자가 모두 함께 있을 때보다 두 자만 있어도 그 영향력은 많이 감소되고 또한 삼기(三奇)나 천월덕(天月德)·천을귀인(天乙貴人) 등 길신이 함께 같이 있으면 흉한 작용은 더욱 약화된다. 반대로 흉살과 함께 동주하면 관재 또는 불측한 재난이 발생하고 「형」과 「충」이 함께 있으면 가정이 불목하며 또한 각종 질병이 발생하게 된다.

㈎ 인사신(寅巳申)

자신의 세력만 믿고 저돌적으로 나아가다가 화를 당한다하여 지세지형(持勢之刑)이라 한다.

㈏ 축술미(丑戌未)

배은 망덕하다고 하여 무은지형(無恩之刑)이라 이르며 이는 성품이 냉혹하여 은인과 친구를 해치고 부정한 일을 서슴없이 자행한다고 한다.

㈐ 자묘(子卯)

무례지형(無禮之刑)이라 하여 이는 성질이 강폭하고 예의가 없으며 남에게 불쾌감을 주는 관형(官刑)의 액이 있다.

㈑ 인사(寅巳)

인(寅)이 사(巳)를 형하면서 「해」살까지 겹치게 되어 무은지형(無恩之刑)이라 이르며 여타의 형보다 그 작용력이 월등하게 강하다. 이는 갈등, 다툼, 경쟁, 시비, 배신, 망은, 무정, 형액, 송사 등을 내포하고 질병으로는 소장, 위장, 방광, 편도선, 독극물 중독, 차량 사고 등이 발생할 수 있다.

㈃ 사신(巳申)

사(巳)가 신(申)을 형(刑)하는데, 「사」는 「형」가운데 「합」이 있어 양자가 결합, 유정하던 것이 시일이 경과함에 따라 은인이 적으로 변하게 된다. 이는 실패, 불화, 반목, 시비 등을 내포하고 장 질환과 위장이나 방광 계통의 질병 등이 발생한다.

㈄ 축술(丑戌)

축(丑)이 술(戌)을 형(刑)하는데 사주에 축술형이 있으면 형제간에 남이 보지 않게 암투를 하고 노사간(勞使間)의 투쟁이 있으며 여자는 부부가 불화하여 고독하고 배신을 당한다. 질환은 심신장애, 신경계통 등이 발병한다.

㈅ 술미(戌未)

술(戌)이 미(未)를 형(刑)하는데 술미형은 「축술형」과 그 이치가 같고 그 작용력도 대체로 동일하다. 질병은 비장, 위장, 신경통, 폐 질환 등이 발생하기 쉽다.

㈆ 자묘상형(子卯相刑)

자(子)가 묘(卯)를 형(刑)하고 묘(卯)도 자(子)를 형할 수 있으므로 「호형(互刑)」이라고도 한다. 이는 폐륜, 불륜, 무례, 간음 등을 내포하여 관형(官刑)의 액을 당하기 쉬우며 질병으로는 음독, 성병, 간장 계통 등의 질환이 발생한다.

㈇ 진·오·유·해(辰午酉亥) 자형(自刑)

형제간에 우애가 없고 심지가 박약하여 늘 침울하면서 일생을 고독하게 지내게 된다.

5. 상파(相破)

(1) 파(破)의 성립(成立)

상파 (相破)	자유 (子酉)	축진 (丑辰)	인해 (寅亥)	오묘 (午卯)	사신 (巳申)	술미 (戌未)

보기 자(子)는 유(酉)를 파하고 축(丑)은 진(辰)을 파(破)한다.

(2) 파(破)의 작용(作用)

「파」는 집단의 행복과 일상생활의 직업 또는 경영하는 사업의 발전을 저해하는 파괴, 분리, 차단, 변경, 이동 등의 작용을 암시한다. 그의 작용력은 형, 충, 해보다는 약하나 형, 충, 해의 살이 가중되면 그의 영향력은 대단히 크고 사건의 결과가 확대된다. 예를들면 자오상충(子午相冲)·자묘상형(子卯相刑)이 있는데 자유파(子酉破)가 가세를 하면 사업일 경우 파산 내지 막대한 손실을 가져오게 한다. 그러나 흉신을 파하면 길하고 반대로 길신을 파하면 흉하게 되는데 대개 연지(年支)를 파하면 양친을 일찍이 이별하고, 시지(時支)를 파하면 말년이 불행하게 된다. 월지(月支)를 파하면 변동이 많고, 일지(日支)를 파하면 가정이 불안정하고 처궁이 불리하며 일신이 외롭다.

㈎ 자유파(子酉破)

주색으로 인륜을 파괴하고 부부가 무정하며 자녀 또한 현명하지 못하다. 폐 질환, 요도염, 신경통 등의 질환이 발생하기 쉽다.

㈏ 축진파(丑辰破)

인덕이 박약하고 관재 구설과 질병이 많으며 매사에 화액을 자초하게 된다. 위장, 비장, 피부 습진 등의 질환이 발생한다.

㈐ 인해파(寅亥破)

인해는 「합」인 동시에 「파」가 성립된다. 선합후파(先合後破)

라 하여 먼저 합의 작용이 크기 때문에 파의 작용은 경미하다고 보며, 위장 질환, 방광염, 담석증 등의 질환이 발생하기 쉽다.

㈘ 오묘파(午卯破)

유흥, 오락, 주색 잡기 등으로 기인하여 명예를 실추시키고 경영하는 사업도 실패가 빈번하여 크게 손해를 보고 대성 발전하기가 어렵다. 위장, 간장, 담석증, 시력장애 등의 질환이 발생한다.

㈙ 술미파(戌未破)

술미는 「형」인 동시에 「파」가 성립되어 그 작용력은 더욱 크다고 본다. 가까운 근친간이나 거래처 등에서 구설, 시비, 배신, 질투 등의 일이 야기되고 신경 질환, 신경통 등이 발병한다.

㈚ 사신파(巳申破)

사신은 「합」인 동시에 「형」과 「파」가 성립된다. 처음은 합의 작용으로 합의, 거래, 성사 등이 이룩되기는 하나 중도에 배신, 불화, 모략 등이 야기되어 손재, 파산 등 재화가 발생한다.

6. 상해(相害)

(1) 해의 성립

육해 (六害)	자미 (子未)	축오 (丑午)	인사 (寅巳)	신해 (申亥)	묘진 (卯辰)	유술 (酉戌)

보기 자(子)는 미(未)를 해하고, 축(丑)은 오(午)를 해한다.

(2) 해(害)의 작용(作用)

「해」는 나와 대치하고 있는 상대방 적에게 편을 들고 협조를 하여 나에게 방해가 되는 「해살(害殺)」인데, 이는 직접 충돌하는 것과는 달리 간접적인 피해를 유발하는 음성적인 작용을 한다. 해살은 일상생활에서 거추장스럽게 장애를 야기시키는 방해적인 살이라 하여 일명 「장애살(障碍殺)」이라고도 하며, 특히 「해」는 근친간에 강하게 작용을 하여 동기 친지간에 중상, 모략, 배신, 투쟁, 시비 등이 발생한다. 대개 흉신이나 악살과 동주하면 품성이 비열하여 남을 원망하고 미워하게 된다.

㈎ 자미상해(子未相害)

육친 골육간(六親骨肉間)에 불화하여 상호 「해」하고 떨어져 살게 된다. 하는 일마다 장애가 많고 관재 구설이 따르며 요통과 생식기 질환 등이 발생하기 쉽다.

㈏ 축오상해(丑午相害)

남에게 지기를 싫어하고 동기간에도 상호 방해를 하며 부부사이도 애정이 없어 가정이 원만치 못하고 중풍이나 정신 및 신경 장애에 관한 질환이 발생하기 쉽다.

㈐ 인사상해(寅巳相害)

「인사」는 「해」인 동시에 「형」이 성립되기 때문에 그 미치는 영향력도 크다고 본다. 이는 신체적 장애나 결함, 고질 등이 있기 쉽고 시비와 구설, 형액, 중상 등 불미한 일들이 야기되며 간장, 위장, 소장 등의 질환이 발생한다.

㈑ 신해상해(申亥相害)

신해상해는 안전 사고에 각별히 조심을 해야 한다. 도로상에서 차량사고를 유발하거나 물에서 수액 또는 풍랑같은 것을 겪을 위험이 많다. 그리고 폐, 대장, 비뇨기 계통의 질환이 발생하기 쉽다.

㈒ 묘진상해(卯辰相害)

일생을 살아가는데 많은 허무감을 느끼게 된다. 이는 가까운 친·인척이나 동료로부터 「해」를 당하고 관재 구설과 배신, 멸시, 중상모략, 골육 무정(骨肉無情) 등의 일이 있고 위장, 간장 계통의 질병이 발생하기 쉽다.

㈂ 유술상해(酉戌相害)

유일(酉日) 술시(戌時)생은 언어 장애가 있거나 아니면 얼굴과 머리에 부스럼 같은 것이 생긴다고 한다. 그리고 같은 한 울안에 동주하면서 서로 시기하고 결쟁, 질투하는 일이 있고 언어 장애, 간장, 비장, 신장 등의 질환이 발생하기 쉽다.

7. 원진(元嗔)

(1) 원진의 성립

원진 (元嗔)	자미 (子未)	축오 (丑午)	인유 (寅酉)	묘신 (卯申)	진해 (辰亥)	사술 (巳戌)

보기 자(子)는 미(未)를 꺼리고, 축(丑)은 오(午)를 미워한다.

(2) 원진의 작용

「원진」은 「해」와 그 성립 원리가 비슷하다. 이는 서로 보고 만나기를 싫어하며 불화, 증오, 이별, 고독 등을 암시한다.

㈎ 원진살은 그 원인이 내부에서 발생하는 것이 아니라 외부로부터 어려운 일을 당하게 된다. 특히 여자에게 원진살이 있으면 말소리가 크고 성품이 탁하며 미천한 사람과 사통을 하고 불효한 자식을 낳는다고 한다.

㈏ 「원진」이 거듭 들어있으면 더욱 흉하게 되나 생왕하면서 귀성(貴星)과 「합」이 되면 길하게 된다고 본다.

㈐ 일시(日時)가 원진이면 처와 자녀에 인연이 박하여 처와는 이혼하기가 쉽고 자녀에게는 근심과 걱정이 많이 생긴다.

㈑ 일월(日月)이 원진이 되면 부모와 불목하고 고부간에도 사

이가 좋지 못하며 또한 형제간에도 우애없이 서로가 미워한다.

㈔ 연월(年月)에 원진이 있으면 부조(父祖)간에 불화하였고 본신은 어려서부터 애정없이 자랐다고 보아도 무방하다.

㈘ 상관(傷官)이 원진이면 사람됨이 포독하고 속과 겉이 다르며 남의 흉을 잘 본다고 한다. 그리고 원진 띠끼리 결혼하면 상호 원망과 불평이 많아 가정이 원만치 못하다. 그러나 단 재혼자는 부귀하고 행복하다고 본다.

8. 공망(空亡)

(1) 공망의 성립

일주(日柱)	공망(空亡)	일주(日柱)	공망(空亡)
갑자순(甲子旬)	술해(戌亥)	갑술순(甲戌旬)	신유(申酉)
갑신순(甲申旬)	오미(午未)	갑오순(甲午旬)	진사(辰巳)
갑진순(甲辰旬)	인묘(寅卯)	갑인순(甲寅旬)	자축(子丑)

보기 갑자(甲子)에서 계유(癸酉)까지는 술해(戌亥)가 공망이고, 갑술(甲戌)에서 계미(癸未)까지는 신유(申酉)가 공망이다. 이와 같은 방법으로 보며 일주를 기준한다.

㈎ 천간과 지지가 배합되어 60갑자를 구성할 때, 천간은 10자이고 지지는 12자이기 때문에 지지 두 자가 남는다. 이 남은 두 지지를 공망이라 하며 양지(陽支)를 「공」이라 하고 음지(陰支)를 「망」이라 한다. 천간이 없는 지지는 남자 없는 여자와 같고 짝 없는 기러기와 같아서 자손과 새끼를 낳아 기를 수가 없다고 본다.

㈏ 진공(眞空)과 반공(半空)

양일(陽日)생이 양지(陽支)의 공망을 보면 진공(眞空)이 되고 음지(陰支)의 공망은 반공(半空)이 된다. 반대로 음일(陰日)생의 음지(陰支)는 진공이 되고 양지(陽支)는 반공이 된다. 그리고 공망은 「형·충·파·해(刑冲破害)」나 「합」이 되면 공망에서 풀리고 해소된다.

㈐ 공망의 경중

생년 공망은 그 영향력이 경미하고 생월 공망은 그 다음이며 생일과 생시 공망은 그 영향력이 크다고 본다.

㉠ 길신이 「진공」이면 7할의 복분이 감소되고
㉡ 길신이 「반공」이면 3할의 복분이 감소된다고 본다.
㉢ 흉신(凶神)이 「진공」이면 7할의 흉사가 해소되고
㉣ 흉신이 「반공」이면 3할의 흉사가 없어진다.

이리하여, 길신은 공망과 만나는 것을 꺼리고 흉신은 공망되는 것을 기뻐한다.

(2) 공망의 작용

㈎ 연지(年支)가 공망되면 세업이나 유산이 없고, 월지(月支)가 공망되면 부모, 형제의 도움이나 협조를 기대할 수 없으며 일지(日支)가 공망되면 본인이 무력하고 또한 처덕이 없다. 시지(時支)가 공망되면 자녀들이 현달하지 못하고 말년이 공허하게 된다고 본다.

㈏ 건록(建祿)이 공망되면 이름은 있어도 실속이 없고, 재성이 공망되면 재욕이 없고 아내를 잃거나 만혼을 하게된다. 인수(印綬) 공망은 부모와 인연이 박하여 독립하면, 학문으로 대성할 수 있다. 식신(食神)공망은 범사에 소극적이고 식록이 박약하며 여자는 자녀와 인연이 엷다. 비견·겁재(比肩·劫財)공망은 형제와 친구 덕이 없고 무력하다.

㈐ 공망과 동일한 지지를 대운이나 세운에서 다시 만나게 되면 공망은 해소된다.

㈑ 삼기(三奇)·학당(學堂)·화개(華蓋)가 공망이 되면 사람이 총명하고 학자로서 대성한다.

㈒ 「고신·과숙(孤神寡宿)」에 공망이 있으면 고독을 면할 수 없다.

㈓ 갑술(甲戌) 을해(乙亥)일 생은 일좌(日座)공망이라 가정에 풍파가 끊이지 않는다고 한다.

㈔ 사주에 공망이 거듭 들어있으면 극히 흉하다. 재화는 이어지고 일신은 곤고하며 범사에 성취되는 것이 없다고 본다.

9. 절로공망(截路空亡)

(1) 성립(成立)

갑기일(甲己)	을경일(乙庚)	병신일(丙辛)	정임일(丁壬)	무계일(戊癸)
신유시(辛酉)	오미시(午未)	진사시(辰巳)	인묘시(寅卯)	자축시(子丑)

보기 갑기(甲己)일에 출생하면 신유(申酉)시가 절로공망이 된다. 일간을 기준하여 시지와 대조하여 본다.

(2) 작용(作用)

절로공망은 사람이 먼 길을 가는 도중에 큰 강물을 만나 건너지도 못하고 산이 높아 뒤돌아서지도 못하는 진퇴 양난의 기로에 처함과 흡사하다. 절로공망이 시지(時支)에 있으면 태어나면서부터 백발노경에 이르기까지 노고(勞苦)가 이어지고 모든 일에 어려움이 따른다고 한다.

10. 사대공망(四大空亡)

(1) 성립(成立)

갑자순(甲子旬)	갑오순(甲午旬)	갑인순(甲寅旬)	갑신순(甲申旬)
임신 · 계유일생 (壬申) (癸酉)	임인 · 계묘일생 (壬寅) (癸卯)	경신 · 신유일생 (庚申) (辛酉)	경인 · 신묘일생 (庚寅) (辛卯)

일주를 기준으로 하여 갑자(甲子)·갑오(甲午) 순중(旬中)에는
「수(水)」가 없고, 갑인(甲寅)·갑신(甲申) 순중에는 「금(金)」이
없다. 이리하여 이 날에 태어난 사람을 사대공망일 생이라 한다.

(2) 작용(作用)

사대공망(四大空亡)일에 태어난 사람은 수명이 짧거나 아니면
일생에 한번도 대성 발전할 수 없다고 한다.

일간중심(日干中心)의 신살(神殺)

1. 일간 중심 신살 조견표

일간(日干)\신살(神殺)	갑(甲)	을(乙)	병(丙)	정(丁)	무(戊)	기(己)	경(庚)	신(辛)	임(壬)	계(癸)
천을귀인(天乙貴人)	축미	자신	유해	해유	축미	자신	축미	인오	묘사	사묘
태극귀인(太極貴人)	자오	자오	유묘	묘유	진술축미	진술축미	인해	인해	사신	사신
천관귀인(天官貴人)	미	진	사	인	묘	술	해	진	유	오
천주귀인(天廚貴人)	사	오	사	오	신	유	해	자	인	묘
문창귀인(文昌貴人)	사	오	신	유	신	유	해	자	인	묘
천복귀인(天福貴人)	유	진	자	해	묘	인	오	사	축미	진술
복성귀인(福星貴人)	인	축	자	유	신	미	오	사	진	묘
관귀학관(官貴學官)	사	사	신	신	해	해	인	인	신	신
금여(金與)	진	사	미	신	미	신	술	해	축	인
암록(暗祿)	해	술	신	미	신	미	사	진	인	축
학당(學堂)	해	오	인	유	인	유	사	자	신	묘
홍염(紅艷)	오	오	인	미	진	진	술	유	신	신
양인(兩刃)	묘	진	오	미	오	미	유	술	자	축
비인(飛刃)	유	술	자	축	자	축	묘	진	오	미
천록귀인(天祿貴人)	인	묘	사	오	사	오	신	유	해	자
천라지망(天羅地網)			술해	술해					진사	진사

사주 추명학(四柱推命學)은 일간(日干)을 중심으로 신살(神殺)을 대비하여 간명하고 있다.

2. 삼기(三奇)

천상삼기(天上三奇)	갑 · 무 · 경(甲戊庚)
지하삼기(地下三奇)	을 · 병 · 정(乙丙丁)
인문삼기(人門三奇)	신 · 임 · 계(辛壬癸)

(1) 삼기는 「갑」일 생이 「무(戊)」월에 출생하였다면 「경(庚)」이 삼기 귀인이 된다. 이는 일간에서 연·월·일이나 월·일·시의 순으로 나란히 있어야 성립되며 삼기가 흐트러져 있으면 도리어 성패가 따르고 「충(冲)」이나 「원진(元眞)」·「함지(咸池)」와 같은 살이 함께 있으면 무용지물이 된다고 한다. 咄

(2) 삼기를 타고 태어난 사람은 보통 사람과 달리 기이한 것을 좋아하는 특성이 있으며 학문을 숭상하고 재능이 다양하여 흉재가 없다.

(3) 삼기가 삼합이나 육합이 되면 한 나라의 기둥과 들보가 되는 큰 인물이 되고 「귀」를 거듭 만나면 더욱 진귀하게 영화롭다. 반면, 악살과 공망을 만나게 되면 귀함이 없어진다고 본다.

3. 천을귀인(天乙貴人)

일간(日干)	갑	을	병	정	무	기	경	신	임	계
양 귀 인	미	신	유	해	축	자	축	인	묘	사
음 귀 인	축	자	해	유	미	신	미	오	사	묘

(1) 「갑·무·경」일 생(생일의 천간이 「갑」이거나 「무」, 또는

「경」일 때)은 「축·미(丑未)」가 귀인이고, 「을·기(乙己)」일 생
은 「자·신(子申)」이 귀인이며, 「병·정(丙丁)」일 생은 「유·해
(酉亥)」가 귀인이고, 「임·계(壬癸)」일 생은 「사·묘(巳卯)」가
귀인이며 「신(辛)」일 생은 「인·오(寅午)」가 귀인이다.

⑵ 본래 천을귀인은 천상의 길신(吉神)으로서 백 가지 재앙을
물리치는 최상의 길신이라고 한다. 이리하여 일상의 각종 행사
에도 널리 적용되며 많이 활용하고 있다.

⑶ 사주에 천을귀인이 있으면 인격이 정대하고 지혜가 총명하
며 학문이 넓고 천복이 중후하여 재난이 스스로 물러나면서 세
인의 존경을 받게 되는데 특히, 일주(日柱)에 들어있으면 맑고
높은 청고(淸高)한 귀명(貴命)이 된다고 한다.

⑷ 천을귀인은 합(合)을 좋아하며 귀성(貴星)과 합을 이루고
상생하면서, 상극이 없으면 급진적인 출세도 하고 귀인의 후견
과 도움으로 복 많은 극귀의 명이 된다.

⑸ 역마(驛馬)·정관(正官)·정인(正印)·장생(長生)·건록 (建祿)
·제왕(帝旺) 등과 함께 있고 간합(干合)의 도움이 있으면 한평
생 유복하다.

⑹ 대운(大運)과 연운(年運)에서 귀인을 만나도 발전하고 식
신(食神)과 같이 있으면 식록이 풍성하고, 역마(驛馬)와 함께
있으면 위엄과 지모가 있고, 겁재(劫財)와 동주(同柱)하면 모습
이 아름답고 재주가 있으며, 건록(建祿)과 동주하면 고관 대작
에 오르는 귀명이 된다고 한다.

4. 태극귀인(太極貴人)

일간	갑	을	병	정	무	기	경	신	임	계
태극	자오	자오	묘유	묘유	진술 축미	진술 축미	인해	인해	사신	사신

(1) 「갑·을(甲乙)」일 생은 「자·오」가 귀인이고, 「병·정(丙丁)」일 생은 「묘·유」가 귀인이며, 「무·기(戊己)」일 생은 「진·술·축·미」가 귀인이고, 「경·신(庚辛)」일 생은 「인·해」가 귀인이며, 「임·계(壬癸)」일 생은 「사·신」이 귀인이다.

(2) 태극이란 시초를 뜻하며 이는 백 가지 흉재를 풀어주고 또한 비록 흉한 명이라 하더라도 흉재없이 영화로운 명으로 변화를 시킨다고 한다.

(3) 사주의 격국(格局) 구성은 순수하고 맑아야 하는데 사주의 구성이 귀하면 선천적인 복덕이 있어 높이 출세를 하고 입신 양명(立身揚名)한다. 다만 형(刑)과 충(冲)이 되면 그 작용력은 없어진다고 본다.

5. 천관귀인(天官貴人)

일간	갑	을	병	정	무	기	경	신	임	계
천관	마	진	사	인	묘	술	해	신	유	오

(1) 천관귀인이 사주 명중에 있고 사주의 구성이 귀격이면 관직으로 높이 출세하고 문창(文昌)귀인과 함께 있으면 더욱 대길한다. 그리고 정관(正官)·정재(正財)·인수(印綬) 등 복신의 도움이 있으면 더욱 크게 발복할 수 있으나, 형(刑)·충(冲)·양인(羊刃) 등 악살과 같이 있으면 불길하다.

⑵ 천관귀인은 「합」이 되고 잘 조화를 이루면 백살이 제거되지만, 악살과 함께 동주하면 도리어 불행을 초래하는 수도 있다.

6. 천주귀인(天廚貴人)

일간	갑	을	병	정	무	기	경	신	임	계
천주	사	오	사	오	신	유	해	자	인	묘

⑴ 천주귀인은 일주(日柱)의 식신(食神)에 대하여 녹(祿)이 되는 지지(地支)이며 길신(吉神)이다. 천주귀인이 사주 명중에 있으면 식록이 풍성하고 건강이 뛰어나 수와 복을 겸비하게 된다.

⑵ 정관(正官)·정인(正印)과 함께 있으면 관직에 오르고 명예를 누리는 길명이 된다. 만일, 형·충이 되고 공망(空亡)이 되면 그 복분은 감축이 된다.

7. 문창귀인(文昌貴人)

일간	갑	을	병	정	무	기	경	신	임	계
문창	사	오	신	유	신	유	해	자	인	묘

⑴ 문창귀인이 사주 명중에 있으면 지혜가 총명하고 학술과 예술 방면에 특출한 재능이 있다. 이리하여 창의, 연구, 개발 등에 천부적 자질을 소유하여 학문으로 높이 출세를 한다.

⑵ 어떤 흉성을 만나도 이를 물리치고 좋은 길수로 변화를 시키니 그 작용은 「천을귀인(天乙貴人)」이나 「천·월덕(天月德)」과 비슷하다. 단, 형·충과 공망됨을 꺼린다.

8. 천복귀인(天福貴人)

일간	갑	을	병	정	무	기	경	신	임	계
천복	유	신	자	해	묘	인	오	사	축미	진술

사주내에 천복귀인이 있으면 이는 천부적인 복록이 평생에 풍성하고 여러 사람의 우두머리가 되어 존경을 받는 인덕이 있다.

9. 복성귀인(福星貴人)

일간	갑	을	병	정	무	기	경	신	임	계
복성	인	축	자	유	신	미	오	사	진	묘

복성은 선천적 복수를 뜻하는 길신으로서 한평생 번창하여 복분이 좋다. 시지(時支)에 있으면 제일 길하고 다음은 일지(日支)이다. 격국의 구성이 귀명이면 복수와 명예를 함께 누린다고 본다. 설령 사주의 격국이 천박한 명이라 하더라도 일생을 평안하게 지내게 된다.

10. 학당(學堂)

일간	갑	을	병	정	무	기	경	신	임	계
학당	해	오	인	유	인	유	사	자	신	묘

학당은 일간(日干)의 장생(長生)지다. 장생은 창의, 개척을 뜻함과 동시에 새 시대에 대하여 열심히 배우려는 것을 내포하고 있다. 그래서 학당은 지혜가 총명함을 예시하고 있으며 대개 교직자의 명에 대부분 학당이 들어 있다. 사주의 격국 구성이 맑고 순수하면 부귀하고, 반대로 탁하고 비천하면 평상인의 명에 불과하다.

11. 관귀학관(官貴學官)

일간	갑	을	병	정	무	기	경	신	임	계
관귀학관	사	사	신	신	해	해	인	인	신	신

　관귀학관은 공직에 진출하면 승진이 빠르고 그 직위가 높아지는 길신이다.

12. 금여(金輿)

일간	갑	을	병	정	무	기	경	신	임	계
금여	진	사	미	신	미	신	술	해	축	인

　⑴ 금여란 글자 그대로 금수레를 뜻하는 것으로서 고관이나 귀족이 되어 지금의 관용차나 자가용을 탈 수 있는 신분을 갖춘다고 본다.

　⑵ 금여가 사주 명에 있으면 성정이 온후하고 유순하며 자연의 행운이 있고 세인의 도움을 받게 되며 좋은 배필을 얻게 되는 특성이 있다.

　대개 인품이 준수하고 뛰어나 귀족격이라 하겠다. 일지(日支)와 시지(時支)에 있으면 일생이 평안하고 자손 또한 영화로우며 친근자의 도움을 많이 힘입게 된다.

13. 암록(暗祿)

일간	갑	을	병	정	무	기	경	신	임	계
암록	해	술	신	미	신	미	사	진	인	축

암록이 사주에 있으면 재물이 크게 늘어나고 남 모르는 음덕
이 있으며 또한 어떠한 난관에 이르러도 귀인의 도움을 받을 수
있는 복록있는 길명으로 본다. 단, 「충·형」이 되든가 「공망」이
되면 그 작용력은 약화된다.

14. 홍염(紅艶)

일간	갑	을	병	정	무	기	경	신	임	계
홍염	오	오	인	미	진	진	술	유	신	신

홍염살이 주중에 있으면 남녀간에 허영과 사치를 좋아하고 주
색을 즐기는 풍류의 성향이 있다. 그리고 여자는 남 몰래 밀통
을 하기도 한다. 홍염살이 거듭 있으면 기생이 되고 남자는 두
여자를 거느리며, 「편관」이 있고 「정관」과 「상관(傷官)」이 있게
되면 여자는 창녀(娼女)가 된다고 한다.

15. 양인(羊刃)

일간	갑	을	병	정	무	기	경	신	임	계
양인	묘	진	오	미	오	미	유	술	자	축

⑴ 양인은 권력을 잡고 형을 주제하는 형상이라 군자에게는
권위가 되고 소인에게는 형액이 된다. 이래서 양인은 흉살이 되
고 그 화액은 헤아릴 수 없이 많다.

⑵ 양인은 자신을 상하지 않으면 타인을 살상하는 위험을 갖
고 있다. 그리하여 양인은 중화(中和)가 되어야 크게 발전을 하
지 그렇지 않고 신왕(身旺)한데다가 양인이 거듭 있거나 상충이
되면 성격이 강폭하고 항상 각종 재화를 자초한다.

(3) 양인이 연지(年支)에 있으면 세업을 계승하지 못한다.

월지(月支)양인은 그 피해가 가볍다고는 하나 재·관(財官)이 약하면 한평생을 가난하게 지내고, 일지(日支)양인은 남녀 모두 배우자를 극(剋)하게 되며, 시지(時支)양인은 처자를 극하고 말년운이 불행하다.

(4) 양인은 「편관칠살(偏官七殺)」과 「인수(印綬)」를 기뻐하고 칠살은 양인을 기뻐한다. 이래서 「칠살」과 「인수」가 함께 화합하여 양인을 제어하여야 대권을 잡고 위용을 떨치게 된다.

(5) 여자에게 양인이 거듭 있으면 음란하기가 그지 없고 또한 상관(傷官)과 같이 있으면 신약(身弱)하면서 더욱 흉하게 된다.

16. 비인(飛刃)

일간	갑	을	병	정	무	기	경	신	임	계
비인	유	술	자	축	자	축	묘	진	오	미

비인은 양인과 상충되는 신살로서 승부를 가리는데 작용을 하고 재액을 인명에 가져온다. 「비인」살은 쉽게 식고 지속력이 없다. 「비인」이 명주(命柱)에 있으면 투기를 좋아하여 재산을 파하고 때로는 요행으로 큰 재물을 얻기도 하나 길이 보존하기가 어렵다.

17. 천라지망(天羅地網)

일간	병정(丙丁)	임계(壬癸)
지지	술해(戌亥)	진사(辰巳)
살	천라(天羅)	지망(地網)

(1) 「병정(丙丁)」일 생이 「술·해」를 보면 「천라」가 되고, 「임·계(壬癸)」일 생이 「진·사」를 보면 「지망」이 되며, 일지(日支)에 「진」이나 「술」이 있어도 완전한 천라지망이 된다고 한다. 그의 작용력은 어둡고 불명하여 불쾌감을 주는 살성이다. 남자는 천라를 꺼리고 여자는 지망을 꺼리는데, 남명(男命)에게는 범사에 뜻과 같이 성취되는 것이 없고 금전운이 박하며, 여명(女命)에게는 부부의 인연이 변하여 이혼을 하거나 아니면 자녀들을 극해하는 화액을 암시한다.

(2) 대개 천라지망이 있는 사람은 관재 구설, 시비, 송사 등을 당하고, 지망(地網)이 있는 사람은 군인, 경찰, 법관, 의사, 약사, 종교인, 간호사 등에 많으며 특히 역술인이 되면 무난하게 이 살이 없어진다고 한다.

18. 천록(天祿)

일간	갑	을	병	정	무	기	경	신	임	계
천록	인	묘	사	오	사	오	신	유	해	자

천록은 12운성의 건록과 같으며 이는 천간과 지지의 음양 오행이 동일한 것을 말한다. 건록(建祿) 또는 정록(正祿)이라고도 하는데 천록이 명주에 있으면 복력이 중후하고 의식이 유여하며 관운도 좋고 만사에 행운이 형통한다고 본다. 그러나 공망(空亡)이 되거나 형·충·파·해가 되면 그 좋은 작용력도 무력해진다.

19. 협록(夾祿)

일간	갑	을	병	정	무	기	경	신	임	계
협록	축묘	인진	진오	사미	진오	사미	미유	신술	술자	해축

주중(柱中)에 협록이 있으면 외관상 보기와는 달리 항상 내면적으로 복덕이 풍후하고 또한 친·인척이나 타인의 도움도 많이 받고 재산도 유여하게 늘어나 일생을 편안하게 지내게 된다.

20. 도화살(桃花殺)

일간	갑을(甲乙)	병정무기(丙丁戊己)	경신(庚辛)	임계(壬癸)
도화살	자(子)	묘(卯)	오(午)	유(酉)

도화살이 사주에 있으면 홍염(紅艶)살과 비슷하여 호색(好色)하는 성향(性向)이 있다. 남자는 외도(外道)나 주색(酒色)을 좋아하고 풍류심(風流心)이 있으며, 여성은 바람기가 있고 화려한 면을 좋아한다.

일지중심(日支中心)의 신살(神殺)

1. 역마(驛馬)

일지	인오술	사유축	신자진	해묘미
역마	신(神)	해(亥)	인(寅)	사(巳)

⑴ 일지를 중심으로 한 삼합궁(三合宮)의 장생지(長生地)와 상충이 되는 지지가 곧 역마이며 이는 삼합궁의 「병지(病地)」가 된다. 역마가 길신과 같이 있으면 활동력이 강하고 크게 이롭다. 특히, 재성(財星)과 같이 있으면 일찍부터 재물을 모으고 역마가 생왕(生旺)되면 임기응변의 재주가 있으며 사교술이 능숙하고, 운수사업을 경영하면 대성 발전할 수 있다.

⑵ 역마가 칠살과 같이 있으면 타관에서 고생을 하고, 식신(食神)과 함께 있고 생왕(生旺)이 되면 식록이 풍성하다. 대개 역마운은 초년과 말년운이 불리하며 또한 세운(歲運)에서 역마운을 만나면 원행을 하거나 이사, 변동 등이 있게 된다.

2. 화개(華蓋)

일지	인오술	신자진	사유축	해묘미
화개	술(戌)	진(辰)	축(丑)	미(未)

(1) 일지 삼합궁(三合宮)의 묘지(墓地)가 곧 화개에 해당 하는데 묘지는 오행의 정기를 저장하는 창고와 같은 작용을 하면서 새로운 것을 창조하는 진리의 보고이기도 하다.

(2) 화개가 사주에 있으면 예술적 소질이 뛰어나고 문장과 정서 계통이 발달한다. 단, 여자는 색정에 빠질 우려가 있으나 지혜가 총명하여 탈선은 없다고 본다.

(3) 화개가 인수(印綬)와 같이 있으면 대학자가 되고 천월이덕(天月二德)과 같이 있으면 청귀(淸貴)한 귀명(貴命)이 된다. 길신의 도움이 있고 흉신의 파·해가 없으면 귀(貴)와 문(文)이 겸비(兼備)되어 크게 영달한다.

(4) 화개가 공망이 되거나 일지에 화개가 있으면 스님이나 신부 등 종교인이 되기 쉽고 충·형이 되면 문화사업으로 동분서주하게 된다.

3. 장성(將星)

일지	인오술	신자진	사유축	해묘미
장성	오(午)	자(子)	유(酉)	묘(卯)

(1) 장성은 일지 중 삼합궁(三合宮)의 왕지(旺地)가 곧 장성에 해당 되는데 이는 가장 강력한 실력자나 실권자를 의미한다.

(2) 장성이 「양인」과 같이 있으면 사람을 죽이고 살리는 대권

을 장악하고, 「관성(官星)」과 같이 있으면 관직에서 고관으로
출세하며, 「재성(財星)」과 같이 있으면 재정권을 갖는다고 하나,
사주 구성이 격국을 보아서 장성이 유기(有氣)하고 생왕(生旺)
되어야 귀명이 된다.

(3) 특히, 일지 장성은 주관이 뚜렷하며 무서움이 없이 담대하
다. 망신(亡神)이 장성에 임하면 한 나라의 기둥과 들보와 같은
인물이 된다고 한다.

[예] 연(年): 경오(庚午) 왕(旺) 장성양인(將星羊刃)

　　　월(月): 갑술(甲戌) 묘(墓) 화개천라지망(華蓋天羅地網)

　　　일(日): 병인(丙寅) 장생(長生) 학당홍염(學堂紅艶)

　　　시(時): 무신(戊神) 병(病) 역마(驛馬)·문창(文昌)·암록
　　　　　　(暗祿)·관기학관(官氣學官)

일진중심(日辰中心)의 신살(神殺)

1. 괴강(魁罡)

일진(日辰)	경진(庚辰)	경술(庚戌)	무술(戊戌)	임진(壬辰)

(1) 위의 4개 일진생을 「괴강」이라 이르며 연·월·시에 있는 것은 괴강으로 보지 않는다. 괴강은 그 세력이 강왕하여 길흉의 작용을 할 때에는 보다 강력히 작용을 한다.

(2) 남명은 대개 성정이 강폭하고 결백하나 괴강이 타주(他柱)에 중첩이 되면 크게 권리를 장악한다. 여자는 얼굴 모습이 예쁘고 총명은 하나 고집이 세고 남편을 무시하는 경향이 있다.

(3) 일주(日柱) 「괴강」이 형·충(刑沖)되면 일생에 형액과 질병이 많고 빈한과 고통이 따른다. 여명(女命)은 남성적인 성격으로 남편과 다정하지 못하고 이혼을 하거나 사회생활에 참여하면서 독신으로 지내는 이가 많다.

2. 고란살(孤鸞殺)

갑인 (甲寅)	정사 (丁巳)	무신 (戊申)	신해 (辛亥)	병오 (丙午)	임자 (壬子)	을사 (乙巳)	무오 (戊午)	기유 (己酉)

(1) 위의 9개 일진일 생을 「고란」살이라 이르며 이는 여자에 한하여 적용되고 또한 일주(日柱)에 한한다. 고란살은 부부궁을 해롭게 하는 「상관(傷官)」과 본신이 타고난 왕성한 기운이 일좌에 내포되어 부부생활이 원만치 못하거나 아니면 남편이 무능력하여 부득이 여자가 직업을 가지게 된다.

(2) 특히, 「신해」·「기유」 양일 생의 여명은 자녀를 갖게 되면 부부의 애정이 점점 멀어지고 자녀에 대한 애착심만 날로 더 강해진다고 한다. 그러나 「재성(財星)」과 「관성(官星)」의 조화가 잘 이룩되면 행복해질 수도 있다.

3. 일덕(日德)

일진(日辰)	갑인(甲寅)	무진(戊辰)	병진(丙辰)	경진(庚辰)	임술(壬戌)

(1) 위의 5개 일진일의 출생자를 일덕격이라 한다. 특히 일덕일(日德日)에 태어난 사람은 성품이 어질고 복과 덕이 풍후하여 신왕(身旺)함을 좋아하며, 또한 타주(他柱)에 「일덕」이 거듭 들어있고 신왕운으로 대운이 행하면 더욱 크게 발복하여 만사가 뜻과 같이 행복하다.

(2) 일덕은 형·충·파·해(刑冲破害)를 크게 꺼리고 「재성(財星)」을 미워하며 「관성(官星)」을 또한 싫어 한다. 이와 같은 흉신이 모이거나 「괴강(魁罡)」·「공망(空亡)」 등의 운행을 만나게 되면 화액이 백출하여 외롭고 가난하며 질병이 따르고 만사가 불길하다.

4. 음착 · 양착살(陰錯陽錯殺)

음착살	정미	정축	신묘	신유	계사	계혜
양착살	병자	병오	무인	무신	임진	임술

음착 양착살은 위의 12개 일생을 이르는데 이는 자기 가문 외에 작용하는 살로서 사주 명중에 있으면 외가나 처가가 몰락하거나 고독하고 부부간에도 풍파가 많다.

5. 현침살(懸針殺)

일진(日辰)	갑신(甲申)	신묘(辛卯)	신미(辛未)	갑오(甲午)

위의 4개 일생을 현침살이라고 하며 이 살이 사주 가운데 있으면 성격이 예리하기가 바늘끝과 같고 잔인하며 관재와 재액, 사고 등을 자주 당한다. 직업을 활인업(活人業) 즉 의사, 약사, 변호사, 간호사, 침술가, 역술가 등의 생업을 가지면 흉살을 모면하고 순탄하게 안과한다.

6. 일귀(日貴)

일귀(日貴)	정유(丁酉)	정해(丁亥)	계사(癸巳)	계묘(癸卯)

위의 4개 일생을 일귀격이라 하여 이 날에 태어난 사람은 성품이 순수하고 인덕이 있으며 사람됨이 준수하여 인격을 갖춘 지성인이라 하겠다. 그런데 일귀는 「형・충・파・해(刑冲破害)」를 가장 꺼리고 「공망(空亡)」과 「괴강(魁罡)」 같은 흉신이 함께 있으면 도리어 빈천하게 된다고 한다. 그리고 이들 흉신을 행운에서 만나도 환란이 발생하고 백사하는 일에 장애가 수반되어 불리하다.

7. 곡각살(曲脚殺)

일진 (日辰)	을해(乙亥)	을유(乙酉)	을미(乙未)	을사(乙巳)	을묘(乙卯)	정사(丁巳)
	기사(己巳)	기묘(己卯)	기축(己丑)	기해(己亥)	기유(己酉)	기미(己未)
	신사(辛巳)	계사(癸巳)				

생일의 일주(日柱)에 기(己)·을(乙)·사(巳)·축(丑)이 있으면 곡각살이라고 한다. 이는 「형·충·해(刑沖害)」의 흉살이 같이 있으면 수족을 크게 다치거나 신경통, 관절염 등 결함이 있다.

8. 효신살(梟神殺)

일진 (日辰)	갑자(甲子)	을해(乙亥)	병인(丙寅)	경진(庚辰)	경술(庚戌)	신축(辛丑)
	신미(辛未)	정묘(丁卯)	무오(戊午)	기사(己巳)	임신(壬申)	계유(癸酉)

위의 일진을 효신살이라 하며 이 날에 태어난 사람은 어려서 어머니를 여의거나 아니면 어머니로 인하여 근심과 걱정이 많다. 만일 그렇지 않으면 외로이 타관 객지에서 고적하게 곤궁한 생활을 하게 된다. 여자의 일주에 효신살이 있으면 자식 두기가 어렵고, 월지(月支)·일지(日支)가 「편인(偏印)」이 되면 편모 슬하에서 자라기 쉬우며 월지 「편인」이 일지를 「충(沖)」하게 되면 일찍 어머니를 사별하게 된다.

9. 오귀살(五貴殺)

일진	갑자(甲子)	을축(乙丑)	병진(丙辰)	정묘(丁卯)	경오(庚午)	신축(辛丑)

위의 6개 일진일 생을 오귀살이라 하며 남녀간에 오귀살이 일주에 있으면 일신이 고적하고 외롭게 독수 공방하게 된다.

10. 음양살(陰陽殺)

남자………병자(丙子)일 생이고
여자………무오(戊午)일 생이다.

남자가 「병자」일에 출생하면 평생에 아름다운 부인을 만나고, 여자가 「무오」일에 태어나면 미남자를 만난다. 그런데 「원진(元嗔)」·「함지(咸池)」살 등이 같이 있게 되면 남녀가 다 함께 음란하다고 한다.

11. 관자살(關字殺)

일진 (日辰)	기사 (己巳)	정사 (丁巳)	기묘 (己卯)	기축 (己丑)	기해 (己亥)	기유 (己酉)	기미 (己未)	신축 (辛丑)	계축 (癸丑)

관자살은 지출과 질병을 불러일으키는 흉신이다. 위의 일진일에 태어난 사람은 부부의 금슬이 원만치 못하며 평생을 애정없이 살아가는데 고충과 애로가 많고 일생을 통하여 갖가지 장애와 막힘이 많은 흉살이다.

12. 진신(進神)·교신(交神)·퇴신(退神)·복신(伏神)

진신(進神)	교신(交神)	퇴신(退神)	伏神(복神)
갑자(甲子)	병자(丙子)	정축(丁丑)	무인(戊寅)
기묘(己卯)	신묘(辛卯)	정미(丁未)	계사(癸巳)
갑오(甲午)	병오(丙午)	정미(丁未)	무신(戊申)
기유(己酉)	신유(辛酉)	임술(壬戌)	계해(癸亥)

위의 일진일에 태어난 사람이 「진신(進神)」에 해당되면 잘잘못간에 스스로 만들어 즐거움을 누리고, 「교신(交神)」에 해당되면 모든 일을 남과 함께 못하며, 「퇴신(退神)」에 해당되면 관직

에 오래 머물지 못하고, 「복신(伏神)」에 해당되면 범사가 정체
되어 성취하기가 어렵다고 본다.

13. 복신(福神)

일진	갑인	무진	무인	무자	계유

위의 5개 일진일에 출생하면 복신이라 하여 인품이 고상하고
정대하며 지혜 또한 총명하여 복록이 무궁하다고 한다.

14. 관귀(官貴)

일진	병자	정해	경오	신사	임오	계사

위의 일진일에 출생하면 관귀라 하여 관운이 좋고 오래도록
관직에 있으면서 존경받고 이름을 떨친다.

15. 녹마동향(祿馬同鄕)

일진(日辰)	임오(壬午)	계사(癸巳)

상기 일진일 생을 녹마동향이라 이르며 이는 정관(正官)과 정
재(正財)가 동일한 지지(地支)에 암장(暗藏)되어 있음을 의미한
다. 녹마동향은 복중함을 상징하는 길신이다.

16. 대패(大敗)

일진	갑진	기사	병신	정유	무술	기축
	경진	신사	임신	계해		

대패살은 범사에 박덕하고 뜻과 같이 성취되는 것이 없다. 설

령 부귀를 이룩한다 해도 오래가지 못하고 패하기가 쉽다.

17. 복성(福星)

일진	갑자	을축	병인	병자	저애	무신
	기미	경오	신사	계축		

 복성일에 태어난 사람은 선천적인 복분이 중후하여 어떠한 어려움에 이르러도 남의 도움을 받는다는 길신이다.

18. 일좌공망(日座空亡)

일진	갑술(甲戌)	을해(乙亥)

 위의 양일 생을 일좌공망이라 하는데 이는 가정에 풍파가 있고 부부의 금슬을 해치는 흉살이다. 일좌공망이 되면 일생을 두고 많은 풍파와 우여 곡절을 겪는다고 한다.

19. 녹마(祿馬)

일진	경신(庚申)

 녹마는 정관(正官)과 정재(正財)와 같은 작용을 한다. 이는 생활의 자원이 되는 금전과 재화를 내포하고 있는 길성이라 일생에 재록이 풍성하다.

월지중심(月支中心)의 신살(神殺)

1. 천덕·월덕귀인(天德·月德貴人)

월지 (月支)	인 (1월)	묘 (2월)	진 (3월)	사 (4월)	오 (5월)	미 (6월)	신 (7월)	유 (8월)	술 (9월)	해 (10월)	자 (11월)	축 (12월)
천덕 (天德)	정 (丁)	신 (申)	임 (壬)	신 (辛)	해 (亥)	갑 (甲)	계 (癸)	인 (寅)	병 (丙)	을 (乙)	사 (巳)	경 (庚)
월덕 (月德)	병 (丙)	갑 (甲)	임 (壬)	경 (庚)	병 (丙)	갑 (甲)	임 (壬)	경 (庚)	병 (丙)	갑 (甲)	임 (壬)	경 (庚)

(1) 원래 덕이란 자신이 전생에 공덕을 쌓았다든가 아니면 선조들이 음덕을 베풀어온 직전의 공덕으로서, 그 자손이 천은(天恩)을 받게 되는 길신이라 각종 중살(重殺)을 산해(散解)하고 백가지 재액이 평생에 침범하지 못하게 하는 길성이다.

(2) 천·월 두 개의 덕이 사주 명중에 있으면 「충극(冲剋)」을 만나서 「빈궁」의 명이 되거나 「편인」·「상관」·「겁재」·「귀살」 등의 흉화가 있어도 이를 변화하여 해소 내지 길하게 한다고 한다.

(3) 천·월 덕이 「관성(官星)」과 같이 있으면 관운이 좋고, 「인성(印星)」에 임하면 심성이 너그럽고 부조(父祖)의 덕이 높아 이름을 얻으며, 「재성(財星)」에 덕이 있으면 재물을 도와주

고, 「식신(食神)」에 덕이 있으면 의식주 생활에 혜택과 영화를 얻게 된다.

(4) 시상에 덕이 있으면 귀한 자녀를 두고 일간(日干)에 덕이 있으면 천우 신조로 평생에 화가 없고 근심을 모른다. 또한 타주에 「장성(將星)」이 있으면 그 이름이 장관급에 오른다고 한다.

여성에게 천·월 덕이 있으면 남편에 대한 복덕이 있고 현명한 자녀를 두게 된다.

(5) 천·월 덕은 결혼, 이사, 건축, 상량 등 경조사의 택일 등에도 많이 활용되고 있다.

[예] 연: 을해(절) 천월귀인(天月貴人)

　　　월: 임술(묘) 화개(華蓋)

　　　일: 병오(왕) 천덕월덕(天德月德)

　　　시: 계사(녹) 천관·천주귀인(天官天廚貴人)

월지 「술」을 기준하면 일간 「병」은 「천덕」「월덕」에 해당되고 일지 「오」를 기준하면 월지 「술」은 「화개」가 되며, 일간 「병」을 기준하면 연지 「해」는 「천을귀인」이 되고, 시지 「사(巳)」는 「천관」·「천주」·「천록」귀인이 된다.

2. 천덕합·월덕합(天德合 月德合)

월지	인	묘	진	사	오	미	신	유	술	해	자	축
천덕합	임	사	정	병	인	기	무	해	신(辛)	경	신(辛)	을
월덕합	신(辛)	기	정	을	신(辛)	기	정	을	신(辛)	기	정	을

백 가지 제살을 산해하는 길성으로서 그 작용력은 천·월덕 귀인성과 비슷하여 각종 재화가 범신(犯身)하지 못한다.

3. 금쇄살(金鎖殺)

월지	인	묘	진	사	오	미	신	유	술	해	자	축
금쇄	신	유	술	해	자	축	신	유	술	해	자	축

금쇄살은 월지와 상충되는 흉살로서 교통 사고 등 몸을 상하게 하는 각종 안전사고 등을 유발한다. 단 시지(時支)는 무방하고 연지(年支)와 일지(日支)에만 적용되며 크게 영향을 준다.

4. 천사성(天赦星)

월별	1, 2, 3월	4, 5, 6월	7, 8, 9월	10, 11, 12월
천사	무인일	갑오일	무신일	갑자일

천사성을 타고 태어나면 큰 병이나 어떠한 재난에 봉착하여도 별 어려움 없이 구제되고 행복을 누리게 된다고 한다.

5. 천의성(天醫星)

월별	1	2	3	4	5	6	7	8	9	10	11	12
천의	축	인	묘	진	사	오	미	신	유	술	해	자

출생 월을 기준하여 일지와 시지에 천의성이 있으면 타인의 인명을 구제하는 의사·약사·간호사·종교인·역술인 등의 활인업에 종사하게 된다.

6. 황은대사(皇恩大赦)

월별	1	2	3	4	5	6	7	8	9	10	11	12
황은대사	술	축	인	사	유	묘	자	오	해	진	신	미

　출생 월을 기준하여 일지나 시지에 황은대사성이 들어있으면 어떠한 중죄에 이르러도 특사를 받는다는 길성이라 일상 택일에 도 많이 통용되고 있다.

[예] 무신(戊申)년 기미(己未)월 갑오(甲午)일 병인(丙寅)시에 출생하였다고 가정하면 각 신살은 다음과 같이 해당된다.

　　연(年): 무신(戊申) (절(絶)) 역마(驛馬)

　　월(月): 기미(己未) (묘(墓)) 천을·천관귀인(天乙天官貴人)

　　일(日): 갑오(甲午) (사(死)) 태극귀인(太極貴人)·천덕(天德) ·월덕(月德)·장성(將星)

　　시(時): 병인(丙寅) (녹(祿)) 복성·천록귀인(福星天祿貴人)

　　본명은 6월 하절에 출생하니 일주 갑오(甲午)는 천사(天赦) 에 해당한다. 비록 사(死)·묘(墓)·절(絶)지에 있으나 천월 (天月) 2덕이 일간에 가림하였고 월지 미(未)는 천을(天乙)· 천관(天官)귀인이며, 시지에 복성(福星)·천록(天祿)귀인이 함께 있는 외에, 일지 오(午)는 장성(將星)이 되니 운이 오 면 크게 발전할 것이다.

연지중심(年支中心)의 신살(神殺)

1. 연지중심 신살 조견표

살(殺) 연지(年支)	원진(元辰)	겁살(劫殺)	망신(亡身)	함지(咸池)	고신(孤神)	과숙(寡宿)	상문(喪門)	조객(吊客)	재살(災殺)	고초(枯草)	육액(六厄)	태백(太白)	천살(天殺)
자(子)	미	사	해	유	인	술	술	인	오	술	묘	사	미
축(丑)	오	인	신	오	인	술	해	묘	묘	미	자	축	진
인(寅)	유	해	사	묘	사	축	자	진	자	진	유	유	축
묘(卯)	신	신	인	자	사	축	축	사	유	축	오	사	술
진(辰)	해	사	해	유	사	축	인	오	오	술	묘	축	미
사(巳)	술	인	신	오	신	진	묘	미	묘	미	자	유	진
오(午)	축	해	사	묘	신	자	진	신	자	진	유	사	축
미(未)	자	신	인	자	신	진	사	유	유	축	오	축	술
신(申)	묘	사	해	유	해	미	오	술	오	술	묘	유	미
유(酉)	인	인	신	오	해	미	미	해	묘	미	자	사	진
술(戌)	사	해	사	묘	해	미	신	자	자	진	유	축	축
해(亥)	진	신	인	자	인	술	유	축	유	축	오	유	술

2. 12신살 조견표

살(殺) 연지(年支)	겁살 (劫殺)	재살 (災殺)	천살 (天殺)	지살 (地殺)	함지 (咸池)	고초 (枯草)	망신 (亡身)	장성 (將星)	금여 (金輿)	역마 (驛馬)	육액 (六厄)	화개 (華蓋)
사유축	인	묘	진	사	오	미	신	유	술	해	자	축
해묘미	신	유	술	해	자	축	인	묘	진	사	오	미
신자진	사	오	미	신	유	술	해	자	축	인	묘	진
인오술	해	자	축	인	묘	진	사	오	미	신	유	술

3. 겁살(劫殺)

(1) 겁살은 연지(年支) 삼합오행(三合五行)의 절지(絶地)에 해당된다.

연지(年支)	인·오·술	사·유·축	신·자·진	해·묘·미
겁살(劫殺)	해(亥)	인(寅)	사(巳)	신(申)

(2) 겁살은 본의 아니게 외부로부터 강탈과 겁탈을 당한다는 뜻을 지니고 있어 그의 작용력도 이와 비슷하게 재화가 백출하여 재난이 될 때에는 그 횡화(橫禍)가 더욱 심하다.

(3) 겁살은 모든 살 가운데 그 작용력이 극히 심하여 대운이나 세운에서 거듭 만나면 내가 가지고 있는 것을 남에게 강제 집행을 당하는 불행한 일이 생기고, 그렇지 않으면 괴이한 급질, 돌발 사고, 화재, 관재 구설, 가정 불화 등이 발생한다.

(4) 겁살은 좋게 되면 지혜가 총명하고 재주가 뛰어나며 하는 일마다 권위가 있으나, 흉하게 되면 교통 사고, 급질, 횡사, 돌발 사고, 강제 압류, 형옥(刑獄) 등의 강제성 있는 흉사가 발생한다.

(5) 겁살이 일간을 기준하여 「장생(長生)」이 되거나 「귀인성」

이 되면 가업을 크게 일으키고, 「관성(官星)」이 되면 높은 벼슬에 오르며, 시상(時上)에 있게 되면 「영웅살」이라 하여 「무(武)」를 주도하게 된다.

⑹ 「재성(財星)」을 보면 큰 부자가 되고 「칠살」을 보면 평범한 서민에 지나지 않는다고 한다.

4. 망신(亡神)

⑴ 망신은 연지(年支) 삼합오행(三合五行)의 「녹(祿)」지에 해당한다.

연지(年支)	인·오·술	사·유·축	신·자·진	해·묘·미
망신(亡身)	사(巳)	신(神)	해(亥)	인(寅)

⑵ 망신살은 내부에서 그 작용이 일어나고 명중에 망신이 있으면 대개 육친과의 생리사별, 도난, 실물, 사기, 사업 실패 등 재물의 손실을 가져오며, 자기 본신을 약하게 하여 신약, 질병을 초래한다.

⑶ 망신이 생왕(生旺)하여 귀살을 만나 길하게 되면 인물이 준수하고 말재주가 뛰어나며 필력과 문장력이 다 좋다고 한다. 반면, 흉살이 많으면 성정이 편협하고 거짓말을 잘하며 주색이나 풍류에 잘 빠지고 송사를 잘 일으킨다.

⑷ 대운이나 세운에서 망신살을 거듭 만나면 재물을 파하고 망신을 당한다. 그리고 겁살과 망신이 일지(日支)에 함께 있으면 일살(日殺)이라 하여 아내를 극하고(剋妻), 시지에 있으면 시살(時殺)이라 하여 자녀를 극하고(剋子), 만년이 불행하게 된다.

⑸ 망신살은 부도덕한 것이 내포되어 몸을 팔더라도 이익만

달성하면 된다는 억지가 개재되어 명예같은 것은 아예 경시한
다. 남녀를 불문하고 한때 처음 정을 나누고 다정하게 지내다
헤어진 애인들을 보면 거의 대부분 망신살이 들어있다.

5. 함지(咸池)

(1) 함지살은 연지 삼합오행의 「욕(浴)」지에 해당되며 자·오
·묘·유 사정지(四正地)이다.

연지(年支)	인·오·술	사·유·축	신·자·진	해·묘·미
함지(咸池)	묘(卯)	오(午)	유(酉)	자(子)

(2) 함지살은 시대 감각에 민감하고 화려한 유행과 사치를 좋
아하며 남녀 다 같이 현실위주의 안일한 생활을 바탕으로 하고
특히 색성(色性)에 예민하여 영웅 호색이란 이칭까지 듣게 된다.

(3) 여성에게 「역마」와 「함지」가 합이되면 음란하고 정부와 함
께 멀리 도주한다. 반면 「칠살」과 같이 있으면 발복하고, 「정관」
과 같이 있으면 복 많은 귀부인이 된다.

(4) 대체적으로 「함지살」이 있는 여성은 어디를 가나 인기가
있고 대중을 상대하는 화려한 유흥업종에 인연이 많다. 남자는
「행운(行運)」에서 함지살을 만나면 관재 구설, 사업의 성패 등
여자로 기인한 피해수가 있다.

6. 고신·과숙(孤神寡宿)

(1) 「고신」은 인·신·사·해 사맹지(四孟地)에 있고 「과숙」은
진·술·축·미 사고지(四庫地)에 해당한다.

연지(年支)	해·자·축	인·묘·진	사·오·미	신·유·술
고신(孤神)	인(寅)	사(巳)	신(申)	해(亥)
과숙(寡宿)	술(戌)	축(丑)	진(辰)	미(未)

(2) 고신과 과숙살은 다 같이 육친에게 불리하며 외롭고 쓸쓸하다. 또한 노고가 많고 수많은 우여곡절을 겪으면서 지내야 하는 흉살이다.

(3) 남녀 궁합에서도 많이 보는데「자(子)」년 생은「인(寅)」년 생과「고신」이 되기 때문에 좋은 인연이 못된다는 것이다. 이하 동일하게 보면 된다.

(4) 남자는「고신」을 꺼리고 여명은「과숙」을 꺼리는데 남명이「비견」이나「인수」에「고신」이 있으면 부부가 무정하거나 아니면 상처를 하고, 여자는「상관」·「겁재」·「편인」에「과숙」이 있으면 고적하게 독신 생활을 하게 된다.

(5)「고신」과「과숙」이 있는데 천간(天干)에서 다시「편인」을 띠게 되면 처자를 극해하고, 또 흉살을 보게 되면 종신하는 자식이 없다고 한다. 시지에「과숙」이 있으면 자녀가 어질지 못하고「화개」를 겸하면 승려가 된다고 한다.

7. 상문·조객(喪門吊客)

(1) 연지전 2위가「상문(喪門)」이고 연지후 2위가「조객(吊客)」이다.

연지	자	축	인	묘	진	사	오	미	신	유	술	해
상문	술	해	자	축	인	묘	진	사	오	미	신	유
조객	인	묘	진	사	오	미	신	유	술	해	자	축

(2) 상문과 조객은 다 같이 흉살이다. 사주 명중에 상문과 조객이 있는데 다시 대운과 세운에서 거듭 만나게 되면 상복을 입게 되고 가벼우면 원근에서 사별이 있다.

8. 재살(災殺)

(1) 자·오·묘·유 사정지(四正地)에 해당되며 연지(年支) 삼합오행(三合五行)의 「태(胎)」지가 된다.

연지(年支)	신·자·진	사·유·축	인·오·술	해·묘·미
재살(災殺)	오(午)	묘(卯)	자(子)	유(酉)

(2) 연지 사정(자·오·묘·유)지의 상충 작용으로 주장 대 주장의 싸움과 같은 것으로서 그 투쟁은 매우 치열하며 일명 「백호살」이라고도 한다.

(3) 재살은 급격한 재난과 횡액, 급성 질환, 교통 사고, 송사 등 관형(官刑)의 액이 있다. 그러나 「관성(官星)」과 「인성(印星)」을 만나고 생왕(生旺)하는 복신을 만나면 권력기관에 종사하고 좋은 일들이 생기게 된다.

9. 육액(六厄)

(1) 「육액」은 일명 「육해(六害)」라고도 하며 이는 연지 삼합궁의 「사(死)」지에 해당된다.

연지(年支)	신·자·진	인·오·술	해·묘·미	사·유·축
육액(六厄)	묘(卯)	유(酉)	오(午)	자(子)

(2) 육액이란 여섯 가지 어렵고 해로움을 뜻하는데, 이는 일평

생 질병으로 고생하거나 아니면 제반사 하는 일이 어려움에 부딪치게 되고 또한 관액(官厄)과 급성 질환 등이 발생하며 일생이 분주, 다사하다.

10. 태백살(太白殺)

⑴ 태백살은 연지를 기준하여 월지에만 대비하여 본다.

연지(年支)	인·신·사·해	자·오·묘·유	진·술·축·미
태백(太白)	유(酉)	사(巳)	축(丑)

⑵ 태백살이 「월지」에 있으면 범사가 순조롭게 성취되는 것이 없이 낭비가 많다. 그러나 본살이 생왕하고 사주의 격국 구성이 귀격에 들면 인품이 정대하고 도량이 넓으며 결단성이 있어 길명(吉命)이 된다.

⑶ 반대로 「사·절(死絶)」을 만나고 천한 명이 되면 사람됨이 교활하고 포독하며, 「관성(官星)」을 보면 관재 구설이 생기고, 「백호」와 「양인」을 보면 유혈과 상처를 남기는 흉신이 되고, 여기다 거듭 흉살을 겹치면 더욱 불행한 흉사가 발생하게 된다.

⑷ 태백살은 일상 택일에도 많이 적용하고 이사, 혼인, 개업 등에서는 꼭 피한다.

11. 천살(天殺)

⑴ 천살은 연지 삼합궁의 「양(養)」지에 해당한다.

연지(年支)	해·묘·미	인·오·술	사·유·축	신·자·진
천살(天殺)	술(戌)	축(丑)	진(辰)	미(未)

(2) 천살은 불의의 천재지변을 당하는 살로서 한재, 수재, 낙뢰(落雷) 등의 재난을 뜻하며 그의 작용력은 극히 미약하다고 본다. 대개 천살이 명중에 있으면 자존심과 명예욕은 유달리 강하나, 사리와 사욕에는 욕심이 없고 허풍과 허세를 부린다. 특히 일주에 천살이 있으면 몸이 늘 괴롭고 병명도 없이 항시 피곤하면서 무기력하다.

12. 삼재(三災)

(1) 삼재는 연지 삼합오행의 「병(病)」·「사(死)」·「묘(墓)」위의 해가 삼재에 해당된다.

연지(年支)	신·자·진	인·오·술	해·묘·미	사·유·축
삼 재 해	인·묘·진	신·유·술	사·오·미	해·자·축

(2) 삼재는 매 12년마다 한번씩 돌아오는 흉신으로서 3년간 머물다가 해제된다. 이는 1년중 동절과 같이 만물의 성장과 활동이 위축, 정지된 상태에 이르는 시기와 같다. 위 표에서 보는 바와 같이 「신·자·진」년 생은 「인(寅)」년에 들어와서 「묘」년에 잠재해 있다가 「진(辰)」년에 나간다. 이것을 흔히들 들삼재, 놀삼재, 날삼재라 이른다.

(3) 삼재운에 이르면 화재, 수재, 풍재, 손재, 질병, 관재 등이 있게 된다. 대운과 세운이 길할 때에는 복삼재라 하여 장애가 없으나, 대운과 세운이 흉할 때에는 흉삼재가 되어 흉액이 배가된다.

13. 간지종합신살(干支綜合神殺)

위에서 다양하게 열거한 신살외에도 몇 가지 더 신살이 있으나 그의 작용력은 극히 미미하여 생략하고, 끝으로 천간과 지지를 종합하여 그 중 중복되는 것은 제외하고 영향력이 많은 몇 가지를 요약해서 설명한다.

⑴ 사주에 「갑·을·병·정」이 나란히 있으면 남명은 처자를 극해하고 여명은 남편을 해친다고 한다.

⑵ 「고신·과숙」과 「고란살」이 일·시에 있으면 남자는 중혼을 하고 여자는 재혼한다. 이와 같은 일진은 다음과 같다.

일진 (日辰)	기사 (己巳)	을사 (乙巳)	정사 (丁巳)	신해 (辛亥)	갑인 (甲寅)	병오 (丙午)	무오 (戊午)	임자 (壬子)	임신 (壬申)

⑶ 「임계(壬癸)」일에 출생한 사람이 「유(酉)」를 만나거나 「신유(辛酉)」일 생이 「임계(壬癸)」를 만나면 술 주(酒)자가 되어, 길명(吉命)이면 술로 인하여 성가하고, 천명이면 술로 인해 패가를 한다.

⑷ 천간 「을(乙)」이 사주에 거듭 들어 있으면 무사, 가수, 배우가 되고 「천을귀인」과 「천덕·월덕」을 함께 띠면 고관에 이른다고 한다.

⑸ 「을·기·계(乙己癸)」의 삼간이 모두 함께 사주에 들어있으면 사지(四肢)가 온전하지 못하고 중년후에 형액(刑厄)을 당하며, 「갑·을·경(甲乙庚)」 삼간이 나란히 함께 있으면 실명을 하거나 눈을 상하게 된다고 한다.

⑹ 「정·신(丁辛)」 천간이 「사(巳)」와 함께 있으면 부모를 상하게 하고, 「을·신(乙辛)」 천간이 「미」를 만나거나 「경·임(庚壬)」

천간이 「술」을 만나면 부귀한 가운데 일찍 요수하거나 아니면 관형(官刑)의 화를 당한다고 한다.

(7) 남명은 「천라(天羅)」를 꺼리는데 이는 처를 극하고 평생 하는 일에 막힘이 많다. 여명은 「지망(地網)」을 두려워 하는데 이는 부부간에 구설이 많고 애정이 없으며 자녀를 해친다고 한다.

(8) 생시 천간이 다음과 같은 연지(年支)를 만나면 천형살(天刑殺)이라 하여 관재나 형사상 재난을 초래한다.

생시	을	경	신	임	계	병	정	무
생년	자·축	인	묘·진	사	오·미	신	유·술	해

(9) 사주에 「편인(偏印)」이 두 자리이면 병탄(倂吞)이라 하고, 「편관(偏官)」이 두 자리이면 중극(重剋)이라 하여 모두 꺼린다. 특히, 「충」이 합이 되고 「형(刑)·해(害)·원진(元辰)·파(破)」 등이 함께 있으면 이는 흉한 명조다.

(10) 명중에 「고신」과 「과숙」이 완전하면 노년에 자녀들과 인연이 없고 외롭게 여생을 지내게 된다.

14. 인·신·사·해 사생궁 신살(寅申巳亥四生宮神殺)

(1) 인·신·사·해는 장생(長生)지로서 지혜와 창의, 총명 등을 내포하고 주도하며 다음과 같은 길신과 흉살을 지니고 있다.

망신	겁살	귀인	문창	학당	역마	녹마

(2) 망신과 겁살은 흉살이기는 하나 녹마(祿馬)와 귀인(貴人), 장생(長生) 등을 만나면 흉살이 권위와 명예가 되기도 한다. 대개 권위가 있는 명은 흉살을 띠고 그 흉살이 좋게 화하면 당주

는 권세 있는 귀명으로 변화한다.

(3) 인・신・사・해는 「장생(長生)」을 기뻐하고 생시에 귀성이 회합을 하면 만년에 부귀를 누리는 귀명이 된다. 특히 흉살이 있어도 귀인이 함께 있으면 살은 변하여 해가 되지 않고, 망신과 겁살이 있는데 녹마귀성을 함께 동주하면 반드시 명예를 높인다.

(4) 한 자리의 「겁살」은 복을 가져오나, 두 자리의 겁살은 재물을 훔치다가 형을 당하고 흉악한 천명이 된다. 또한 「사・절(死絶)」이 되고 무기력(無氣力)하면 도적이 되어 악사(惡死)를 초래한다고 한다.

(5) 한 자리의 「망신살」은 성정이 매우 부도덕하고, 두 자리의 망신살은 하늘이 정해준 아내를 이별하며, 망신살이 셋이 있으면 몹쓸 병으로 한평생 고생을 한다.

(6) 겁살(劫殺) 일위가 있고 천을귀인(天乙貴人)을 띠고 장생(長生)이나 제왕(帝旺)을 만나면 대성 발복한다. 그리고 망신과 겁살이 함께 있어도 크게 발전하는 명조가 된다. 대개 일간에서 살을 극제하면 길명이 되나, 반대로 살이 일간을 극제하면 흉명이 된다.

(7) 일시에 망신과 겁살이 있으면 술을 좋아하고 반면 신체가 허약하다. 특히 예능 방면으로 진출하면 입신하여 출세를 할 수도 있다. 대개 겁살과 망신, 어느 하나가 있고 「함지」나 「천을귀인」이 있으면 역술, 의술, 예술 등을 업으로 삼게 된다.

15. 자·오·묘·유 사패궁 신살(子午卯酉四敗宮神殺)

자·오·묘·유는 동서남북 사정방(四正方) 중천을 차지하고 4개의 진신과 4개의 양인 그리고 백호, 함지 2개의 장성, 현침, 파쇄 등이 상호 조화하여 화복을 주관한다.

(1) 자·오·묘·유는 함지와 양인이 되고 「함지」는 예술성으로 「왕(旺)」궁에 있으면 재주와 기교가 뛰어나며 화려함을 좋아하고 성질이 조급하다. 「양인」과 함께 있으면 박학, 다능하나 신병이 있게 된다. 그리고 「함지」는 음란의 성질을 내포하여 물(水)을 만나는 것을 가장 꺼린다.

(2) 진신, 현침 양인이 생일에 모두 있으면 부부궁이 불행하여 생리사별 하고, 생시에 있으면 자식 얻기가 어렵다.

(3) 흉살이 공망되는 것은 좋고 또한 공망이 생왕하면 지혜가 총명하다. 양인과 함지가 생시에 있으면 다예 다능하고, 「왕(旺)」위에 있으면 성격이 몹시 조급하다.

(4) 진신과 함지가 동궁에 같이 있으면 가난하고 고독한 명조이다. 또한 현침과 양인, 함지가 동궁에 있어도 불행한 명이 되는데 다만 「천을귀인」을 만나면 충살은 자연히 해소 된다.

(5) 생일이 진신, 현침, 양인에 해당되면 아내와 생리사별을 하게 되고, 생시에 있으면 자녀들과 인연이 희박하다. 특히 함지살이 간합(干合)이나 지합(支合)을 하면 풍류를 좋아하고 삼합국(三合局)이 되면 부도덕하게 간음을 하며 늙어서도 수치를 모르는 파렴치한 사람이 된다.

16. 진·술·축·미 사묘궁 신살(辰戌丑未四墓宮神殺)

(1) 진·술·축·미는 토(土)에 속하고 「사묘(四墓)」 또는 「잡기(雜氣)」국이라고도 한다. 사주에 진·술·축·미 4위가 있으면서 천간에서 「정관」이나 「재성(財星)」이 있고, 「화개, 양인, 비인, 묘, 삼형」 등 전부를 대동하면 자연히 부귀한다.

(2) 「화개」는 청수한 예술성이라 문장과 지혜와 정서 계통이 발달하여 학자, 교수, 의사, 약사 등이 되고, 일시에 화개가 중복이 되거나 「공망」이 되면 승려나 수도인의 명이 된다.

(3) 「묘(墓)」가 화개를 만나면 복수의 기반은 이룩되나 육친을 극하며, 「진술(辰戌)」·「괴강」이 함께 있게 되면 선대의 유업을 파하고 고향을 떠나게 된다. 그리고 명중에 귀살이 없으면 조화를 이루기 어려우며 또한 살이 없으면 권세를 잡지 못한다. 그리하여 사주에 칠살·흉살이 없으면 반전하지 못한다.

(4) 화개는 타주에서 극제를 당해도 자왕(自旺)하나 귀살이 강하면 흉합으로 귀살이 제복되고 약지(弱地)에 있으면 부귀하고 장수한다.

(5) 진·술·축·미가 사주에 완비하면 인품은 정대하나 처를 극하지 않으면 자녀를 극하고, 시주에서 화개를 보면 고독한 생활을 하게 된다.

제 V 장
천간 생·왕·사·절(天干生旺死絶)

12운과 생·왕·사·절(生旺死絶)

12운 해설

천간 생·왕·사·절(天干生旺死節)

12운과 생·왕·사·절(生旺死絶)

　천지 자연의 정기와 음양 오행의 조화에 의해서 태어난 우리 인간이 어떻게 생장(生長)하고 성멸(成滅)하는가 하는 그 과정을 측정해 보는 방법론으로써, 인간의 일생을 12지지의 변화 과정에 응용하여 12운, 즉 절(絶)·태(胎)·양(養)·장생(長生)·목욕(沐浴)·관대(冠帶)·건록(建祿)·제왕(帝旺)·쇠(衰)·병(病)·사(死)·묘(墓)를 설정, 배열하여 비유하면서 추명(推命)하고 있다.

　생왕사절(生旺死絶)은 일주(日柱) 천간이 12지지를 만남에 있어 지지(地支)의 오행이 일주(日柱) 천간(天干)을 도와주면 생기를 얻는 것이 되어 생왕(生旺)하고, 반대로 일주 천간의 원기를 설극(洩剋)하게 되면 사절(死絶)이 된다. 예를들면 「갑목(甲木)」이 「해수(亥水)」와 만나면 「해수」는 「갑목」을 생성해 주게 되니 「왕지(旺地)」가 되고, 다시 「신금(申金)」을 만나면 「신금」은 「갑목」을 극상(剋傷)하게 되어 「절(絶)」「쇠지(衰地)」가 된다. 이를 왕지(旺地)·평지(平地)·쇠지(衰地)로 크게 다음과 같이 분류를 한다.

1. 사왕지(四旺地)—「귀」(貴)(대길 함)

제왕(帝旺) 인생 최고의 강왕한 기라 할 수 있다. 인격이 완성
　　　　 되어 건실하고 몸과 마음이 모두 안강하다.

건록(建祿) 성숙된 사회인으로서 소임을 성실히 수행하고 충분
　　　　 한 보수를 받음과 같다.

관대(冠帶) 　사람이 성장하여 학업을 마치고 사회에 처음 진출
　　　　 하려는 20대의 청년기에 비유할 수 있다.

장생(長生) 사람이 부모의 혈육을 이어받고 처음으로 이 세상에
　　　　 태어남과 같이 기쁨이 있다.

2. 사평지(四平地)—「평」(平)(평평, 중간)

목욕(沐浴) 새로 태어난 아기가 처음 목욕을 하는 과정과 같아
　　　　 어려움이 많다.

　양(養) 태아가 어머니의 뱃속에서 안정되게 발육하는 과정
　　　　 과 흡사하여 평온하고 생기가 있다.

　쇠(衰) 왕성하던 기운이 쇠태하여 흡사 정년 퇴직을 하는
　　　　 것과 같다.

　병(病) 사람이 늙어 병들고 원기가 쇠진한 피곤한 상태다.

3. 사쇠지(四衰地)—「기」(忌)(꺼린다)

　절(絶) 일생의 생사를 일주하여 끝마침과 동시에 다음의 일
　　　　 생을 시작하려는 찰라라 하겠다.

　묘(墓) 사람이 죽어서 무덤에 들어감을 뜻하며 이는 완전한
　　　　 정적이며 안정된 상태라 할 수 있다.

　사(死) 인간의 수명이 다하여 한 생명력을 완전히 상실한

상태다.

태(胎) 사람이 부모의 정기를 받아 처음 수태(受胎) 되었음
과 같은 형상이라 하겠다.

4. 천간생왕(天干生旺) 12운 조견표

천간 12운	갑(甲)	을(乙)	병(丙)	정(丁)	무(戊)	기(己)	경(庚)	신(辛)	임(壬)	계(癸)
장생(長生)	해(亥)	오(午)	인(寅)	유(酉)	인(寅)	유(酉)	사(巳)	자(子)	신(申)	묘(卯)
목욕(沐浴)	자(子)	사(巳)	묘(卯)	신(申)	묘(卯)	신(申)	오(午)	해(亥)	유(酉)	인(寅)
관대(冠帶)	축(丑)	진(辰)	진(辰)	미(未)	진(辰)	미(未)	미(未)	술(戌)	술(戌)	축(丑)
건록(建祿)	인(寅)	묘(卯)	사(巳)	오(午)	사(巳)	오(午)	신(申)	유(酉)	해(亥)	자(子)
제왕(帝旺)	묘(卯)	인(寅)	오(午)	사(巳)	오(午)	사(巳)	유(酉)	신(申)	자(子)	해(亥)
쇠(衰)	진(辰)	축(丑)	미(未)	진(辰)	미(未)	진(辰)	술(戌)	미(未)	축(丑)	술(戌)
병(病)	사(巳)	자(子)	신(申)	묘(卯)	신(申)	묘(卯)	해(亥)	오(午)	인(寅)	유(酉)
사(死)	오(午)	해(亥)	유(酉)	인(寅)	유(酉)	인(寅)	자(子)	사(巳)	묘(卯)	신(申)
묘(墓)	미(未)	술(戌)	술(戌)	축(丑)	술(戌)	축(丑)	축(丑)	진(辰)	진(辰)	미(未)
절(絶)	신(申)	유(酉)	해(亥)	자(子)	해(亥)	자(子)	인(寅)	묘(卯)	사(巳)	오(午)
태(胎)	유(酉)	신(申)	자(子)	해(亥)	자(子)	해(亥)	묘(卯)	인(寅)	오(午)	사(巳)
양(養)	술(戌)	미(未)	축(丑)	술(戌)	축(丑)	술(戌)	진(辰)	축(丑)	미(未)	진(辰)

(※ 이는 일주 천간을 기준한 것이다.)

5. 12운 순환표(循環表)

壬 庚 丙戊 甲	壬 庚 丙戊 甲	壬 庚 丙戊 甲	壬 庚 丙戊 甲
절 생 록 병	태 욕 왕 사	양 대 쇠 묘	생 록 병 절
사(巳)	오(午)	미(未)	신(申)
癸 辛 丁己 乙	癸 辛 丁己 乙	癸 辛 丁己 乙	癸 辛 丁己 乙
태 사 왕 욕	절 병 록 생	묘 쇠 대 양	사 왕 욕 태
壬 庚 丙戊 甲			壬 庚 丙戊 甲
묘 양 대 쇠			욕 왕 사 태
진(辰)	음양 순역		유(酉)
癸 辛 丁己 乙	(陰陽) (順逆)		癸 辛 丁己 乙
양 묘 쇠 대			병 록 생 절
壬 庚 丙戊 甲	생왕 사절		壬 庚 丙戊 甲
사 태 욕 왕	(生旺) (死絕)		대 쇠 묘 양
묘(卯)			술(戌)
癸 辛 丁己 乙	도 (圖)		癸 辛 丁己 乙
생 절 병 록			쇠 대 양 묘
壬 庚 丙戊 甲	壬 庚 丙戊 甲	壬 庚 丙戊 甲	壬 庚 丙戊 甲
병 절 생 록	쇠 묘 양 대	왕 사 태 욕	록 병 절 생
인(寅)	축(丑)	자(子)	해(亥)
癸 辛 丁己 乙	癸 辛 丁己 乙	癸 辛 丁己 乙	癸 辛 丁己 乙
욕 대 사 왕	대 양 묘 쇠	록 생 절 병	왕 욕 태 사

[예] 무신(戊申)년 계해(癸亥)월 병술(丙戌)일 을미(乙未)시에 출생하였다고 가정하고 생왕(生旺)운을 풀어본다.

연(年)	월(月)	일(日)	시(時)
무신(戊申)	계해(癸亥)	병술(丙戌)	을미(乙未)
병(病)	절(絶)	묘(墓)	양(養)

본명에서 월지(月支) 해수(亥水)는 병화(丙火)의 「절(絶)」지가 되지만 「해수」 중에는 「갑목(甲木)」 정기(正氣)가 장간(藏干) 되어 있으므로 병화(丙火)를 생조(生助)해 주고 수(水)를 화(火)로 변혁시키기는 하나 일주(日柱) 화(火)가 신약(身弱)하여 「화운(火運)」이 길하다. 旺

[예] 본명은 일주 무토(戊土)가 사화(巳火)의 화왕절(火旺節)에 출생하여 「무토(戊土)」는 「사화(巳火)」에 의해 생성되고 또한 양(養) 술토(戊土)와 기토(己土)가 도우니 당주는 신왕하다. 연간 「갑목(甲木)」이 관성(官星)이 되어 귀하나 월지(月支) 사중(巳中) 경금(庚金)이 「갑목(甲木)」을 극상(剋傷)하니 병(病)이 된다. 이래서 귀한 관귀(官貴)는 손상되고 대운 또한 경오(庚午) 신미(辛未) 등의 금화(金火)운이 되어 관성의 귀한 기운은 살아나지 못하였다고 본다.

연(年)	월(月)	일(日)	시(時)
갑술(甲戌)	기사(己巳)	무신(戊申)	임술(壬戌)
묘(墓)	녹(祿)	병(病)	묘(墓)

12운 해설

1. 절(絶): 대흉(大凶)

「절」은 일명 「포(胞)」라고도 한다. 이는 만물이 무에서 유를 나타내려는 현상이라 하겠다. 즉, 일생의 생사를 일주하여 끝마치고 다음 세대가 이어지는 최초의 태식(胎息)을 갖게 되는 순간과 흡사하다.

(1) 특성(特性)

이 때는 지극히 정적(靜的)인 상태라 외부의 충동에 잘 흔들리기가 쉽다. 그리하여 인정에 잘 끌리고 손해를 보며 특히 여자는 남자의 유혹에 정조를 상실할까 염려된다.

(2) 십신(十神)과의 작용

「관성(官星)」이 절(絶)이 되면 공직을 수임하거나 명예를 얻기는 극히 어렵고, 남자는 자녀들과 인연이 엷으며 여자는 남편과 인연이 박하다.

「재성(財星)」이 절지(絶地)가 되면 재산의 어려움과 아내의 질병 또는 사별 등의 불행한 일들을 겪게 된다.

「식신(食神)」이 절(絶)이 되면 의식주 생활에 어려움이 따르

고 제반 활동에도 장애가 야기된다. 특히 여자는 자녀를 두기가
어렵고 설령 자녀를 둔다해도 현명한 자식이 못되고 무력하다.

(3) 사주와의 관계

㈎ 연주: 연주(年柱)에 「절(絕)」이 있으면 조상의 음덕이 약
하고 어린 시절에 고생이 많으며 부모의 세업을 이어받지 못하
고 타향살이를 하게 된다.

㈏ 월주: 월지(月支)가 「절」이 되면 부모, 형제와 인연이 엷
으며 성장 과정에서 고생이 많고 사회 활동에도 고립 무원(孤立
無援)하여 도움을 못받고 범사에 손실이 많이 따른다.

㈐ 일주: 일주가 「절지」이면 부모와 아내가 덕이 없고 타향살
이를 한다. 또한 호색으로 기인하여 망신을 당하고 좋은 아내를
얻기가 어렵다. 특히 「갑신(甲申)」·「신묘(辛卯)」일에 출생하고
「절」이 함께 동주하면 성질이 조급하고 부부의 궁이 불미하다.

㈑ 시주: 시지(時支)가 「절」이 되면 자녀들과 인연이 엷으며
또한 그 자식으로 인하여 근심과 걱정이 많이 야기된다.

2. 태(胎): 중길(中吉)

사람이 처음으로 부모의 정기를 받아 모체에서 한 생명이 이
어짐과 같다. 이는 땅속에서 씨앗에 눈이 생기는 과정과 흡사하
다고 본다.

(1) 특성

이 때는 양육과 보호를 받는다는 시점에서 미래의 희망과 발
전을 꿈꾸는 한유한 시기라 대체로 주체의식이 약하고 의타심이
농후하여 가끔 색정 문제를 야기시키기도 한다. 지혜와 기능면
에서는 우월하나 사회 활동이나 사교, 처세면에서는 미흡하다.

⑵ 십신(十神)과의 작용

「관살(官殺)」이 태(胎)에 위치하면 공직에 나아갈 전망이 있고, 「재성(財星)」이 태지(胎地)에 위치하면 재산이 늘어나며, 「식신(食神)」이 태위(胎位)에 위치하면 의식주 생활이 향상, 발전되고, 「인성(印星)」이 태위에 위치하면 학문에 정진한다.

⑶ 사주와의 관계

㈎ 연주: 연지(年支)에 태가 위치하면 유년시절에 부모의 변화가 있게되고 노후에는 집안이 불안정하다.

㈏ 월주: 월주(月柱)에 태가 위치하면 청년기 직업의 변환이 빈번하고 방침과 계획이 자주 변경이 되어 발전이 지연된다.

㈐ 일주: 일지(日支)에 태가 위치하면 유·소시 병약하여 죽을 고비를 겪기도 하지만 중년부터는 점차 건강도 좋아지고 운기도 발전하여 평온함을 얻는다. 부모, 형제와는 별반 인연이 없고 한가지 일에 집중하지 못하여 직업을 자주 변동한다. 여자는 고부간에 불목하고 특히 「병자(丙子)」·「기해(己亥)」일 생은 가정불화가 잦다.

㈑ 시주: 시지(時支)에 태가 위치하면 자식이 부모의 세업을 계승하지 못하고 변경한다.

3. 양(養): 중길(中吉)

양(養)은 어머니의 태(胎) 속에서 영양을 섭취하고 자라는 아기의 생기있는 형상이라 안정과 보호속에서 점점 커가는 성장과정과 흡사하여 외부적인 간섭을 받음이 없이 매사에 설계한 계획대로 추진되는 상태라 하겠다.

(1) 특성

성정이 온건하고 착실하며 매우 봉사적이기는 하나 어려움을 당하면 두려워하고 후퇴를 하게 되니 과단성있는 진두 지휘를 하기에는 미흡하다. 대체로 장남으로 태어난 사람이 많고 비록 차남으로 출생을 해도 장남 대행의 역할을 수행하게 된다.

(2) 십신(十神)과의 작용

「비견(比肩)」이나 「겁재(劫財)」가 「양」이 되면 형제들이 온순하고 착하다. 「편인(偏印)」이 양에 위치하면 이복형제에다 계모가 있을 수다.

(3) 사주와의 관계

(개) 연주: 연지(年支)에 양이 위치하면 장자인 경우가 많고 아니면 일찍 분가하여 자주 독립을 한다.

(내) 월주: 월지에 양이 위치하면 중년에 호색으로 파산하기 쉽다.

(대) 일주: 일지에 양이 위치하면 어려서 생모 아닌 다른 사람에 의해 양육되기도 하고, 부모와 인연이 박하여 함께 살지 못하고 분가하여 독립을 하며, 또한 호색하는 경향이 있어 처자와도 화목하지를 못하다. 여자는 일생 행복하며 귀한 자녀를 둔다. 단, 「경진(庚辰)」일 생은 남편과의 인연이 불미하다고 본다.

(래) 시주: 시지(時支)에 양이 위치하면 노후에 자녀들의 효양(孝養)을 받게 된다.

4. 장생(長生): 대길(大吉)

장생은 만물이 시생(始生)함을 뜻하는 것으로서 번영과 발전을 암시하는 최고의 길신이다. 이는 사람이 어머니의 뱃속에서 처음으로 태어남과 같은 기쁨의 시기라 점진적으로 행복하고 수복이 장구하다.

(1) 특성

성정이 온건하고 지혜가 영민하며 사회적으로 개척, 창의, 신장, 발전 등을 기약하는 희망과 의욕이 왕성하여 장래가 촉망된다. 범사에 처리도 원만하고 지휘 통수력도 뛰어나 가히 두령격이라 할 수 있다.

(2) 십신(十神)과의 작용

「관성(官星)」이 장생이면 공직에 나아가 영예스러운 직위를 수임한다. 남자는 어진 자녀를 두고 여자는 좋은 남편을 맞이한다. 「재성(財星)」이 장생되면 거부가 될 수 있고, 「인성(印星)」이 장생되면 문장으로 이름을 얻고, 「편인(偏印)」이 장생되면 인기가 상승하며, 「식신(食神)」이 장생이면 의식주에 혜택을 받고 가업을 크게 일으킨다.

(3) 사주와의 관계

㉮ 연주: 연지(年支)에 장생이 있으면 대개 조부모의 덕이 있고 의식이 유여하며 만년에 더욱 발전하여 행복하다.

㉯ 월주: 월지 장생은 부모, 형제에게 모두 덕이 있고 중년에 크게 발전하여 성취한다.

㉰ 일주: 일지에 장생이 되면 중년전에 일찍이 발전하고 부부운이 좋으며 부모가 유덕하고 집안이 화목하다. 단 「무인(戊寅)」·「정유(丁酉)」일에 태어난 사람은 복덕이 약간 약하다고 본다.

㉱ 시주: 시지에 장생이 되면 일생이 행복하고 현명한 자녀를 두며 노후에 편안히 수복을 누리게 된다. 특히 「병인(丙寅)」·「임신(壬申)」일 생은 더욱 대길하고 가업을 번창케 한다.

5. 목욕(沐浴): 중흉(中凶)

사람이 이 세상에 태어나서 처음으로 목욕을 하는 형상이라 얼굴이 이쁘기도 하지만 추워하고 숨막히는 고통과 어려움도 함께 따르니 희비의 굴곡이 있다.

⑴ 특성

화려한 현실생활에 도취되어 허영과 사치, 유행에 민감하고 이성간의 색정 관계에 현혹되어 저축보다 지출이 많고 재산의 낭비, 주색, 방탕 등으로 실패와 좌절을 당하기가 쉽다.

⑵ 십신(十神)과의 작용

「관살(官殺)」이 「목욕」에 위치하면 직업에 애로가 많고 명예가 오래가지 못한다. 남명은 자녀들이 낭비를 하고 여명은 남편이 주색에 빠진다. 「재성(財星)」이 목욕되면 가산을 탕진할 위험이 있고, 「인성(印星)」이 목욕되면 어머니가 외정이 있고, 「비견·겁재(比肩劫財)」가 목욕위에 있으면 형제, 자매 등이 가업을 탕진할 수 있다.

⑶ 사주와의 관계

㈎ 연주: 연지에 목욕이 위치하면 선대에 주색으로 파가하고 타관에서 고생을 하며 본신은 말운이 곤궁하다.

㈏ 월주: 월지에 목욕이 있으면 부모, 형제의 덕이 없고 중년에 신상의 변동이 발생하여 부부와의 인연이 바뀌거나 아니면 장자와 떨어져 살게 된다.

㈐ 일주: 일지가 욕지되면 부모와 인연이 박하고 어려서부터 고생을 한다. 부모의 세업을 계승하기는 어렵고 타관에서 지내게 된다. 「을사(乙巳)」일 생은 덕망있고 존경받으나 복이 약간

박약하다. 만일 복덕을 겸비하면 몸이 병약하여 불구에 이를 수
도 있다.

㈃ 시주: 시지의 욕은 처자가 다 같이 무정하여 말년이 고독
하고 운기 또한 쇠퇴하여 불행하다.

6. 관대(冠帶): 대길(大吉)

관대는 학업을 마치고 성인으로서 공직에 취업하여 사회에 첫
출발하는 형상이라 표현할 수 있다. 이리하여 성년의 대접을 받
고 책임과 의무가 막중해지는 분망기라 하겠다.

(1) 특성
자존심이 강하고 진취욕이 왕성하다. 소기의 목적을 달성하기
위하여는 어떠한 어려움도 극복하는 인내력이 있고 부정과 불의
에는 굴함이 없이 대항하는 특징이 있다.

(2) 십신과의 작용
「관성(官星)」이 「관대」가 되면 공직에 합격하여 발전, 승진한
다. 「상관(傷官)」이 관대가 되면 남자는 지능은 있으나 직장에
는 어려움이 있고 여자는 남편과 이별을 하거나 질병 또는 남편
의 하는 일에 장애가 온다. 「재성(財星)」이 관대면 자산이 늘어
나고, 「식신(食神)」이 관대면 여자는 자녀가 크게 발전하고 남
자는 직장의 승진이 있고 사업이 확장되나 부인이 주권을 잡고
활동을 하게 된다. 「편인(偏印)」이 「관대」가 되면 예능 계통에
발전이 있거나 아니면 사기를 당하고 여자는 자녀들로 인한 재
난이 발생한다.

(3) 사주와의 관계
㈎ 연주: 연지에 「관대」가 위치하면 명문 출신으로 유복하게

유산을 이어받고 일찍이 출세도 하고 말년운도 행복하다. 단, 중년에 부부의 인연이 변할 수 있다.

㈏ 월주: 월지 관대는 개성이 뚜렷하고 투철한 집념으로 초지를 관철하여 40전후에 크게 발전, 성공한다.

㈐ 일주: 일지에 관대가 있으면 재덕(才德)을 겸비하여 준제로서 존경받고 이름을 떨치게 되나 남녀간에 좋은 배필을 얻기가 어렵다. 단, 「임술(壬戌)」·「계축(癸丑)」일 생의 여자는 성품이 강직하여 남편과 인연이 변할 수 있다.

㈑ 시주: 시지에 관대가 있으면 자녀들이 현숙하고 효도하며 부모는 자녀들의 덕을 입는다.

7. 건록(建祿): 대길(大吉)

건록은 완전하게 성숙된 30~40대 초기의 인생으로 본다. 남의 지배와 간섭을 거부하고 자신있게 독립하는 과정이므로 인덕이 없고 모름지기 자수 성가하여 항구적인 계획과 치밀한 설계를 수립, 실행하면서 충분한 대가를 보장받는 형상이라 하겠다.

⑴ 특성
건록은 부정을 싫어하고 불의를 배격하며 원칙을 준수하면서 사명감을 가지고 인격과 명예를 중시하는 책임 위주의 생활을 엄격히 수행한다.

⑵ 십신(十神)과의 작용
「관살(官殺)」이 건록에 위치하면 공직 생활에서 많은 부하를 거느리고, 「재성(財星)」이 녹에 위치하면 재산의 풍요로운 혜택을 입으며, 「비견(比肩)」과 「겁재(劫財)」가 녹에 위치하면 형제가 발전하고 배경이 좋다. 「식신(食神)」이 녹에 위치하면 의식주의 행복을 누리고 공직 생활에 향상과 발전이 있다.

(3) 사주와의 관계

㈎ 연주: 연지에 녹이 위치하면 선대가 번창하고 초년에도 순탄하지만 말년에도 행복하고 편안하다.

㈏ 월주: 월지에 녹이 위치하면 형제가 자수 성가하고 자신은 중년에 발전한다. 여자는 경제적 활동을 하거나 맞벌이 생활을 하게 된다.

㈐ 일주: 일지 녹위는 재주가 있고 독립심이 강하여 성공은 하지만 남녀 다 같이 애정은 원만하지 못하다. 남자는 형제중 장자의 대행 역할을 하는 수가 있고, 또한 중년 이전에 행복을 누린 사람은 중년 이후에 가세가 기울기도 하고, 또한 초년에 고생을 많이 한 사람은 중년 이후에 발복하여 행복을 누리게 된다. 그리고 부유한 사람은 극처(剋妻)의 수가 있고, 가난한 사람은 그 처가 장수한다. 대개 여자는 혼자서 지내기가 쉽다. 아니면 남자가 두 집 살림을 차리거나 본인이 생활 전선에서 고생을 하게 된다.

㈑ 시주: 시지에 녹이 있으면 「귀록(歸祿)」이라 하여 자녀손이 발복하고 말년이 행복하다.

8. 제왕(帝旺): 중길(中吉)

제왕이란 최고의 강왕함을 뜻하며 이는 그 기세가 극히 왕성함을 나타낸다. 만물은 극성하여 그 결실을 성숙시키고 사람에게는 국록과 권위가 최고로 절정에 이른 전성의 시대라 할 수 있다.

(1) 특성

어떠한 간섭이나 지배를 받지 않고 투기와 요행을 바라고 있으니 그 강왕한 기세가 뚫고 나갈 돌파구를 찾아야 하는데, 남에게 굽힐 줄 모르는 그 강인한 정신과 강자에 대한 반항심이 가끔 불화와 독선을 자초하기도 한다.

(2) 십신(十神)과의 작용

「관살(官殺)」이 왕에 위치하면 권위 있는 공직이나 생명을 좌우하는 권한을 갖는다. 「비견(比肩)」과 「겁재(劫財)」가 왕에 위치하면 강왕함이 지나쳐 도리어 나를 해치거나 아니면 남을 해치게 된다. 「식신(食神)」이 왕위에 있으면 경제활동이 활발하고, 「상관(傷官)」이 왕위에 있으면 남을 해치지 않으면 나를 해친다.

(3) 사주와의 관계

㈎ 연주: 연주에 제왕이 위치하면 그 가문이 부자이거나 높은 벼슬을 지낸 명문이고 본신은 자비심이 많다.

㈏ 월주: 월주에 왕이 위치하면 성격이 엄격하고 남에게 굽힐 줄 모르며 부모, 형제와도 인연이 두텁지 못하다. 그러나 독립심이 강하고 수완이 뛰어나 모든 일에 항상 앞장서기를 좋아한다.

㈐ 일주: 일지에 왕이 위치하면 본신이 너무 강왕하여 부모와 인연이 박해진다. 이래서 타향살이를 하게 되고 부부와의 인연도 변하기 쉽다. 여자는 자립하려는 의지가 굳건하여 사회활동을 하게 된다. 만일 그렇지 않으면 자기 본신에게 질병의 수가 있다. 「무오(戊午)·병오(丙午)·정사(丁巳)·임자(壬子)·기사(己巳)·계해(癸亥)」일 생은 남편과의 인연이 박약하여 이별후 홀로 지내는 이가 많다.

㈑ 시주: 시지의 제왕은 자녀손이 그 가문을 빛내고 본신의

말년운도 대길하다.

9. 쇠(衰): 대흉(大凶)

쇠는 왕성하던 만물이 점차 쇠퇴함을 뜻한다. 이는 사람의 정기와 심혈이 소모되고 쇠진되어 기력이 쇠퇴하고 재산도 줄어들며 의욕과 용기도 저하되어 무거운 짐을 혼자서 감당할 수 없게 되는 형상이라 하겠다.

⑴ 특성

만물의 성장과 상승의 기세도 다 한계가 있어 극왕한 경지를 벗어나면 점차 쇠퇴하기 마련이다. 순리대로 안정을 도모하는 방향으로 나아가 모험을 피하고 내실을 기하면서 보수적인 사고와 평화적인 대화를 요구한다. 타향에서 고생하는 일이 많고 대체로 선대 부친보다 못살며 가끔 뜻하지 않은 재액을 당할 때가 있다.

⑵ 십신(十神)과의 작용

「관살(官殺)」이 쇠에 위치하면 직위가 떨어지고 자녀가 유약(柔弱)하여 가문이 번창하지 못한다. 「비견(比肩)」과 「겁재(劫財)」가 쇠에 위치하면 주변에 있는 배경 세력이 퇴조되고 동기가 쇠락해진다. 「재성(財星)」이 쇠에 위치하면 재산이 줄거나 경영하는 사업이 쇠퇴해진다. 「식신(食神)」이 쇠에 위치하면 활동력이 저조하고 사고력도 감퇴한다.

⑶ 사주와의 관계

㈎ 연주: 연지에 쇠가 위치하면 가문이 점차 쇠퇴하고 자기 본신도 말년운이 부진하여 사회적으로 두각을 나타내기가 어렵다.

㈏ 월주: 월지게 쇠가 위치하면 부모 형제의 운세가 점차 약

화되고 자신의 청년기 운 또한 저조하여 발전이 없다. 그리고 가끔 뜻밖에 남으로 기인하여 손재를 당하기도 한다.

㈐ 일주: 일지에 쇠가 위치하면 부모와 인연이 박하여 타향살이를 하고 아내와도 인연이 아름답지 못하다. 여자는 겉과 속이 달라서 가정이 화목하지 못하고 특히 「갑진(甲辰)·경술(庚戌)·신미(辛未)」일 생에게 쇠가 위치하면 부부궁이 불안정하고, 여자는 어진 남편을 만나서 백년 해로하기가 어렵다.

㈑ 시주: 시지에 쇠가 위치하면 자녀의 덕을 기대할 수 없고 불효를 한다. 또한 자녀로 기인한 근심과 걱정이 이어지고 본신은 말년을 고독하게 지내면서 많은 고생을 겪게 된다.

10. 병(病): 중흉(中凶)

병은 만물이 늙어서 시들고 원기가 쇠퇴하면서 병에 걸리는 것과 같은 형상이라 하겠다. 이는 무성하던 나무도 가을이 되면 단풍이 되어 떨어지고 앙상한 가지처럼 죽음을 기다리는 것과 다를 바 없다.

⑴ 특성

유·소년 시절부터 몸이 허약하고 무력하여 지구력이 없고 어떤 일을 추진하는데도 과단성이 없다. 성정은 온후하나 공상적 사색을 좋아하며 부부의 인연이 박약하여 재혼하는 일이 많다.

⑵ 십신과의 작용

「관살(官殺)」이 병에 위치하면 자녀들에게 잔병이 많거나 아니면 신분과 직위가 미천하다. 「재성(財星)」이 병에 위치하면 아내에게 병환이 있거나 아니면 재산이 쇠락해진다. 「인수(印綬)」가 병에 위치하면 부모를 여의거나 부모의 덕을 기대할 수 없다.

「비견(比肩)」과 「겁재(劫財)」가 병에 위치하면 형제 자매에게
병환이 있고, 「식신(食神)」이 병에 위치하면 식도에 병이 생기
거나 아니면 병원 신세를 지게 된다.

(3) 사주와의 관계

(가) 연주: 연지에 병이 위치하면 부모가 병약하거나 본신이 어
릴 때 건강이 좋지 못하다.

(나) 월주: 월지에 병이 위치하면 부모 형제중 유고하거나 중년
기에 운기가 쇠퇴하여 건강이 좋지 못하고 또한 가사로 인하여
마음 아픈 일이 생긴다.

(다) 일주: 일지에 병이 위치하면 다정다감하나 어린시절에 병
약하여 큰 병을 치루고 부모와 함께 부부의 인연이 좋지 못하여
일찍이 이별을 한다. 여자는 성정이 온순하고 다재 다능하지만
남편과의 인연이 불길하여 고독하다. 특히 「계유(癸酉)」일 생에
게 병이 위치하면 남편운이 극히 좋지 못하다.

(라) 시주: 시지에 병이 위치하면 자녀운이 희박하고 비록 자식을
두더라도 병약하여 그 자식 때문에 걱정하는 일이 많이 생긴다.

11. 사(死): 대흉(大凶)

만물이 병든 후 수명이 다하여 죽음에 이르게 되는 형상이라
이는 흡사 오곡 백과가 다 익어 모체에서 분리되는 시기와 같
다. 백사에 의욕이 상실되고 생각만 깊어 사색과 명상에 잠겨있
는 매우 정적인 상태라 할 수 있다.

(1) 특성

성품은 고요하고 정직하며 매사에 순종하면서 성실히 노력하

는 편이기는 하나 결단력이 없고 남의 말을 잘 듣지 않으면서 공연히 불필요한 걱정을 많이 한다. 매사 하는 일에 남보다 앞서기를 꺼리고 진취적인 활동력이 부족하여 큰 사업을 수행하기에는 매우 미흡하다고 본다.

(2) 십신(十神)과의 작용

「관성(官星)」이 사지에 위치하면 명예를 얻기는 극히 어려우니 아예 욕심을 부리지 않는 것이 좋다. 여자는 남편과 이별하고 독신생활을 하게 된다. 「재성(財星)」이 사지(死地)면 가산이 무너지고, 「식신(食神)」이 사지면 의식주 생활에 어려움이 있다. 「비견(比肩)」과 「겁재(劫財)」가 사지면 형제 자매가 모두 발전이 없고 어려움을 겪게 된다.

(3) 사주와의 관계

㈎ 연주: 연지에 사(死)가 위치하면 선대가 비천하고 본신은 타향살이를 하게 된다.

㈏ 월주: 월지가 사지되면 부모 형제와 인연이 박약하여 떨어져 살게 되고 항상 고독감을 갖는다.

㈐ 일주: 일지가 사지이면 유·소시 반드시 큰 병을 치루게 되고 부부의 운도 좋지 못하여 자식 얻기도 어려우며 또한 하는 일마다 성취되는 것이 없이 수고로움만 끊임없이 이어진다. 여자는 남편을 이기려는 기운이 극성하여 현명한 자식을 얻기가 매우 어렵다. 특히 「을해(乙亥)」·「경자(庚子)」일 생은 부부의 운도 희박하고 자녀운 또한 불미하다.

㈑ 시주: 시지에 사(死)가 위치하면 자녀운이 불미하고 말년운 또한 불행하다.

12 묘(墓): 대흉(大凶)

묘는 만물이 창고에 저장되고 현금이 은행에 예금되는 것과 같다. 일명 장(葬)이라고도 하는데, 이는 사람이 하루의 일과를 마치고 가정에 돌아와 휴식을 취하고 잠자리에 드는 것과 같으니 완전한 정적이면서 가장 안정된 상태라 할 수 있다.

(1) 특성

매사에 침착하고 건실하며 모험이나 투기같은 것을 모르고 안정 위주의 봉급생활이나 부동산같은 것을 이용한 고정 수입 등에 생활의 근거를 두고 낭비 없이 근검 절약하면서 건실한 생활을 추구하여 주위로부터 너무 인색하다는 말을 듣기도 ·한다. 대개 부자집에서 태어난 사람은 중년 이후에 쇠퇴하고 가난한 집에서 태어난 사람은 중년후 발복한다. 일생을 통하여 이동과 근심, 수고로움이 많이 따르고 부부 이별의 수도 있다.

(2) 십신(十神)과의 작용

「재성(財星)」이 묘(墓)가 되면 항상 예금 통장에는 잔고가 쌓이고 현금을 비축하면서도 쓰지않는 구두쇠 상이 된다. 「식신(食神)」이 묘가 되면 모든 것을 끌어들여 저장을 하고 재산을 저축하나 때로는 요절하기도 한다. 「비견(比肩)」과 「겁재(劫財)」가 묘에 위치하면 형제가 모두 각기 편안한 곳에 안주를 하나 혹 알지 못하는 사이에 사별하기도 한다. 「인성(印星)」이 묘에 위치하면 선영의 정기를 받아 사람됨이 총명하여 상사로부터 사랑을 받는다. 「상관(傷官)」이 묘에 위치하면 예능 방면이나 기술 계통으로 이름을 날리기도 하나 간혹 나이가 젊어서 요절 할까 두렵다.

(3) 사주와의 관계

㈎ 연주: 연지에 묘가 위치하면 장자가 아니라도 고향을 지키

면서 선영을 수호하고 제사를 모신다.

㈏ 월주: 월지가 묘위면 부모, 형제, 처와 모두 인연이 박하고 남으로 기인하여 지출이 많으며 가끔 손재를 보는 수가 있다.

㈐ 일주: 일지에 묘가 위치하면 부모와 인연이 박하여 일찍이 고향을 떠나 타관을 전전하면서 곤고한 생활을 하게 된다. 그러나 중년 이후부터는 점차로 발복하여 발전을 한다. 단, 일찍이 부자집에서 태어난 사람은 중년기부터 운기가 쇠퇴하여 근심과 노고가 많고 말년운이 불행하다. 또한 부부의 인연도 좋지 못하여 두 번 이상 결혼을 해야 안정을 얻을 수 있다. 여자는 좋은 남편을 얻기가 어렵고 특히 「정축(丁丑)」·「임진(壬辰)」일 생은 남편과의 인연이 좋지 못하여 좋은 남편을 얻기가 어렵다.

㈑ 시주: 시지에 묘가 위치하면 어릴 적부터 몸이 허약하여 잔병으로 고생을 하고 자녀운도 좋지 못하여 그 자식으로 말미암아 더욱 고생을 하게 되고 말년이 몹시 외롭다고 본다.

제 VI 장
10신(十神)의 통변(通變)

10신(十神)의 통변(十神通變)

10신의 구성

사주 팔자(四柱八字)중 일주(日柱)의 천간(天干)은 자기 본신 (本身)을 표현한다. 명리(命理)의 판단은 아신(我身)인 일간(日干) 을 본위로 하고 사주의 다른 일곱 자와 대조하여 오행상의 생왕 (生旺)과 조화, 10신의 통변(通變) 등을 살피게 되는데 이 10신은 다음과 같으며 음양의 상호 배합에 따라 「정(正)」과 「편(偏)」으로 구분을 한다. 양간(陽干)이 「양」을 만나거나 음간(陰干)이 「음」을 만나면 「편」이 되고, 양간(陽干)이 「음」을 만나고 음간(陰干)이 「양」을 만나면 「정」이 된다. 이는 음과 양의 결합은 정당해도 음과 음, 양과 양의 결합은 비정상이기 때문이다. 「비견」과 「식 신」은 「정」이 되고 「겁재」와 「상관」은 「편」이 되어 모두 「편」이 다섯, 「정」이 다섯이다.

1. 10신(十神)과 음양(陰陽)

비견(比肩): 일간과 오행이 같고 음양이 같은 것이다.
겁재(劫財): 일간과 오행은 같으나 음양이 다른 것이다.
식신(食神): 일간이 생(生)하고 음양이 같은 것이다.
상관(傷官): 일간이 생(生)하고 음양이 다른 것이다.

편재(偏財) : 일간이 극(剋)하고 음양이 같은 것이다.

정재(正財) : 일간이 극(剋)하고 음양이 다른 것이다.

편관(偏官) : 일간을 극(剋)하고 음양이 같은 것이다.

정관(正官) : 일간을 극(剋)하고 음양이 다른 것이다.

편인(偏印) : 일간을 생(生)하고 음양이 같은 것이다.

정인(正印) : 일간을 생(生)하고 음양이 다른 것이다.

2. 10신과 육친(六親) 조견표

비견	남	형제, 친우, 동서, 동창생
(比肩)	여	동서간, 형제, 잔유, 동창생
겁재	남	동생, 누나, 여동생, 동서
(劫災)	여	동생, 남동생, 동서, 시아버지
식신	남	손자, 조카, 장모
(食神)	여	아들, 딸
상관	남	장인, 외손자, 처가 식구, 조모
(傷官)	여	딸, 아들, 조모
정재	남	처, 아버지, 형제
(正財)	여	시어머니, 형제
편재	남	부친, 첩, 처의 형제
(偏財)	여	부친, 시어머니
정관	남	아들, 딸, 질녀
(正官)	여	남편
편관	남	아들, 사촌 형제
(偏官)	여	남편, 남편 친구, 간부(奸婦)
정인	남	모친
(正印)	여	모친
편인	남	계모, 이모, 유모, 조부
(偏印)	여	계모, 이모, 유모, 조부

3. 10신 통변표(十神通變表)

통변＼일간	갑(甲)	을(乙)	병(丙)	정(丁)	무(戊)	기(己)	경(庚)	신(辛)	임(壬)	계(癸)
갑(인)	비견	겁재	편인	정인	편관	정관	편재	정재	식신	상관
을(묘)	겁재	비견	정인	편인	정관	편관	정재	편재	상관	식신
병(사)	식신	상관	비견	겁재	편인	정인	편관	정관	편재	정재
정(오)	상관	식신	겁재	비견	정인	편인	정관	편관	정재	편재
무(진술)	편재	정재	식신	상관	비견	겁재	편인	정인	편관	정관
기(축미)	정재	편재	상관	식신	겁재	비견	정인	편인	정관	편관
경(신)	편관	정관	편재	정재	식신	상관	비견	겁재	편인	정인
신(유)	정관	편관	정재	편재	상관	식신	겁재	비견	정인	편인
임(해)	편인	정인	편관	정관	편재	정재	식신	상관	비견	겁재
계(자)	정인	편인	정관	편관	정재	편재	상관	식신	겁재	비견

보기 생일 천간 「갑」이 「갑」과 「인」을 만나면 「비견」이 되고, 「계」
와 「자」를 만나면 「정인」이 된다.

[예] 갑신년(甲申年) 무오월(戊午月) 갑자일(甲子日) 병인시
(丙寅時) 생이 있다고 가정하면 다음과 같이 십신이 통변된다.
　　　연(年) 갑신(甲申) 비견(比肩) 편관(偏官)
　　　월(月) 무오(戊午) 편재(偏財) 상관(傷官)
　　　일(日) 갑자(甲子) 정인(正印) 식신(食神)
　　　시(時) 병인(丙寅) 비견(比肩)
출생일의 일진이 갑자(甲子)이므로 일주 천간 「갑목(甲木)」은
일주(日主)가 되고 일지 자수(子水)는 일간 갑목을 생조(수생목)
하여 「정인(正印)」이 된다. 월주 무토(戊土)는 일간 갑목을 극제
하여 (목극토)가 되므로 「편재(偏財)」가 되고, 월지 오화(午火)
는 일간 갑목이 생설(목생화)함으로써 「상관(傷官)」이 된다. 연

주 갑목(甲木)은 일간 갑목과 오행이 동일하여 「비견(比肩)」이 되고, 연지 신금(申金)은 일간 갑목을 극제(금극목)하여 「편관(偏官)」이 된다. 시주 병화(丙火)도 일주 갑목이 생설(목생화)하므로 「식신(食神)」이 되고, 시지 인목(寅木)은 일간 갑목과 오행이 동일하여 「비견(比肩)」이 된다. 여기서 유의할 것은 월지 오화(午火)와 시주 병화(丙火)는 다 같이 「갑목」이 생설(목생화)하는데 월지 「오화」는 「음」에 속하여 상관(傷官)이 되고, 시주 「병화」는 「양」에 속하여 식신(食神)이 된다는 점이다.

사주를 구성하는데 생년의 연주에 대하여는 각자가 쉬 알수 있지만 월주와 시주에 대해서는 제2장 월건조견표와 시간조견표에서 구하고 일주의 간지는 별첨 부록이나 천세력(千歲曆) 등에 의해 구해야 한다.

4. 10신의 상생 상극(相生相剋)

상	생	상	극
비견(比肩)은	식신(食神)생	식신(食神)은	편관(偏官)극
겁재(劫災)는	상관(傷官)생	상관(傷官)은	정관(正官)극
식신(食神)은	편재(偏財)생	편재(偏財)는	편인(偏印)극
상관(傷官)은	정재(正財)생	정재(正財)는	인수(印綬)극
편재(偏財)는	편관(偏官)생	편관(偏官)은	비견(比肩)극
정재(正財)는	정관(正官)생	정관(正官)은	겁재(劫災)극
편관(偏官)은	편인(偏印)생	편인(偏印)은	식신(食神)극
정관(正官)은	정인(正印)생	정인(正印)은	상관(傷官)극
편인(偏印)은	비견(比肩)생	겁재(劫災)는	정재(正財)극
정인(正印)은	겁재(劫災)생	비견(比肩)은	편재(偏財)극

10신(十神)의 작용(作用)

1. 비견(比肩)

⑴ 특성

㈎ 비견은 생일 천간과 음양 오행이 같은 것으로서 이는 어깨를 나란히 같이한다는 뜻인데 가정적으로는 형제 자매가 되고 사회적으로는 동료, 친구가 되어 나의 동조자가 된다. 본신은 그 힘을 믿고서 남의 의사를 잘 받아들이지 않는 고집이 있고 자존심과 독립심이 유난히도 강하며 특히 자기의 주장을 굽힐 줄 모르는 굳건한 성품이 사교면에서는 흠이 되어 가까운 친구가 많지 않아 일신이 늘 고독하다.

㈏ 경제적인 측면에서는 형제가 같이 재산을 분배해야 함으로 사주에 재성(財星)이 있으면 재물로 인한 분쟁을 암시하나 신약한 사주는 자신을 도와주는 좋은 힘이 되기도 한다.

㈐ 비견은 재성(財星)을 극상(剋傷)하기 때문에 남자에게 비견이 많으면 재산이 기울거나 부부의 인연이 변하기가 쉽고, 여자는 혼사에 애로가 있으며 또한 남편의 사랑을 받기가 어렵다.

㈑ 비견의 길흉은 강약(強弱)으로 구분하게 되며 사주 가운데 식신(食神)과 상관(傷官)이 있으면 식상생재(食傷生財)격이 되

어 기쁘다. 그리고 인간을 존중하고 유대를 돈독히 하며 사리 사욕을 배제하고 낭비와 애욕을 억제하면서 가정생활에 매우 희 생적인 특성이 있기도 하다.

㈐ 남명의 일지(日支:처의 자리)에 비견이 있게 되면 처의 위 치가 남편과 동등하여 남편의 말에 잘 순종하지 않는 단점이 있 는 반면에 남편의 부재중에 남편을 대신하여 하던 일을 원만히 잘 처리하는 장점도 있다.

㈑ 비견이 형·충·파·해(刑冲破害)를 당하면 친구의 도움이 약화되고 묘·사·목·욕(墓死沐浴)의 12운에 앉아있으면 형제 가 각기 떨어져 살게 되며 또한 형제들이 모두 크게 현달하지 못한다.

2. 겁재(劫財)

⑴ 특성

㈎ 일주 천간과 동일한 오행으로서 음양이 서로 다른 것을 「겁재」라 한다. 비견과 겁재는 오행이 같으므로 형제성으로 비 유하여 양자를 비·겁이라 이르기도 하며 이는 일간을 강력하게 한다.

㈏ 겁재는 힘으로 재산을 빼앗거나 빼앗긴다는 양면성을 지니 고 있는 것으로서, 정재와 상충하여 정재를 파극(破剋)하는 흉 신이기는 하나 사주의 구성에 따라 길하게 되는 수도 있다.

㈐ 겁재는 성정이 완강하고 중화를 상실한 옹고집으로 처자를 제압하고 또한 강자에게는 굽힐 줄 모르면서도 약자에게는 도움 을 주는 너그러운 기질이 있기도 하다.

㈑ 겁재가 주중에 거듭 중복이 되면 일찍이 부친과 이별을 하

거나 아니면 부부의 인연에 생·사 이별이 있고 재혼하기가 쉽다. 그리고 남과 함께 하는 공동 사업같은 것은 중도에서 헤어지거나 아니면 파산 등으로 많은 손실을 보게 된다.

㈐ 겁재와 양인(羊刃)이 좌우 양처에 가까이 있으면 외관상 남 보기에는 화려해도 기실 내면적으로는 고통이 많고 가정 또한 원만하지 못하여 항상 외롭게 혼자서 번민을 한다.

(2) 명주와의 관계

㈎ 연주 겁재는 어려서 가세가 기울고 조상의 음덕을 기대할 수 없다.

㈏ 월상 겁재는 부모 형제가 모두 무덕하고 가세의 하락을 의미한다.

㈐ 일좌 겁재는 수하의 종사자나 아내에 대한 덕이 없고 재산과 인연이 희박하다.

㈑ 시주 겁재는 자녀손에 대한 덕이 없고 말년에 재정상 재화가 발생하여 손실을 가져오며 또한 아내와 백년 해로하기가 어렵다. 대체적으로 사주 가운데 겁재와 비견이 있으면 부부운을 손상하고 부모를 형극하며 경제적 손실이 많이 따르기도 한다.

3. 식신(食神)

(1) 특성

㈎ 일주 천간이 생하는 오행 가운데 음양이 동일한 것을 식신이라 한다. 이는 본신(本身)의 기를 설기(泄氣)하는 것이 되지만 의·식·주 생활에 필요한 물질, 재산을 생성해 주는 원신(原神)이 되어「승재관(勝財官)」이라고도 한다.

(나) 식신은 칠살의 작용을 제어하고 보호하며 또한 재물을 생출하는 복신이기 때문에 식신이 생왕하면 형·충·파·해가 있어도 그의 작용력은 무력해진다. 대범 식신이 유기하면 의식이 풍후하고 체구도 비대하며 자식복도 있고 우유 자적(優遊自適)하면서 장수를 한다.

(다) 식신이 편인과 같이 있으면 복록이 약해지고, 여자에게 식신이 많으면 음탕함을 좋아하고, 또한 식신이 「묘(墓)」위에 있으면 주택과 수명에 해롭다고 본다.

(라) 남자에게 식신이 많고 편관이 있으면 성품이 자상하고 유덕하며, 월주(月柱)식신에 시주(時柱) 정관(正官)이면 대성 발전할 수 있는 길명으로 본다.

(마) 식신은 일위만 건재해야 복신이 된다. 두 자리 이상 중복이 되거나 편인이 있고 신약하면 좋지 않다. 이는 편인이 식신을 극제하기 때문이다. 또한 식신이 중복되면 신약한 기운을 더욱 설기하게 되니 몸이 상할까 두렵다.

(2) 명주와의 관계

(가) 연주 식신은 여유있는 가문 출신으로 선대가 부유하였다고 본다. 그러나 사·절·공망(死絶空亡)이 되면 어려서 의식주에 대한 고통이 있다.

(나) 월상에 식신이 있고 생왕(生旺)하면 부모 형제가 모두 함께 발전하고 의식주에 혜택을 받는다. 그러나 사·절·공망(死絶空亡)이나 파극(破剋)이 되면 도리어 어려움을 초래하여 가업이 기울기도 한다.

(다) 일주 식신은 어진 아내를 만나고 여자는 착한 자녀를 두며 남녀 다 같이 의식주의 풍요한 혜택을 받는다.

㈜ 시주에 식신이 있으면 말년까지 사업을 경영하게 되고 의 식주의 혜택을 힘입는다. 여자는 현명한 자녀를 두고 원만하게 가정을 잘 꾸려간다.

4. 상관(傷官)

(1) 특성

㈎ 상관은 일간이 생하는 오행 가운데 음양이 서로 다른 것을 상관이라 한다. 상관은 정관을 상하게 한다는 뜻인데 이는 정관 관성을 극상하면서 정재·편재를 생출한다. 관성을 극상하는 상 관의 화가 가벼우면 좌천이나 실직을 하고, 무거우면 악형 내지 사형에까지 이른다고 본다.

㈏ 상관은 재성과 인수를 기뻐하고 관성은 꺼린다. 주내에 관 성이 있으면 상관에 의해 완전히 제어되어야 한다. 만일 제어되 지 못하고 관성이 대운에서 왕기를 띠게 되면 그 화가 더욱 극 심한것으로 본다.

㈐ 상관이 있고 신왕하면 재능이 발달하고 뛰어나 반드시 학 술, 기술, 예능 분야에서 두각을 나타내기도 하나 사람됨이 오만 하고 기고하여 주위로부터 증오의 대상이 되기 쉽다.

㈑ 식신과 상관은 모두 자신이 생해주기 때문에 자신의 기를 설기하는 것이나 일주가 강왕할 때에는 설기함이 좋다. 신강 사 주에 식신과 상관이 있으면 사리 사욕을 떠나 고상한 기풍을 지 니고 사회 사업이나 교육자, 종교가 등으로 많이 진출을 한다. 반대로 신약하면 인색하고 허세를 부리며 인수의 도움이 있으면 상관의 설기하는 것을 방호하여 귀명이 되기도 한다.

㈒ 상관은 상대성 원리에서 정관을 극상(剋傷)하는데 육친으

로 볼 때 정관은 남자에게 자식이 되고 여자에게는 남편에 해당
된다. 그리하여 상관이 있으면 남자에게는 자녀에게 근심이 있
고, 여자에게는 정관이 있고, 상관이 함께 있으면 남편을 극상하
게 되어 상부를 하고 재가를 하여 성이 다른 자녀를 두기도 한다.

(2) 명주와의 관계

(가) 연주에 상관이 있으면 부모와 인연이 박하고 상관이 중첩
되면 설령 부귀해도 오래가지 못한다고 본다.

(나) 월상 상관은 형제가 무덕하고 우애가 없으며 부자간에도
정의가 두텁지 못하다.

(다) 일좌(日座) 상관은 처덕이 없고, 사주 상관은 자식이 어리
석고 불효를 한다.

5. 편재(偏財)

(1) 특성

(가) 일간이 극하는 오행 가운데 음양이 같은 것을 편재라 한
다. 편재는 정당한 방법과 노력으로 얻어지는 재물이 아니라 편
법을 쓰거나 투기, 도박, 밀수 등 부당한 방법에 의해서 취득한
일시적인 재물이 된다. 그래서 그 취득 과정과 성격상 비난, 원
성, 질투, 경쟁 등의 요인이 따르고 또한 그 재산은 오래가지 못
하고 자칫하면 급격히 파산하기도 한다.

(나) 편재는 여성을 몹시 사랑하고 사교성도 좋다. 외관상 보기
에는 부자로 보이지만 내면적으로는 부채와 생활고에 쪼들리고
지출과 낭비가 많아 부침(浮沈)이 많으나, 반면 의외로 일확천
금을 횡재하는 수도 있고 또한 재산으로 기인한 투옥, 벌금, 사
기, 횡령 등 파재수도 함께 따른다.

㈐ 편재가 유기하고 신왕하면 복덕이 풍후한 상업(商業)의 명조다. 일생에 횡재수가 많고 해외 무역 등 국제시장을 통하여 일약 대부가 되기도 한다. 대개 대부의 명주에는 편재운을 띠고 있다. 그리고 다른 주에서 정관을 겸해 동주하게 되면 금상첨화(錦上添花)격이 되어 명리(名利)를 다 함께 얻을 수 있다.

㈑ 편재가 주중에 거듭 있으면 일신이 병약하고 빈천한 사람이 된다. 형·충·파·해(刑沖破害)를 당하거나 비견과 겁재의 극상을 당하여 재성이 약화되면 세업을 파하게 되고 풍파와 애로가 많다.

㈒ 육친상으로 정재는 정도의 정처인데 반하여 편재는 부정한 편처 즉 애인, 소실 등으로 본다. 그래서 주중에 편재가 유기하고 정재가 무기, 미약하여 실위를 하면 편처가 정처를 이기는 현상이 되어 주객이 전도된다. 그러므로 편재가 원거리에 있고 정재가 일주 가까이 있어야 부부가 유정하다.

(2) 명주와의 관계

㈎ 연주의 편재가 유기 생왕하면 선조의 유산을 풍성하게 상속받을 수 있으나 말년까지 보전하기가 어렵다.

㈏ 월상 편재가 생왕 유기하면 재벌로서 거부가 되기도 한다.

㈐ 일좌 편재는 부친과 정의가 깊고 장자가 아니라도 장자 대행을 한다. 그리고 타주에 정재가 있으면 부인보다 편처를 더 사랑하게 된다.

㈑ 시주에 편재 한 자리만 있고 유기하면서 비견과 겁재가 없으면 재화(財貨)와 인연이 있고 대성 발전하여 권위를 유지한다.

6. 정재(正財)

(1) 특성

(가) 정재는 일간이 극하는 오행 가운데 음양이 서로 다른 것을 말하며 이는 정당한 방법과 노력으로 성실하게 얻어진 재물이다. 본시 정재는 부당한 재물을 원하지 않고 근면, 성실, 검소, 절약, 저축을 생활의 신조로 하기 때문에 경제 사회에 이바지하고 자손에게까지 그 유산을 남기게 된다.

(나) 정재는 신왕(身旺)한 것을 길명으로 하며 겁재를 가장 꺼린다. 겁재의 파극이 있을 때는 정관이 있어야 급재를 재극하고 재산과 명예를 얻게 된다. 정재가 공망(空亡)되면 재산을 오래 보전할 수 없고, 형·충·파·극하면 손재, 파산한다.

(다) 정재는 좋은 재물과 좋은 아내를 뜻하고 있으나, 정재가 거듭 중첩되고 일주가 신약하면 아내가 남편의 권세를 장악하고 남자는 공처가가 되며 또한 처로 인하여 재액이 발생할 수도 있다. 주중에 편재가 함께 있으면 여자 문제로 고민을 하게 되고 잘못되면 이혼까지 이를 수도 있다.

(라) 사주에 정재·정관·인수·식신 등 길신이 함께 있고 형·충·파·해가 없으면 유덕한 귀명임에 틀림이 없다. 사주에 정재가 많고 신약하면서 인수가 없거나 정재가 없고 비견·겁재가 많으면 복록이 미약하다. 여자의 명에 정재와 인수가 많으면 음란하거나 아니면 미천한 명이 된다.

(마) 양인과 겁재는 자신의 재산을 탈취하니 정재가 가장 꺼리고, 공망을 만나도 재물을 모으지 못하며, 「묘(墓)」와 함께 동주하면 재혼을 하게 된다.

(2) 명주와의 관계

㈎ 연주에 정재가 있으면 선대가 부유하였거나 아니면 세업과 유산의 상속을 받게 되고 결혼을 일찍 한다.

㈏ 월상 정재는 부자집 출생으로 유산을 상속받는다.

㈐ 일좌 정재는 처복이 좋고 부부가 화목, 다정하며 재화와 인연이 있어 금전 때문에 고민하는 일은 없다.

㈑ 시주 정재는 만년에 재복이 좋고 자녀들이 성실하게 효도를 한다.

7. 편관(偏官)

⑴ 특성

㈎ 편관은 일간을 극(剋)하는 오행중 음양이 같은 것을 말하며 「칠살(七殺)」이라고도 한다. 인성(印星)이 만물을 생성하는 원리라면 「칠살」은 만물을 사멸(死滅)하게 하는 원리를 담당하고 있다. 이래서 편관은 고통과 질병, 단명, 파산, 비난, 박해 등을 내포하는 최악의 흉신이기도 하지만 권세와 명예를 한 손에 움켜잡는 권위의 화신이기도 하다. 권위의 화신이 될 때에는 전쟁에서 승리한 개선 장군이 되기도 하고 혁명을 주도하여 하루 아침에 대권을 장악하기도 한다.

㈏ 편관은 식신에 의해 제복되고 인수에 의해 살인상생(殺印相生)이 되면 높이 현달하게 되고, 또한 양인(羊刃)과 합살(合殺)이 되면 병권을 휘두르는 장성이 되기도 한다. 편관이 제복되고 좋으면 놀라울 정도로 대성 발전하고 칠살이 되어 거듭 중첩이 되면 일생이 빈천하고 질병과 파란으로 고난을 겪게 된다.

㈐ 편관은 제복이 되고 신왕하면 「편관」이 되어 발복을 하지만, 신약하고 제복함이 없으면 「칠살」이 되어 만사에 성취되는

것이 없다. 대체로 한 자리 편관이 중화되면 부귀 공명하고 자손이 번창한다. 반면에 편관이 삼합(三合)하여 극살의 기운이 강왕하게 되면 항상 재난이 많고 친·인척과 인연이 박하다. 여자는 남자가 많은 형상이라 어진 주부가 될 수 없다. 만일 그렇지 않으면 질병 등으로 고통을 겪게 되는 불행한 명이 되기도 한다.

(라) 사주 천간에 편관이 있고 식신의 제복이 없으면 빈명으로 본다. 여자에게 정관이 없고 편관 한 자리만 있으면 그것은 정관과 같이 정당한 남편으로 본다.

(2) 명주와의 관계

(가) 연주에 있는 편관은 제복을 필요로 하지 않는다. 일주가 생왕하면 좋고 첫아들을 출산하며 여자는 일찍이 연애를 하던가 결혼을 하게 된다.

(나) 월주 편관이 제복이 되면 힘이 세고 어떠한 난관과 역경에 처해도 이를 극복하고 자력으로 발복한다.

(다) 일좌 편관을 천원좌살(天元坐殺)이라고 하는데 이는 인수가 있으면 살인상생(殺印相生)하고 신왕재왕(身旺財旺)하면 무관으로 출세를 한다. 여자는 정관이 있고 편관이 있으면 남편을 멀리 두고 외간 남자를 가까이 하는 상이라 다방, 유흥업소 등을 경영하는 수가 많다.

(라) 시주에 편관이 일위만 있으면 귀격(貴格)이라 하며 유기 생왕하면 현명한 자녀를 두고 말년에 크게 발전한다. 여자는 정관이 파극되고 편관이 있으면 재혼을 하거나 정부를 둔다고 본다.

8. 정관(正官)

(1) 특성

(가) 일간을 극하는 오행중 음양이 서로 다른 것을 정관이라 한다. 이는 질서와 예의 법규를 존중하고 명예를 소중히 하기 때문에 부모에게 효도하고 형제간에 우애있는 사람이 된다. 이같은 정신과 윤리, 질서, 준법 생활을 통하여 명예와 권위를 얻는 공직 생활을 하게 된다.

(나) 여자는 남자에 의지하여 생활하기 때문에 정관이 남편되고 부부생활의 관계를 나타낸다. 여자에게 정관이 하나만 있으면 좋은 남편을 얻을 수 있으나, 정관과 편관이 혼잡하면 남편 한 사람으로 만족할 수 없는 음란한 명을 띠게 된다.

(다) 정관은 상관에 의해 파극되기 때문에 상관을 만나게 되면 좌천이나 실직, 명예 훼손, 소송, 자녀들의 유고 등을 내포하고 여자는 남편과 불화, 이별 등 불행한 일들이 발생한다. 그리고 정관은 비견과 겁재의 횡포를 방호한다. 겁재가 재산과 처를 극제하는 것을 정관이 이를 억제한다.

(라) 정관은 육친으로 형제 자매가 되는 겁재를 극상하니 정관이 많으면 형제 자매가 없어 외롭게 되고, 여성은 정관을 남편으로 보기 때문에 정관이 많으면 남편이 많은 것과 같은 형상이라 엄격한 남편을 차례로 만나게 되지만 외부 활동도 억제당하고 결국은 모두 실패한다.

(마) 정관이 있으면 정인이 있어야 귀명이 된다. 만일 형·충·파·해가 되면 도리에 천한 명이 되고 인수가 있으면서 파·해가 없이 「장생(長生)」위에 있으면 학문이 능통하고 부귀한 길명이 된다. 정관이 일간을 극상하는 것은 극상으로 보지 않으니

무방하다.

(2) 명주와의 관계

(가) 연주에 정관이 있으면 명문 출신이고 세업을 계승하며 일찍이 공직에 진출한다.

(나) 월주 정관은 형제들의 덕이 있고 형제 모두가 명예를 소중히 여기는 인격자라 하겠다.

(다) 일좌 정관은 아내가 어질고 남녀 다 같이 부부가 화목하며 다정하다.

(라) 시주에 정관이 있고 인수의 도움이 있으면 말년까지 공직생활을 하고 현명한 자녀를 두게 된다.

9. 편인(偏印)

(1) 특성

(가) 일간을 생하여 주는 오행중 음양이 같은 것을 편인이라 한다. 편인은 식신을 파극함으로써 소화기 계통의 질환, 실직, 영업의 부진 등으로 파산과 고통을 당하게 된다. 그리고 재산과 부인을 겁탈하는 겁재의 작용을 도와 재산과 가정을 파괴하고 권위와 명예를 구현하는 정관의 기운을 설기(泄氣)함으로써 그 권위와 명예를 실추케 하는 흉신이다. 이래서 도식(倒食)이라고도 한다.

(나) 편인은 일간이 강왕하면 그 작용력이 약화되고 반면 일간이 쇠약하면 그 작용력은 더욱 강해진다. 편인이 흉신 작용을 하면 헤아릴 수 없이 변태적인 작용을 하는데 특히 잔병이 끊이지 않고 불면증, 신경쇠약, 감기, 편식, 소화기 계통 등의 질환이

잘 발생하며, 또한 하는 일마다 시작은 화려해도 끝맺음이 없이 제대로 성사되는 것이 없다. 그러나 편재가 있으면 편인을 극제하여 편인의 흉한 작용을 방호한다.

(다) 명중에 편인이 있으면 비생산적인 공상, 인기, 외도, 오락, 잡기 등에 다능하고 머리 회전도 빠르며 상대방의 비위를 맞추어서 생색을 잘 내기도 한다.

(라) 사주에 편인이 거듭 중복되면 처와의 인연이 박약하고 자녀들과도 이별을 한다. 여자에게도 편인이 중복되고 과숙(寡宿)이 함께 있으면 복분이 줄어들고 고독한 명이 된다.

(2) 명주와의 관계

(가) 연상에 편인이 있으면 가문이 좋지 못하고 이어받을 유산도 없다. 편재가 함께 들어있으면 일찍이 어머니를 여의고 계모 슬하에서 자라거나 아니면 양부모가 있게 된다.

(나) 월상 편인은 부모와 인연이 박하고 또한 형제가 있다해도 고독하다.

(다) 일좌 편인은 의식주에 고통을 받고 집안에 질병이 끊이지 않는다. 남자는 어진 아내를 맞이할 수 없고 여자는 어진 남편을 만날 수 없다.

(라) 시주에 편인이 있으면 남자는 자녀의 복이 없고 말년이 고독하며, 여자는 자식이 없거나 있어도 불구가 아니면 불효를 하여 말년이 박복, 고독하다.

10. 정인(正印)

(1) 특성

㈎ 일간을 생성하는 오행 가운데 음양이 서로 다른 것을 「정인」이라 하며 이는 나의 활동을 도와주고 후원하는 어머니격이 되어 인수(印綬)라고도 한다. 인수는 가정 교육과 예의, 진리와 종교, 조상 숭배, 총명, 지혜 등을 특성으로 하는데 인수가 유기하면 탈선 행위나 오만 무례한 행동은 하지 않는다.

㈏ 인수는 식신과 상관을 파극하고 관성의 기운을 설기하기 때문에 여자에게 인수가 많으면 남편과 자식의 혜택을 받을 수 없고 다만 몸 하나만은 건강하나 고독한 명이 된다

㈐ 정인은 식신·천·월덕귀인·정관·편관이 있는 것을 기뻐하고 형·충·사·묘(刑冲死墓)·괴강살을 꺼린다. 특히 재성은 인수를 파극하여 극상하기 때문에 인수가 두려워한다.

㈑ 정인이 주중에 있으면 인품이 정대하고 심성이 정직하며 지혜 또한 총명하고 재주가 뛰어나 교육자, 박사, 의사, 약사 등에서 많이 볼 수 있다. 그리고 인수가 있는 사주는 일생에 병이 적고 음식을 잘 먹으며 몸집이 좋고 재록 또한 형통하다. 만일 인수가 극상되면 영화가 오래가지 못하고, 정인이 있는데 정관이 없으면 발달이 늦고, 정관이 있는데 정인이 없으면 참된 관성이 못되어 명리를 함께 갖추기가 어렵다. 인수가 「묘」 위에 있으면 장수하기가 어렵고, 주중에 인수가 많으면 청빈하고 고독은 하나 장수를 한다. 천·월덕귀인과 함께 같이 있으면 길명이 되어 형살(刑殺)이 침범하지 못한다.

(2) 명주와의 관계

㈎ 연상에 정인이 있으면 천성이 어질고 어려서부터 열심히 공부하며 조상의 음덕을 힘입어 많은 유산을 상속 받게 된다.

㈏ 월상 정인은 부모가 유덕하고 인수 한 자리에 파·해가 없

으면 문장으로 이름을 떨친다.

㈐ 일좌 정인은 학문과 관계가 깊고 심성이 어질며 효도를 한다.

㈑ 시주 정인은 현숙한 자녀를 두고 말년이 대길하며 장수한다.

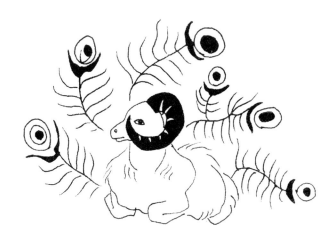

제 VII 장
용신(用神)과 격국(格局)

용신(用神)과 격국(格局)

간명개요(看命槪要)

1. 통근(通根)

통근이라 함은 모든 천간이 지지에 뿌리를 박아 그 튼튼함을 표현하여 통근이라고 한다. 이는 10신과 오행의 뿌리가 튼튼한가의 여부를 판별하는데 중요한 역할을 하며, 이 때 길신(吉神)이 통근되면 길신이 튼튼하게 되어 더욱 길하게 되고, 흉신(凶神)과 통근이 되면 흉신의 기세가 더욱 왕성하여 흉하게 된다.

가. 오행 통근표(五行通根表)

일간(日干)	오행	월 지(月支)
갑을(甲乙)	목(木)	인(寅) · 묘(卯) · 해(亥) · 자(子) · 진(辰) · 미(未)
병정(丙丁)	화(火)	사(巳) · 오(午) · 인(寅) · 묘(卯) · 미(未) · 술(戌)
무기(戊己)	토(土)	진(辰) · 미(未) · 술(戌) · 축(丑) · 사(巳) · 오(午) 인(寅) · 신(申) · 해(亥)
경신(庚辛)	금(金)	신(申) · 유(酉) · 술(戌) · 축(丑) · 진(辰) · 미(未) · 사(巳)
임계(壬癸)	수(水)	해(亥) · 자(子) · 신(申) · 유(酉) · 축(丑) · 진(辰)

보기 일간 「갑·을」(목)은 인(1월)·묘(2월)·해(10월)·자(11월) 과 진(3월)·미(6월)에 각각 통근된다. 「인·묘」월은 봄의 목왕절

(木旺節)이라 연중 「목기(木氣)」가 가장 왕성하고, 「해·자」 수(水) 월은 목(木)을 생성하여 준다하여 「상지(相地)」라 한다. 진(3월)은 봄의 끝달이라 「진토」 중에는 목기가 잔존하여 왕성하고, 6월은 목의 「고지(庫地)」가 되어 「묘」나 「해」를 만나면 목국을 이루어 목의 기운이 왕성해지기 때문이다. 이하 모두 이와 같은 이치로 살피면 된다.

2. 왕(旺)·상(相)·휴(休)·수(囚)·사(死)

(1) 생일 천간의 강약을 살피는데 일간과 생월을 대조하여 일간을 생성하여 주는 월을 「상지(相地)」라 하고, 일간과 오행이 같은 비견과 겁재의 월을 「왕지(旺地)」라 하며, 상지와 왕지는 일간을 강왕하게 생조해 준다하여 신왕(身旺) 또는 신강지(身強地)라고도 한다.

(2) 식신과 상관이 되는 월은 일간의 기운을 설기(泄氣)한다고 하여 「휴지(休地)」라 하고 정재(正財) 편재(偏財)가 되는 월은 일간이 극(剋)하고 이길 수 있는 곳이라 해서 「수지(囚地)」라 한다.

(3) 정관과 편관이 되는 월지는 일간이 극(剋)을 당하게 되어 「사지(死地)」라 하고, 사지는 곧 일간의 관성이 된다. 이래서 휴지·수지·사지는 일주를 쇠약하게 한다해서 신약지(身弱地)라 한다. 사주에서 출생 월을 제강(提綱)이라 하여 중시를 하며 「왕·상·휴·수·사(旺相休囚死)」는 본신인 일주의 강약을 판별하는데 좋은 기준이 된다.

왕・상・휴・수・사(旺相休囚死)표

절＼일간	갑을(甲乙)	병정(丙丁)	무기(戊己)	경신(庚辛)	임계(壬癸)
춘(木)	왕(旺)	상(相)	사(死)	수(囚)	휴(休)
하(火)	휴(休)	왕(旺)	상(相)	사(死)	수(囚)
추(金)	사(死)	수(囚)	휴(休)	왕(旺)	상(相)
동(水)	상(相)	사(死)	수(囚)	휴(休)	왕(旺)
사계(土)	수(囚)	휴(休)	왕(旺)	상(相)	사(死)

보기 사계(四季)는 각 계절의 마지막 달에 해당되는 3월・6월・9월・12월을 뜻한다.

3. 음양 오행의 균형과 조화

□ 음양 오행은 사주에 균등하게 조화를 유지해야 길명이 된다. 일주를 생성하는 인성(印星)이 비록 길성이기는 하나 인성이 지나쳐도 도리어 해가 된다. 나무(木)가 물(水)에 의해서 생성되지만 물이 지나치게 많으면 나무는 뿌리가 썩거나 떠내려가고, 금(金)이 토(土)에 의해서 생성되나 토(土)가 많으면 금(金)은 토(土)에 의해 매몰되기 때문이다. 이래서 인성(印星)이 일주를 생성한다 해도 지나치게 과다하면 일주에게 병(病)이 된다.

▨ 일주 천간이 식신과 상관을 생하는데 이 때 식신과 상관이 너무 많아서 일간이 지나치게 설기를 당하게 되면 일주는 크게 신약해진다. 화(火)가 토(土)를 생하나 토(土)가 너무 많으면 불은 꺼지고, 목(木)이 화(火)를 생하나 불(火)이 너무 많으면 나무는 다 타버린다. 이래서 식신과 상관이 너무 많아서 과다하게 설기를 해도 병(病)이 된다.

□ 일주 천간이 극하고 이겨서 재성을 생성하는데 이 때에도 재성이 너무 왕성하면 일주는 재성을 이기지 못하고 넘어진다. 수(水)가 화(火)를 극하나 화기가 왕성하면 물은 말라버리고, 토(土)가 수(水)를 극하나 물이 너무 많으면 흙은 무너진다. 이리하여 신강한 사주는 재성이 강왕해도 무방하나 신강하지도 못하면서 재성이 많은 것도 병(病)이 된다.

□ 너무 지나치게 강왕한 사주에는 그 강왕한 기운을 설기해야 길하다. 음양과 오행은 고루 균형을 유지해야 하므로 과다하게 많은 것은 덜어주고 과소하고 부족한 것은 생조(生助)해 도와주어야 한다. 즉, 수기(水氣)가 왕성한 데는 목(木)을 만나면 목은 수기(水氣)를 설기해 주고, 화기(火氣)가 왕성한 데는 토(土)를 만나면 불의 열기를 덜어주게 된다. 이래서 신왕한 사주에는 식신과 상관으로 설기를 해야 길명이 된다.

□ 신왕한 사주에는 관성(官星)을 만나도 또한 길하다. 예를 들면 금기(金氣)가 왕성한 데는 화기(火氣)를 만나야 금은 기물을 이룩하고, 목이 왕성한 데는 금을 만나야 제목을 만들어 주게 되니 신왕한 일주에는 관성을 만나도 길하게 된다.

□ 사주 팔자에 오행이 고루 균형을 이루고 용신(用神)·병신(病神)·약신(藥神) 등이 중도를 지키고 조용히 있으면 이것을 중화(中和)된 사주라 한다. 일주가 약하지도 않고 용신(用神)이 유기하며 천간과 지지가 상호 생조해 주고 충·파가 없으면 화기 단합하여 대부 대귀할 고귀한 명조가 된다. 이와 같은 사주는 길운을 만나면 더욱 대길 발전하고, 설령 불길한 흉운을 만난다해도 큰 화는 없다고 본다.

[예]

병신(丙申)	임진(壬辰)	갑인(甲寅)	계유(癸酉)
식신 편관	편인 편재	비견	인수 정관

　본명은 일주 갑목(日主甲木)이 목왕절인 춘삼월에 출생하였고 월지 진중(辰中)의 을목(乙木)이 도와주며 또한 나무는 흙에 뿌리를 뻗어야 튼튼하니 기운을 얻고(得氣) 있다. 일지 인중(寅中)에 암장되어 있는 「병화」는 연간에 투출(透出)되어 화기(火氣)를 더해 주는데 임계수(壬癸水)와 신진수국(申辰水局)이 제지를 하니 이는 어느 한편으로도 기울지 않고 균형을 이루어 유정하다.

4. 병(病)과 약(藥)

　사주에서 해가 되고 꺼리는 것을 병(病)이라 하고, 그 해가 되는 기신(忌神)을 극제하거나 화해, 중화시켜주는 것을 .약(藥)이라 한다. 일주 수(水)명이 타주의 3간 4지에서 토(土)가 왕성하고 많으면 이는 살이 왕성한 신약한 사주가 된다. 이 때 금은 토의 기운을 설기하고(토생금) 수를 생성하여(금생수) 일주 수기를 도와줌으로 해서 금은 약이 된다. 그리고 다시 목을 만나 목이 병토(病土)를 극제(목극토)하여 주면 목이 또한 약이 된다. 모든 오행의 원리가 이와 같으니 잘 성찰하기 바란다. 사주에서 병이 중한 가운데 운로에서 약을 얻으면 이는 흡사 기나긴 가뭄에서 단비를 만나는 격이 되어 크게 대성 발전할 수 있으나, 병도 가볍고 약도 가벼우면 크게 발전도 없고 소부 소귀(小富小貴)할 것이다. 대체로 병도 없고 약도 없으면 그저 평범한 사람에 지나지 않는다고 본다. 그리고 사주에 병이 중한 가운데 약이 중한 운을 만났을 경우 그 운 중에서는 크게 발전하지만 그 운이 지나면 다시 불길하게 된다고 본다.

5. 신왕(身旺)과 신약(身弱)

사주 운명을 감정함에 있어 먼저 신왕한가 신약한가부터 판별해야 한다. 이는 음양 오행과 수시로 변화하는 조후(調候)관계를 대비, 측정하여 추정함으로, 명리학상 대단히 중요한 위치를 차지한다.

(1) 득령(得令)과 실령(失令)

사주에서 월지를 제강(堤綱) 또는 월령(月令)이라 하여 태어난 절후를 크게 중시하고 있다. 이래서 일간이 월지에서 왕지 상지(旺地相地)를 얻고 통근이 되면 득령(得令)이라 하고, 반대로 일간이 월지에서 휴·수·사(休囚死)지를 만나 통근하지 못하면 실령(失令)이라 한다. 우리가 흔히들 「때를 잘못 타서」운운하는데 여기의 덕령·실령이 바로 절후(때)를 잘 타고 못탄것을 의미한다.

(2) 득지(得地)와 실지(失地)

사주의 일지(日支)는 가정을 표현하고 남자에게는 부인, 여자에게는 남편을 뜻하는 것으로서 일좌(日座) 또는 일지(日地)라고도 한다. 일지가 왕지·상지를 만나 통근이 되면 득지(得地)라 하고, 반대로 일지가 휴·수·사(休囚死)지를 만나 통근이 못되면 실지(失地)라 한다.

(3) 득세(得勢)와 실세(失勢)

사주 전체를 두고 득령과 득지를 하고, 비견과 겁재 또는 정인과 편인을 각각 세 자리 이상 만나 일주가 강왕한 것을 득세(得勢)라 하고, 반대로 식신·상관·정재·편재·정관·편관이 많고 일간의 기운이 약한 것을 실세(失勢)라 한다.

(4) 강약(强弱)의 변화(變化)

강약(强弱)의 의의는 득·실·세(得失勢)와도 상통하는데 이는 일주 천간이 월지에서 비록 득령(得令)을 했다하더라도, 일지에서 실지(失地)를 하고 사주 전체를 두고 보았을 때 세력이 약하면 강변약(强變弱)이라 하고, 반대로 원명 월지에서 왕지·상지(旺地相地)를 얻지는 못하였으나 일지에서 득지(得地)를 하고 사주 전체를 고찰한 결과 세력이 강하다고 판단되면 이는 약변강(弱變强)이 된다.

(5) 강약(强弱)의 구분

신왕·신약의 구분은 먼저 일간을 기준하여 월지에서 왕·상지(旺相地)인 통근 여부를 살핀 다음, 4개 지지와 대조하여 12운성으로 장생·관대·건록·제왕 등을 확인한 다음 천간의 비견·겁재·정인·편인 등의 소재를 관찰하여 신왕한가 신약한가 또는 균형을 유지, 중화되고 있는가를 판단한다. 대체로 신왕한 사주는 건강하고 동적이며 독립을 좋아하는 반면, 신약한 사주는 몸이 약하고 정적이며 의타심이 많은 편이라 하겠다. 여자에게는 신강 사주를 길명으로 보지 않는다. 흔히들「팔자가 세어」하는데 여자는 중화(中和)된 명이거나 신약한 듯한 명을 길명(吉命)으로 보고 있다.

⑺ 신왕한 사주를 억제하여 중화시키는 데는「정관·편관·식신·상관·정재·편재」와 12운성의「쇠·병·사·묘·절·태」등의 운을 필요로 한다.

⑻ 신약한 사주를 생조하는 데는「정인·편인·비견·겁재」와 삼합 및 육합에 의한 동일 오행의 도움과 득세운이 되는 12운성의「장생·관대·건록·제왕」의 운을 만나야 대길하다.

[예]

계묘(癸卯)	무진(戊辰)	병오(丙午)	계묘(癸卯)
정관 인수	식신 식신	겁재	정관 인수

　본명은 병화오일(丙火午日)이 진토(辰土)월에 출생하여 설기하게 되고 연주·사주의 계수(癸水)가 병일주(丙日主)를 극제하여 신약하다고 볼 수도 있으나 일지에「오(午)」양인(羊刃)이 있고 연지·시지 묘목(卯木)이 수기(水氣)를「목(木)」으로 변혁 수생목(水生木)하여 일주「병화」를 생왕케해 주며 진(辰) 3월은 양기(陽氣)가 있고　화기(火氣)가 성하기 시작하는 계절이므로 일주는 도리어 강왕하다. 이리하여 당주는 귀명(貴命)이 된다.

용신(用神)

1. 용신의 의의(意義)

용신이란 일주 천간을 보호하는 보호신으로서 음양 오행의 균형과 조화를 유지하기 위하여 일간이 필요로 하는 것을 용신이라고 한다. 이는 10신과 12운성의 형·충·파·해와 제 신살을 종합하여 일간에 가림하는 오행의 심도를 분석, 검토해야 한다. 이 때 지나치게 강왕하면 억제를 해주고, 반대로 쇠약하면 생조(生助)해 주는 것을 의미하는데 가장 이해하기 어려운 대목이라고 본다.

2. 용신을 정하는 법

용신을 정하는데는 여러 방법이 있으나 먼저 일간과 월지를 대조하여 조후(調候)관계와 통근(通根) 여부를 살피고 용신으로 정하는데, 통근이 되지 않으면 용신으로 쓰지 않고 다른 주에 있는 3간과 4지에서 용신을 선택 하기도 한다. 이 때 사주의 신왕·신약에 따라 억부(抑扶)용신·병약(病藥)용신·통관(通關)용신·전왕(專旺)용신·조후(調候)용신 등으로 다음과 같이 구분을 한다.

(1) 억부용신(抑扶用神)

억부용신이란 사주의 신강·신약을 먼저 살피고 신강할 때는 일간을 편관·정관·편재·정재·식신·상관으로 억제를 하거나 설기를 하는 것을 억법(抑法)용신이라 하고, 일간이 신약할 때는 정인·편인·비견·겁재로 생조하는 것을 부법(扶法)용신이라 한다.

(개) 억법용신(抑法用神)

일주 천간이 강왕하여 이를 억제해 주는 것을 억법용신이라 하는데 사주에 비견·겁재와 정인·편인이 많으면 신강하니, 비견이 많아 신강할 때는 편관을 용신으로 하고, 겁재가 많아 신강할 때는 정관을 용신으로 하는 것이 좋다.

비견, 겁재가 같이 많을 때는 관성(官星)이 제일 좋은 용신이기는 하나, 식신이나 상관을 용신으로 하여 식상생재(食傷生財)하여도 좋다고 본다. 그리고 정인이 많아 신강할 때는 정재를 용신으로 하고, 편인이 많아 신강할 때는 편재가 가장 좋은 용신이다. 인성(印星)이 강왕한 때는 재성이 용신이 되어야 한다.

(내) 부법용신(扶法用神)

일주 천간이 신약할 때 이를 강왕하게 생조해 주는 것을 부법용신이라 한다. 일간이 신약할 때란, 식신·상관·편재·정재·편관·정관이 많을 때를 말하는데 상관이 많아 신약할 때는 정인을 용신으로 하고, 식신이 많아 신약할 때는 편인을 용신으로 한다. 식신·상관이 같이 많을 때는 인성(印星)을 용신으로 하는데, 한편 비견·겁재로 일간을 돕는 것도 용신이 된다.

(2) 병약용신(病藥用神)

병약용신이란 상관·겁재·편관·편인이 극제 또는 중화되지 않고 흉신으로 작용하거나 오행이 한쪽으로 기울어지는 것을 병

이라 하고, 이 병을 제어하거나 또는 한쪽으로 기울지 않게 중
화시키는 것을 약이라 한다. 사주에서 병만 알면 용신과 약은
저절로 알게 된다. 그리고 사주에서 병이 없으면 평범한 명이
되고, 병만 있고 약이 없으면 빈천하거나 단명을 한다. 사주에는
병이 있고 약이 있어야 대부 대귀하게 되는데, 사주에 병이 있
고 운에서 다시 병운을 만나면 사망하게 되고 약운을 만나면 복
록이 풍후하게 몸에 따르게 된다.

(3) 통관용신(通關用神)

통관용신이란 두 가지 오행이 상호 상극대치하여 상전 상태에
있는 것을 그 중간에서 말리고 중화작용의 역할을 하는 오행을
통관용신이라 한다.

금목 상극에는 수가 통관용신이고,

토수 상극에는 금이 통관용신이며,

목토 상극에는 화가 통관용신이고,

수화 상극에는 목이 통관용신이며,

화금 상극에는 토가 통관용신이다.

통관용신이 합(合)을 하면 그 작용력을 발휘하지 못한다. 그
러나 그 합신을 충극(冲剋)할 때에는 발복한다. 그리고 통관용
신을 다른 신이 충파할 때는 통관을 하지 못하고 행운에서 충파
신에 합이 올 때에는 발복을 한다.

(4) 전왕용신(專旺用神)

전왕용신이란 사주가 어느 한 가지 오행으로 구성되어 있는
것을 말하는데 그 왕성한 대세를 따라 그 왕신을 용신으로 정하
는 경우를 말한다.

비견·겁재일 때는 비겁이 용신이고,

식신·상관일 때는 식상이 용신이며,

편재·정재일 때는 재성이 용신이고,

편관·정관일 때는 관성이 용신이며,

편인·정인일 때는 인성이 용신이다.

이는 대세에 거역함이 없이 순하게 따르면 모든 일이 다 순조롭고, 반대로 극제를 하거나 설기를 하는 운을 만나면 불길하고 흉화가 발생하게 된다.

(5) 조후용신(調候用神)

조후용신이란 생월을 기준하여 춘·하·추·동 기후의 한·열·조·습(寒熱燥濕)에 의거하여 정해지는 용신이다. 예를 들면, 갑일주(甲日柱)가 인월(寅月:1월)에 출생하였다면 이는 건록(建祿)이 되고 득령(得令)을 하여 신왕하다. 그러나 인월(1월)은 한기가 남아있으니 이른 봄 갑목(甲木)은 병화(丙火)로 따뜻하게 해주어야 크게 발전한다. 또, 나무에는 물이 필요하기 때문에 계수(癸水)로 생조해 주어야 한다. 이래서 병화로 조후용신을 삼고 계수를 보좌용신으로 한다. 모두가 다 이와 같은 이치로 조후용신을 정하는데 사주에 조후용신이 갖추어져 있어야 귀명이 된다고 본다.

[예]

계축(癸丑)(양)	정관 상관	을 묘 갑 인
병진(丙辰)(관대)	비견 식신	계 축 임 자
병오(丙午)(제왕)	겁재	신 해
임진(壬辰)(관대)	편관 식신	경 술

본명은 봄과 여름의 중간 3월에 출생하니 화목(火木)이 왕성하여 양기와 화기(火氣)가 있고 일지 오(午) 위에 제왕, 양인

(羊刃)이 되며 또한 월주에 병화(丙火)가 투출되어 일주 병화
(丙火)를 도와주니 일주는 지나치게 강왕하다. 그리하여 일주의
기운을 상극해 주는 시주의 임수(壬水)가 용신이 된다. 연주의 계
수(癸水)는 축중계수(丑中癸水)와 월지 진중계수(辰中癸水)에 통
근(通根)하고 있어 왕성하나, 일주와 거리가 멀고 상격(相隔)되어
그 작용은 시주 임수(壬水)에 비해 약하다. 한편, 진토(辰土)는
건왕하여 수기(水氣)를 제어하고 있으므로 「수(水)」의 작용은
약화된다. 이래서 당주는 계축·임자·신해 대운에 크게 발전하
리라.

3. 생월(生月)과 일간(日干)

일간을 주성(主星)이라 하고 생월을 월령(月令) 또는 제강(提綱)
이라 하여 가장 중시한다. 생월을 기준하여 일주 천간과의 희기
(喜忌) 작용을 고찰해 본다.

(1) 인월(寅月: 1월생)

「인」 1월은 이른 봄이라 초기는 「무토」가 되고 중기는 「병화」,
정기는 「갑목」이다.   (※ 지장간표 참조)

㈎ 갑·을 일주(甲乙日柱)

갑·을(甲乙) 일주의 인월생은 건록·제왕이 되고 비견·겁재
·득령(得令)을 하여 갑·을(甲乙)이 함께 신왕하다. 여한(餘寒)
이 있는 이른 봄이라 병화(丙火)로 따뜻하게 하고 계수(癸水)로
생조해 주면 대길하다. 사주에서 병화가 있고 재관(財官)·무기
(戊己) 토와 경신(庚辛) 금이 함께 있으면 대성 발복한다. 갑
(甲)일 생은 병화와 계수를 용신으로 하고, 을(乙)일 생도 병화
와 계수를 필요로 한다.

㈏ 병·정 일주(丙丁日柱)

병·정(丙丁) 일주의 1월생은 인수격이 되어 관성 수(水)를 기뻐한다. 병화(丙火)일 생은 임수(壬水)와 경금(庚金)을 용신으로 하고, 정화(丁火)일 생은 갑목(甲木)과 경금(庚金)을 필요로 한다.

㈐ 무·기 일주(戊己日柱)

무·기(戊己) 일주의 1월생은 편관·정관격이 되어 신왕하여야 한다. 제복이 되면 합(合)을 원하지 아니하고 병화와 계수를 기뻐한다. 무토(戊土)일 생은 병화와 계수로 도우고, 기토(己土)일 생은 병화를 용신으로 하는데, 토다(土多) 신왕하면 갑목이 있어야 발복한다.

㈑ 경·신 일주(庚辛日柱)

경·신(庚辛) 일주의 1월생은 재성이 되어 신왕하면 발복하고 신약하면 인수운에 발복한다. 경금(庚金)일 생은 병화와 임수를 필요로 하고, 신금(辛金)일 생은 기토를 사랑하며 임수를 기뻐한다. 생일의 일지에 인·묘(寅卯)가 자리하면 복분이 더욱 중후(重厚)하다.

㈒ 임·계 일주(壬癸日柱)

임·계(壬癸) 일주의 1월생은 식신, 상관격이 되어 사주에서 재관 화·토(火土)를 만나야 발복을 한다. 임수(壬水)일 생은 경금으로 수원(水源)을 삼고 병화(丙火)로 조후(調候)를 하면 대길하다. 계수(癸水)일 생은 병화와 신금이 있어야 귀하게 된다.

⑵ 묘월(卯月: 2월생)

㈎ 갑·을 일주(甲乙日柱)

갑·을(甲乙) 일주의 2월생은 제왕·건록이 되어 갑·을 모두

신왕하고 재관 토·금(土金)을 기뻐한다. 만일 사주에 재관이 없
으면 장수는 하나 부귀는 이룩하기 어렵다고 본다. 갑일(甲日) 2
월생은 양인(羊刃)이 되므로 경금이 있어야 하고 병정(丙丁) 화
가 있으면 대길하다. 을·목(乙木) 2월생은 계수(癸水)로 돕고
병화(丙火)로 설기를 해야 발복을 한다.

(나) 병·정 일주(丙丁日柱)

병·정(丙丁)일의 2월생은 인수격이 되어 사주에 관인(官印) 수
목(水木)이 있어야 발복을 한다. 병일(丙日) 2월생은 임수(壬水)와
기토(己土)를 용신으로 하고, 정일(丁日) 2월생은 갑목과 경금
을 필요로 한다.

(다) 무·기 일주(戊己日柱)

무·기(戊己)일의 2월생은 관살(官殺)격이 되어 사주에서 재성
수(水)가 정관 목(木)을 생조하여 주고 신왕하면 길명이 된다. 그
리고 관살 목(木)이 강왕하면 화(火)를 만나 살인상생(殺印相生)
이 되어도 부귀 발복한다. 무일(戊日)의 2월생은 병화와 계수가
있어야 하고, 기일(己日)의 2월생은 갑목과 계수·병화를 다 함
께 필요로 하고 있다.

(라) 경·신 일주(庚辛日柱)

경·신(庚辛) 일주의 2월생은 재성격이 되어 신왕하고, 재왕하
면 부명이 된다. 경일(庚日) 2월생은 정화(丁火)와 갑목(甲木)이
있어야 하고, 신일(辛日) 2월생은 임수(壬水)와 갑목을 필요로
한다.

(마) 임·계 일주(壬癸日柱)

임·계(壬癸)일의 2월생은 식신·상관이 된다. 식상(食傷)이
왕절(旺節)을 만났으니 경신(庚辛) 금으로 수원(水源)을 도와야
대길하다. 사주 가운데 재·관·화·토(火土)가 있으면 재산이

불어나고 귀하게 된다. 임일(壬日) 2월생은 경신(庚辛) 금과 무토(戊土)를 필요로 하고, 계일(癸日) 2월생도 경신(庚辛) 금이 있어야 한다.

(3) 진월(辰月: 3월생)

진월은 봄의 끝달 3월로서 「을목(乙木)」의 여기(餘氣)와 「계수(癸水)」의 중기(中氣), 「무토(戊土)」의 정기(正氣)로 이룩되어 있다.

㈎ 갑·을 일주(甲乙日柱)

갑·을(甲乙) 일주의 3월생은 관인(官印)·금수(金水)가 함께 있으면 풍성하게 발복하고 재·관·인(財官印)이 사주 천간에서 투출(透出)되지 않았다면 월지(月支)를 충·형(冲刑)하여 창고 문을 열어야(開庫) 발복한다. 갑일(甲日) 3월생은 경금(庚金)과 정화(丁火)·임수(壬水)가 있어야 길하고, 을일(乙日) 3월생은 병화(丙火)와 계수(癸水)·무토(戊土)를 필요로 한다.

㈏ 병·정 일주(丙丁日柱)

병·정(丙丁)일의 3월생은 식신·상관격이 되어 사주 천간에서 관성 수(水)가 투출되어야 길하다. 만일 투출되지 않았으면 월지를 충하여 개고(開庫)를 해야 발복한다. 병일(丙日) 3월생은 임수(壬水)와 갑목(甲木)을 기뻐하고, 정일(丁日) 3월생은 경금(庚金)과 갑목(甲木)을 필요로 한다.

㈐ 무·기 일주(戊己日柱)

진·술·축·미(辰戌丑未)는 사고지(四庫地)라 무·기(戊己)일 생은 사주 천간에서 재성(財星)수가 투출되어야 대길하다. 만일 투간(透干)되지 않았다면 월지를 충하여 개고를 해야 발복을 한다. 무일(戊日) 3월생은 갑목(甲木)과 병화(丙火)·계수(癸水)가 있어야 기쁘고, 기일(己日) 3월생도 병화(丙火)와 갑목(甲木)·계수(癸水)를 필요로 한다.

㈘ 경·신 일주(庚辛日柱)

경일(庚日)·신일(辛日)생은 인수격이 되어 사주에서 비견과 겁재가 없어야 크게 발복한다. 이래서 경일(庚日)생은 갑목(甲木)과 임계수(壬癸水)를 필요로 하고, 신일(辛日)생은 임수(壬水)·갑목(甲木)을 용신으로 한다.

㈙ 임·계 일주(壬癸日柱)

임·계(壬癸)일의 3월생은 정관·편관격에 해당되어 신왕하여야 한다. 인수를 만나 살인상생(殺印相生)이 되면 권위있는 귀명이 되고, 식신(食神)으로 제토(制土)를 해도 부귀, 발복한다. 임일(壬日)생은 갑목과 경금이 있어야 하고, 계일(癸日)생은 병화와 신금·갑목을 필요로 한다.

(4) 사월(巳月: 4 월생)

사월(巳月)은 여름의 첫달로서 초기는 「무토(戊土)」이고, 중기는 「경금(庚金)」이며, 정기는 「병화(丙火)」이다.

㈎ 갑·을 일주(甲乙日柱)

갑·을(甲乙)일의 4월생은 식신·상관격이 된다. 화기(火氣)의 왕절이라 임계(壬癸)수의 도움을 필요로 한다. 4월의 갑일(甲日)생은 계수(癸水)로 제화(制火)하고 경금(庚金)으로 계수의 근원을 삼으면 대길하다. 4월의 을일(乙日)생도 계수(癸水)로 조후하고 경금과 신금을 만나야 발복한다.

㈏ 병·정 일주(丙丁日柱)

병·정(丙丁)일의 4월생은 화(火)가 화(火)를 만나 비견·겁재가 된다. 임계(壬癸)수로 화기를 억제하고 경신(庚辛) 금으로 수원을 삼으면 크게 발복한다. 4월의 병일(丙日)생은 임계(壬癸)수

와 경금(庚金)을 필요로 하고, 정일(丁日)생은 갑목과 임수를
기뻐하며 경금이 있어야 한다.

㈐ 무ㆍ기 일주(戊己日柱)

무ㆍ기(戊己)일의 4월생은 토ㆍ화(土火) 상봉하여 인수격이
된다. 임계(壬癸)수로 염열(炎熱)을 억제하고 관성 갑목을 용신
으로 하면 크게 발복한다. 4월의 무일(戊日)생은 임계(壬癸)수
와 갑목을 필요로 하고, 기일(己日)생은 계수와 병화가 있어야
한다.

㈑ 경ㆍ신 일주(庚辛日柱)

경신(庚辛)일의 4월생은 정관ㆍ편관격이 되어 수(水)를 기뻐하
고 목(木)을 꺼리며 신왕해야 길하고 제합이 되어야 발복한다. 합
이 있으면 제극(制剋)은 하지 않아도 무방하며 임수(壬水)를 만
나 수화(水火)가 조화 되어야 귀명이다. 4월의 경일(庚日)생은
임수(壬水)와 무토, 병화를 쓰고, 신일(辛日)생은 임계(壬癸)수
와 경신(庚辛) 금을 필요로 한다.

㈒ 임ㆍ계 일주(壬癸日柱)

임ㆍ계(壬癸)일의 4월생은 정재와 편재에 해당되며 수기의 절
지(絶地)이므로 경신(庚辛) 금으로 수원을 돕고 비견과 겁재를
만나면 발복한다. 4월의 임일(壬日)생은 경신(庚辛) 금과 임계
(壬癸)수가 있어야 하고, 계일(癸日)생은 경신(庚辛) 금으로 수
원을 돕고 아울러 임수(壬水)의 조후가 필요하다.

⑸ 오월(午月: 5월생)

5월은 여름의 화왕절(火旺節)로 초기는 「병화(丙火)」, 중기는
「기토(己土)」, 정기는 「정화(丁火)」가 된다.

㈎ 갑ㆍ을 일주(甲乙日柱)

갑ㆍ을(甲乙)일의 5월생은 식신ㆍ상관격이 된다. 5월은 염열

기이니 수(水)로써 목을 생조해 주고 경신 금으로 수원을 도와
야 발복한다. 5월의 갑일(甲日)생은 계수로 조후하고 경금으로
수원을 도와주면 대길하고, 을일(乙日)생은 계수(癸水)와 병화
를 필요로 한다.

(나) 병·정 일주(丙丁日柱)

병·정(丙丁)일의 5월생은 비견·겁재가 되어 신강하다. 화기
가 극왕하니 임수로 화기를 억제하고 경신 금으로 수원을 도와
야 한다. 제합이 있어야 좋고 재성이 왕성하면 대길하다. 5월생
병일(丙日)은 양인(羊刃)격이 되어 인수(印綬)나 칠살(七殺)을
만나야 발복을 하고 임수(壬水)와 경금(庚金)으로 용신을 하며,
정일(丁日)생은 임계(壬癸)수와 경금을 필요로 한다.

(다) 무·기 일주(戊己日柱)

무·기(戊己)일의 5월생은 정인·편인이 되고 화·토가 염열
하여 임계(壬癸)수로 제복(制伏)을 해야 발복한다. 5월의 무일
(戊日)생은 양인(羊刃)이 되어 임수(壬水)와 갑목(甲木)이 있어야
하고, 기일(己日) 5월생은 건록격이 되어 자왕하니 임계(壬癸)수
를 용신으로 한다.

(라) 경·신 일주(庚辛日柱)

경·신(庚辛)일의 5월생은 관살격(官殺格)이 되어 정관 또는
편관을 용신으로 하고 식신과 상관으로 조후를 해야 귀명이 된
다. 편관이 용신이 되면 신왕 제합을 기뻐하고 신왕하면 발복한
다. 5월의 경일(庚日)생은 임계(壬癸)수를 용신으로 하고 수가
없으면 무기(戊己)토로 화기를 설기, 상생시켜야 기쁘다. 신일
(辛日) 5월생은 임계(壬癸) 수를 필요로 하고 기토(己土)가 있
어야 기쁘다.

(마) 임·계 일주(壬癸日柱)

임·계(壬癸)일의 5월생은 재성격(財星格)이 되어 재성이나 관성 어느것을 용신으로 하여도 신왕운에는 발복한다. 단 실령(失令)을 하였으니 비견, 겁재나 경신(庚辛) 금으로 수원을 도와야 좋으며 일간과 재살(財殺)이 강왕한 행운(行運)에는 개운(開運)을 한다. 5월의 임월(壬月)생은 계수(癸水)로 용신을 삼고 경신(庚辛) 금의 도움이 있어야 귀명이 된다. 계일(癸日) 5월생은 재성이나 관성, 어느것을 용신으로 하여도 신왕해야 발복한다. 이는 실령(失令)을 하여 뿌리가 약하니 경신(庚辛) 금으로 수원을 삼고 임계(壬癸) 수의 도움이 있어야 좋다.

⑹ 미월(未月: 6월생)

미(未) 6월은 여름의 끝달로서 초기는 「정화(丁火)」가 사령하고, 중기는 「을목(乙木)」, 정기는 「기토(己土)」가 되어 토기가 가장 왕성하다.

㈎ 갑·을 일주(甲乙日柱)

갑·을(甲乙)일 생의 6월은 묘고(墓庫)가 되어 몸은 건강하고 병(病)은 적다. 사주 천간에서 거듭 토를 보면 재왕(財旺)하고 재왕, 신왕하면 대길하다. 6월의 갑일(甲日)생은 정화와 경금이 있어야 하고, 을일(乙日) 6월생은 계수와 병화를 필요로 한다.

㈏ 병·정 일주(丙丁日柱)

병·정(丙丁)일의 6월생은 잡기인성격(雜氣印星格)이 되어 사주에서 정관과 정인이 투출되어야 대길하다. 관인(官印)이 투출되지 않았으면 축토(丑土)의 충(沖)을 필요로 한다. 대서(大署) 전은 임계(壬癸)수를 용신으로 하고 경신(庚辛) 금으로 수원을 도와야 발복하는데, 6월의 병일(丙日)생은 임수와 경금을 필요로 하고, 정일의 6월생은 정화와 경금이 있어야 기쁘다.

㈐ 무·기 일주(戊己日柱)

무·기(戊己)일의 6월생은 사주 천간에서 재·관·인(財官印)이 투출(透出)되어야 대길하다. 만일 재·관·인의 투출이 없으면 충·형(冲刑)이 있어야 발복을 한다. 6월의 무일(戊日)생은 계수와 병화가 있어야 하고, 기일(己日) 6월생 역시 계수와 병화를 필요로 한다.

㈐ 경·신 일주(庚辛日柱)

경·신(庚辛)일의 6월생도 잡기격(雜氣格)이 되어 사주 천간에 재·관·인(財官印)이 있어야 길명이 된다. 재·관·인이 없으면 축토(丑土)의 충(冲)을 기뻐하고 비견·겁재·양인은 꺼린다. 6월의 경금(庚金)일 생은 갑목과 정화가 있어야 부귀하고, 신금(辛金)일 6월생은 임수(壬水)와 경금(庚金) 갑목을 필요로 한다.

㈑ 임·계 일주(壬癸日柱)

임·계(壬癸)일의 6월생은 토·수(土水) 관살(官殺)이 되어 상관 및 겁재를 만나지 않으면 길명이 된다. 경신(庚辛) 금으로 수원을 도우고 갑목(甲木)이 생재(生財)를 하거나 사주에 재와 관이 있고 신왕하면 부귀의 명이 된다. 6월의 임일(壬日)생은 신금과 계수 갑목이 있어야 하고, 계일(癸日)의 6월생은 임계(壬癸) 수와 경신(庚辛) 금을 필요로 한다.

(7) 신월(申月 : 7월생)

신(申)월은 7월로서 가을의 첫달이 되고 초기는 「무토」이며, 중기는 「임수」가 왕성하고, 정기는 「경금」이 된다.

㈎ 갑·을 일주(甲乙日柱)

갑·을(甲乙)일의 7월생은 정관·편관이 된다. 목이 금왕지절에 출생하여 금이 화를 만나 금을 제압하면 대길한 명이 된다. 7월의 갑일(甲日)생은 편관격이 되어 신왕하고 제합이 있으면

길명이다. 정화를 기뻐하고 정화가 없으면 임수로 신금을 설기
하여 갑 일주를 생조하면 살인상생(殺印相生)이 되어 부명이 된
다. 을일(乙日)의 7월생은 병화로 신금을 억제하고 계수로 설기,
생조하면 대길하다.

⒝ 병·정 일주(丙丁日柱)

병·정(丙丁)일의 7월생은 정재와 편재에 해당한다. 사주에 재
관이 있고 신왕하면 발복을 한다. 7월의 병일(丙日)생은 임수를
기뻐하고 임수가 많으면 무토로 제지해야 기쁘다. 정일(丁日)생
7월은 갑목과 경금을 좋아한다.

㈐ 무·기 일주(戊己日柱)

무·기(戊己)일의 7월생은 식신·상관격이 되어 병화와 계수
가 있어야 부귀한다. 무일(戊日) 7월생은 병화를 용신으로 하고
수가 많으면 갑목으로 설기해야 좋다. 기일(己日) 7월생은 병화
와 계수를 필요로 한다.

㈑ 경·신 일주(庚辛日柱)

경·신(庚辛)일의 7월생은 금이 금을 만나 비견·겁재에 해당한
다. 화로 제지하고 수로 설기를 하면 길명이다. 7월생 경일(庚日)
은 정화와 갑목을 필요로 하고 신일(辛日)의 7월생은 임수와 갑
목과 무토가 있어야 좋아진다.

㈒ 임·계 일주(壬癸日柱)

임·계(壬癸)일의 7월생은 인수격이 되어 재성이 강왕하면 재
산이 풍성하게 늘어난다. 7월의 임일(壬日)생은 무토로 용신을
삼고 정화로 도운다. 계일(癸日)의 7월생은 정화와 갑목이 있어
야 기쁘다.

⑻ 유월(酉月: 8월생)

유(酉)월은 8월로서 초기도 「경금」이고, 정기도 「신금」이라 금의 전왕기로 구성되어 있다.

㈎ 갑·을 일주(甲乙日柱)

갑·을(甲乙)일의 8월생은 정관·편관이 되어 신왕하면 발복한다. 칠살과 상관을 꺼리고 제합이 있으면 길명이다. 8월의 갑일(甲日)생은 경금과 병정 화가 있어야 기쁘고, 을일(乙日)의 8월생은 계수와 병화를 필요로 한다.

㈏ 병·정 일주(丙丁日柱)

병·정(丙丁)일의 8월생은 재성이 되어 신왕하고 재·관·금·수가 함께 있으면 크게 발복한다. 8월의 병일(丙日)생은 임수와 계수를 용신으로 하고, 8월의 정일(丁日)생은 갑목과 경금(庚金)·병화(丙火)를 필요로 한다.

㈐ 무·기 일주(戊己日柱)

무·기(戊己)일의 8월생은 식신 상관격이 된다. 가을의 토는 화의 따뜻함을 기뻐하고 목이 성하면 제복하고, 수(水)가 많으면 비견의 조력으로 제지해야 한다. 토금상관(土金傷官)격은 상지 귀명이라 한다. 8월의 무일(戊日)생은 병화와 계수가 있어야 하고, 기일(己日) 8월생은 병화 계수와 신금을 필요로 한다.

㈑ 경·신 일주(庚辛日柱)

경·신(庚辛)일의 8월생은 비견과 겁재에 해당된다. 정화와 임수를 용신으로 하면 상격이다. 8월의 경일(庚日)생은 정화와 갑목·병화가 있어야 하고, 신일(辛日)의 8월생은 임수(壬水)와 병화(丙火)를 필요로 한다.

㈒ 임·계 일주(壬癸日柱)

임·계(壬癸)일의 8월생은 인수격이 된다. 사주에서 정관과 정인이 다 있어야 복분이 두텁고 정재를 꺼린다. 8월의 임일(壬日)

생은 갑목으로 용신을 삼고 병화로 따뜻하게 해주면 대길하다.
계일(癸日)의 8월생은 신금과 병화가 있어야 한다.

⑼ 술월(戌月: 9월생)

술(戌)월은 9월로서 가을의 끝달이다. 초기는 「신금」이 왕성
하고, 중기는 「정화」가 고지(庫地)되며, 정기는 「무토」가 된다.

㈎ 갑·을 일주(甲乙日柱)

갑·을(甲乙)일의 9월생은 정기는 재성격이 되고 초기는 관살
격이다. 초기 및 중기 출생자는 형·충을 기뻐하나 정기 출생자
는 꺼린다. 임계(壬癸)수로 돕고 경금·신금이 사주 천간에서
투출하면 발복을 한다. 9월의 갑일(甲日)생은 경금과 계수와 정
화를 필요로 하고 을일(乙日)의 9월생은 계수와 신금이 있어야
한다.

㈏ 병·정 일주(丙丁日柱)

병·정(丙丁)일의 9월생은 식신·상관이 정기가 되고 자묘지
(自墓地)가 되어 신왕하면 장수를 하고 사주에서 재성(금)을 만
나면 발복한다. 병화(丙火)일의 9월생은 갑목과 임수·계수를
필요로 하고, 9월의 정일(丁日)생은 갑목과 경금·무토가 있어
야 한다.

㈐ 무·기 일주(戊己日柱)

무·기(戊己)일의 9월생은 토가 토를 만나 토기가 왕성하니
갑목으로 제지하고 계수(癸水)로 갑목을 생조하면 명성과 재물
을 얻고 재·관·인수(財官印綬)를 용신으로 하면 발복한다. 9
월의 무일(戊日)생은 수왕(水旺)·신왕(身旺)해야 귀명이 되고
갑목과 병화와 계수를 필요로 한다. 기일(己日)의 9월생도 갑목
과 병화·계수가 있어야 기쁘다.

㈐ 경·신 일주(庚辛日柱)

경·신(庚辛)일의 9월생은 초기는 비겁이 되고, 중기는 관성이
되며, 정기는 인성이 되어 잡기격(雜氣格)이 된다. 초기, 중기를
용신으로 하면 충을 기뻐하고 주중에 진(辰)이 있으면 발전을
하며 임수(壬水)와 갑목(甲木)이 있으면 귀명이다. 9월의 경일
(庚日)생은 갑목과 임수가 있어야 하고 신일(辛日)의 9월생도
임수와 갑목을 필요로 한다.

㈐ 임·계 일주(壬癸日柱)

임·계(壬癸)일의 9월생은 초기는 인성이 되고, 중기는 재성
이 되며, 정기는 관살격이 되어 잡기격(雜氣格)이 된다. 9월의
임일(壬日)생은 갑목(甲木)과 병화(丙火)가 있어야 부귀하고,
계일(癸日)의 9월생은 갑목(甲木)과 신금(辛金)·임계(壬癸)수
를 필요로 한다.

⑩ 해월(亥月: 10월생)

해(亥) 10월은 겨울의 첫달이라 초기는「무토」이고, 중기는
「갑목」, 정기는「임수」로 구성되어 있다.

㈎ 갑·을 일주(甲乙日柱)

갑·을(甲乙)일의 10월생은 수왕지절에 출생하여 인수격이 되
는데 기후가 한냉하니 병정화(丙丁火)로 따뜻하게 해야 발전한
다. 10월의 갑일(甲日)생은 경금(庚金)을 용신으로 할 때에는
정화(丁火)로 제살을 하면 귀명이 되고, 을일(乙日)의 10월생은
병화와 무토를 필요로 한다.

㈏ 병·정 일주(丙丁日柱)

병·정(丙丁)일의 10월생은 편관·정관이 되어 신왕하고 제합
이 되면 귀명이 된다. 10월의 병일(丙日)생은 수왕(水旺)하면
갑목으로 도우고 무토와 경금으로 용신을 한다. 정일의 10월생

도 갑목과 경금이 있어야 부귀, 발전할 수 있다.

㈐ 무·기 일주(戊己日柱)

무·기(戊己)일의 10월생은 사주에서 병화(丙火)로 따뜻하게 하고 갑목(甲木)으로 도우면 부귀의 명이 된다. 10월의 무일(戊日)생은 갑목과 병화가 있어야 하고, 기일(己日)의 10월생도 갑목과 병화·무토를 용신으로 한다.

㈑ 경·신 일주(庚辛日柱)

경·신(庚辛)일의 10월생은 금한수냉(金寒水冷)하니 갑목과 병정화(丙丁火)를 만나 조후를 해야 부귀, 번영한다. 경일(庚日)의 10월생은 병정화(丙丁火)와 갑목을 필요로 하고, 10월의 신일(辛日)생도 병화(丙火)와 갑목(甲木)을 다 같이 필요로 한다.

㈒ 임·계 일주(壬癸日柱)

임·계(壬癸)일의 10월생은 건록·제왕이 되고 득령(得令)을 하여 신왕하다. 수기가 왕성하면 무토로 제지하고 목화(木火)로 조후해야 부귀의 명이 된다. 임일(壬日) 10월생은 무토와 병화·갑목을 필요로 하고, 계일(癸日) 10월생도 무토로 제수(制水)하고 갑목·병화가 있어야 한다.

⑾ 자월(子月: 11월생)

자(子)월은 11월로서 임계(壬癸)수만으로 형성된 겨울의 왕월이다.

㈎ 갑·을 일주(甲乙日柱)

갑·을(甲乙)일의 11월생은 수목(水木)이 상생하여 정인·편인이 되는데 사주에 경신관살(庚辛官殺)이 있어도 원명을 생조하여 길명이 되고 무기재성(戊己財星)은 도리어 인성(印星)을 파하여 명운이 기울어진다. 기후가 한냉한 11월은 병정화(丙丁火)로 따뜻하게 해야 발복하고 귀명이 된다. 11월의 갑일(甲日)생은 경금과 병정화가 있어야 하고 을일(乙日)생은 병화를 용신으로 한다.

㈏ 병·정 일주(丙丁日柱)

병·정(丙丁)일의 11월생은 관살격이 되어 신왕하여야 한다. 만일 신약하면 인수가 있어야 부귀하고 신왕하면 재관금수(財官金水)를 만나야 귀명이 된다. 11월의 병일(丙日)생은 갑목과 임수를 용신으로 하고 수기가 왕성하면 무토로 제지하고 정일(丁日)생은 갑목과 경금을 필요로 한다.

㈐ 무·기 일주(戊己日柱)

무·기(戊己)일의 11월생은 정재·편재가 되어 양인(羊刃)과 비견·겁재는 꺼리고 갑목·병화로 따뜻하게 하면 발복을 한다. 11월의 무일(戊日)생은 병화와 갑목이 있어야 하고, 기일(己日) 11월생도 병화와 갑목으로 돕고 수기가 왕성하면 무토로 제지를 해야 발복한다.

㈑ 경·신 일주(庚辛日柱)

경·신(庚辛)일의 11월생은 식신 상관격이 되고 금한수냉(金寒水冷)하니 목화(木火)로 따뜻하게 해야 발복, 부귀한다. 사주에 재성이 있고 신왕하면 발복하고, 신약하거나 재성이 없으면 발복하지 못한다. 11월의 경일(庚日)생은 정화와 갑목과 병화를 필요로 하고, 신일(辛日)생은 병화와 무토·갑목이 있어야 발전한다.

㈒ 임·계 일주(壬癸日柱)

임·계(壬癸)일의 11월생은 양인(羊刃)·건록(建祿)이 된다. 수다(水多)하면 제수(制水)를 해야 하고 또한 한냉한 물은 병화로 따뜻하게 해야 부귀, 발복한다. 일주 천간이 득령(得令)을 하여 신왕하므로 재관(財官)·화토(火土)가 있으면 명리(名利)를

함께 갖추는 길명이 된다. 11월의 임일(壬日)생은 수기가 왕성
하면 무토로 제지하고 갑목과 병화로 온화하게 해야 하며, 계일
(癸日)의 11월생은 갑목과 병화·무토가 있어야 발목을 한다.

⑿ **축월**(丑月: 12월생)

축(丑) 12월은 겨울의 끝달이라 초기는 「계수」, 중기는 「신금」,
정기는 「기토」가 되어 모두 월지 원명격(元命格)을 달리한다.

㈎ 갑·을 일주(甲乙日柱)

갑·을(甲乙)일의 12월생은 정기기토(正氣己土) 재격(財格)을
취하고 관성은 천간에 투출됨을 좋아한다. 12월은 기후가 한냉
하니 병화(丙火)로 따뜻하게 해야 부귀 발복한다. 12월의 갑일
(甲日)생은 정화와 경금과 병화가 있어야 상지 길명이 되고, 을
일(乙日)의 12월생은 오직 병화(丙火)로 용신을 한다.

㈏ 병·정 일주(丙丁日柱)

병·정(丙丁)일의 12월생은 잡기재관격(雜氣財官格)을 취하는
데 사주 천간에 재성금이 있으면 복력이 풍후하고 또한 갑목이
있어도 길명이 된다. 병일(丙日)의 12월생은 임수(壬水)와 갑목
(甲木)을 용신으로 하고, 정일(丁日)의 12월생은 갑목과 경금을
필요로 한다.

㈐ 무·기 일주(戊己日柱)

무·기(戊己)일의 12월생은 초기(初氣)·계수(癸水)·재격(財格)
에 출생하면 명리와 복록이 다 함께 풍성하다. 12월은 기후가 한냉
하여 갑목(甲木)과 병화(丙火)의 도움이 있어야 부귀, 발복한다. 12
월의 무일(戊日)생은 병화(丙火)와 갑목(甲木)이 있어야 하고, 기
일(己日)의 12월생도 기토와 병화·갑목을 필요로 한다.

㈑ 경·신 일주(庚辛日柱)

경·신(庚辛)일의 12월생은 일간이 고지(庫地:창고)를 만나 신체
는 강건하고 병이 적으며 갑목(甲木)과 병정(丙丁) 화를 만나면 발
복, 부귀한다. 경일(庚日)의 12월생은 정화(丁火)와 갑목·병화가
있어야 하고, 신일(辛日)의 12월생은 병화와 임수·무토를 필요로
한다.

㈐ 임·계 일주(壬癸日柱)

임·계(壬癸)일의 12월생은 잡기관인격(雜氣官印格)이 되어 사주
천간에 관인(官印) 토금(土金)이 있고 월지를 형·충하면 복분이
좋아진다. 한냉한 12월을 병·정·화(丙丁火)로 따뜻하게 하고 갑
목(甲木)의 도움이 있으면 대성, 발복, 부귀한다. 임일(壬日)의 12
월생은 병화(丙火)와 갑목(甲木)을 용신으로 하고, 계일(癸日)의
12월생은 병정(丙丁) 화를 필요로 하고 있다.

격국(格局)

1. 격국의 의의(意義)

□ 격국이란 일주 천간을 월지와 대조하여 10신(十神)과의 관
계를 보고 격(格)을 정하는 것을 원칙으로 하며 이를 격국(格局)
이라 한다. 격국에는 내격(內格)과 외격(外格), 잡격(雜格)으로
대별하는데, 내격에는 8개 정격(正格)이라 하여 정관격(正官格)·
편관격(偏官格)·정재격(正財格)·편재격(偏財格)·식신격(食神格)
·상관격(傷官格)·정인격(正印格)·편인격(偏印格) 등으로 나
누고, 비견(比肩)과 겁재(劫財)는 일간과 오행이 같다하여 정격
으로 치지 않고 비견은 건록격(建祿格), 겁재는 양인격(羊刃格)
이라 한다. 8개 정격에다 건록격과 양인격을 합치면 모두 10개
내격이 되는데, 이는 전체 사주의 70% 이상이 이에 해당된다고
한다.

□ 월지에서 진(辰)·술(戌)·축(丑)·미(未) 4개 고지(庫地)
는 소장되어 있는 천간 기운이 사주 천간에서 투출(透出)이 되
어야 격을 정하는데, 투간(透干)이 없거나 두 개 이상이 투간되
었을 때에는 다 같이 정기(正氣)로 격을 정하고 인·신·사·해
(寅申巳亥)와 자·오·묘·유(子午卯酉)도 절기의 심천(深淺)을

중시하지만 정기로 격을 정한다.

▣ 외격(外格)에는 전왕격(專旺格)·종격(從格)·화격(化格)
이 있는데, 전왕격은 일주 천간의 비견과 겁재로 구성된 종왕격
(從旺格)과 인성(印星)이 과다한 종강격(從強格)이 있고, 종격
에는 식신과 상관으로 구성된 종아격(從兒格)과 정재·편재로
구성된 종재격(從財格), 정관·편관으로 구성된 종살격(從殺格)
이 있다. 화격(化格)은 천간 합(合)을 뜻하는 것으로서 갑기합
토(甲己合土)·무계합화(戊癸合火)·을경합목(乙庚合木)·병신
합수(丙辛合水)·정임합목(丁壬合木)의 변화된 격을 말한다.

▣ 잡격(雜格)은 내격과 외격에 속하지 않는 모든 격을 망라
하여 잡격이라 하며, 격을 정하는데 애매 모호하여 용신을 채택
할 때처럼 어느 하나를 고정 하기가 어려울 때에는 내격과 외격
으로 혼합하여 이중으로 격을 형성하여 두 격이 기뻐하고 꺼리
는 것을 함께 가려서 판단하는 것을 잡격이라 한다.

2. 내격(內格)

(1) 정관격(正官格)

㉠ 월지 정관격은 인품이 준수하고 대의 명분을 중시하며 책
임감이 있고 일상 생활이 매우 규칙적이다. 학업에도 정진하고
취업과 승진도 순조로우며 가정도 원만하고 자녀들도 현명하다.

㉡ 정관이 명예와 권위를 상징하는 길신이기는 하나, 월지에
한 자리만 있어야 기쁘고 귀격으로 본다. 정관이 많이 있으면
칠살로 보고 정관과 편관이 혼잡해 있어도 크게 꺼린다. 정관격
에 인수(印綬)가 없어도 정관으로 보지 않고 칠살로 본다. 이는
일주가 신약하면 정관이 귀살(鬼殺)로 화하기 때문이다.

㈐ 정관격이 일주나 시주에서 재성을 만나면 크게 현달하고 인수를 만나도 부귀 발복한다. 그리고 정관이 월지에서 격을 이루지 못하고 타주의 간지에서 만나게 되면 가관격(暇官格)이라 한다.

㈑ 정관격은 형·충·파·해(刑冲破害)와 상관·편관·겁재 등을 크게 꺼리고, 대운과 세운에서 상관·비견·겁재를 만나도 불길하며, 특히 편관운에 관살(官殺)이 혼잡되면 더욱 불길하고 관재 구설수가 많이 발생한다.

(2) 편관격(偏官格)

㈎ 월지 편관격은 사람이 영특하고 인물이 수려하여 의협심이 강하다. 그러나 부모, 형제와는 인연이 박하고 인덕이 없으며 일찍이 타관에서 자주 독립을 하게 된다. 수입보다 지출이 많고 관재와 시비가 따르며 특히 자녀를 많이 두는 경향이 있다.

㈏ 편관은 일주를 극상하는 흉신이므로 일주가 먼저 강왕하고 칠살이 제복되어야 명예와 권위의 신으로 화한다. 이는 즉 일주가 건왕하고 인수가 있어야 살인상생(殺印相生)하여 살(殺)은 권(權)이 되고 인(印)은 문(文)이 되어 권위 있는 귀격이 된다.

㈐ 신강살약(身強殺弱)하고 재성(財星)이 있으면 좋은 귀격이 되나, 반대로 신약살왕(神弱殺旺)하고 재성이 있으면 가난하거나 아니면 단명을 한다고 본다. 그리고 편관이 있는데 정관이 있으면 관살(官殺)이 혼잡하다하여 꺼리며 편관이 한 자리만 있고 재복이 되면 왕성한 살운을 만나도 무방하다.

㈑ 편관을 용신(用神)으로 하는 경우 관살이 혼잡되면 사주 안에 상관이 동주하여 정관을 극제해 주어야 하고, 정관을 용신으로 할 때에는 식신이 편관을 제복해 주어야 귀격이 된다.

㈐ 시주(時柱)에 한 자리의 편관이 있으면 귀격으로 본다. 신왕하고 제복이 되면 만년에 부귀 발복하고, 월지에 양인(羊刃)이 있으면서 합(合)을 이루면 더욱 대 귀격이 되어 자손도 크게 번창한다.

㈑ 일지에 편관이 있으면 천원좌살(天元坐殺)이라 하여 꺼리기는 하나 일주가 강왕하고 인수의 도움을 받으면서 제복이 되면 문장이 빛나고 대귀 발전하여 귀명이 된다.

㈒ 사주에 관살이 혼합하고 교차되었을 경우 관(官)을 제지하고 살(殺)을 머물게 하면 편관으로 보고, 반대로 살을 제지하고 관을 머물게 하면 정관(正官)으로 본다. 이 때 천간에 투출된 것은 극제하기가 쉬우나, 월지에 소장된 것은 제복하기가 어렵다. 대체로 관성이 합(合)이 되는 것은 귀함이 없어도 칠살이 합을 이루는 것은 흉하지 않고 도리어 발복을 한다.

(3) 정재격(正財格)

㈎ 월지 정재격은 사람이 성실하고 부지런하며 이재(理財)에 밝고 재산관리를 잘한다. 항시 노력의 대가만큼 소득도 따르고 잘 벌기도 하지만 너무 타산적이고 금전에 집착되어 인색한 경향이 있다. 평소, 아내와 가정을 남달리 소중히 여기며 범사를 경제적인 측면에서 원만하게 잘 다스리는 특성이 있다.

㈏ 본시 정재는 소중한 재산을 관장하는 길신으로서 신약한 것을 꺼리고 신왕한 것을 기뻐하며 정재와 편재가 함께 혼유(混有)하지 않아야 한다. 관성과 재성이 손상됨이 없이 식신이 정재를 생조하고 인수가 일주를 도와 건왕하면 부귀를 함께 누리는 대길한 명이 된다.

㈐ 정재격은 재산의 혜택이 있고 처덕이 있으며 투기를 모르

고 정당한 노력의 대가로 벽돌을 쌓아올리듯이 순차적으로 차근히 성취를 한다.

(라) 정재가 너무 많거나 부족해도 복을 받지 못하니 신약한 가운데 재성이 왕성하면 비견과 겁재로 용신을 정하고, 신왕한 가운데 재성이 쇠약하면 식신과 상관으로 용신을 정하는 것이 좋다.

(마) 대개 부귀의 명은 재성이 강왕하면서 관성을 생조하고 있다. 이래서 정재는 신약하거나 비견·겁재·양인·공망·형·충과 합을 꺼리고, 반대로 신왕하고 인수·식신·정관을 가장 기뻐한다. 그리고 재왕(財旺) 신약(身弱)하면 아내가 남자의 권리를 장악하고 남자는 여자의 지배하에 지내게 된다고 본다.

(바) 정재격은 겁재를 가장 두려워하며 신왕 재약한 가운데 비견이나 겁재의 운을 만나게 되면 부친이 유고(有故)하거나 재산의 실패, 아내의 재난 등 액난을 겪게 된다.

(4) 편재격(偏財格)

(가) 월지 편재격은 성격이 호탕하여 범사에 처리가 시원하고 인심도 후하며 의협심과 투기성도 대단하다. 특히 주색 잡기에 탐익하는 경향이 있고 돈을 보면 공금도 두려워하지 않고 마구 써버리는 단점이 있다.

(나) 편재격은 일주가 강왕하면서 편재가 함께 왕성하면 일약 부호의 명이 되기도 한다. 본시 편재는 부모의 유산이거나 세업의 재물이 아니기 때문에 일찍이 타향에서 독자적으로 투기와 모험, 횡재 등으로 성공을 한다.

(다) 편재는 비견을 두려워하고 공망을 꺼리는데 비견이 있으면 편관이 비견을 제어해야 부명(富命)이 된다. 그리고 정재는 정관만 좋아하지만, 편재는 정관과 편관을 다 함께 기뻐하고 특히

시주 천간에 한 자리의 편재가 강왕하고 신왕하면 묘하게 대길한다.

㈑ 정재·편재는 다 같이 신왕하면서 정인이 생조해 주는 것을 기뻐하고 편인과 비견·겁재·신약한 것을 꺼리며 특히 대운과 세운에서 비견과 겁재운을 만나면 재산에 파탄이 있고 부인이 상해를 당하는 등 불미한 화액이 야기된다.

(5) 정인격(正印格)

㈎ 월지 정인격은 사람이 총명하고 인자하며 침착하고 성실하다. 일생에 병이 적고 건강하며 부친의 유산을 상속받아 현실생활을 영위하면서 학문에 정진하는 특성이 있다.

㈐ 정인격은 관성이 인수를 생조하여 관성을 기뻐하고 재성은 인성을 파극하여 인수가 두려워한다. 그러나 인수가 너무 과다하면 재성으로 제지되어야 길명이 된다. 그리고 정인이 있으면 정관이 있어야 관·인(官印)을 함께 갖추게 되어 귀명이 된다. 이는 부모의 힘을 얻어 복력이 좋고 대운이나 세운에서 관성이 왕성한 운으로 행할 때 대성 발전하며 또한 인수운으로 행운하여도 발복을 한다.

㈐ 인수격에 편인이 사주에 함께 있게 되면 하격이라 하고, 인수가 지나치게 강왕하면 도리어 재성운에 발복하기도 한다.

㈑ 정인은 형·충과 공망이 되어도 파격이 되고, 또한 간합(干合)을 하여도 인수의 그 귀한 작용은 약화되어 파격이 된다. 이리하여 정인은 정관을 보면 일생동안 복분이 풍후하고 명예를 떨치는 귀명이 된다. 또한 편관을 만나도 살인 상생(殺人相生)하여 명성을 떨치게 된다. 정인격이 정재로 기인하여 파격이 될 때 겁재가 있어 제어해 주면 성격(成格)이 된다.

㈒ 정인격에 관살의 생조가 지나쳐도 불미하다. 이 때는 식신과 상관으로 관살을 제지해야 좋아진다.

㈓ 정인격이 대운이나 세운에서 삼합하여 다른 격으로 화하면 일대 변화가 발생한다. 이 때 귀격은 흉운이 되고 흉격은 의외로 길운이 전개되기도 한다.

(6) 편인격(偏印格)

㈎ 편인격은 재치와 수완이 있고 학문을 좋아하며 임기응변이 능하다. 그러나 행동면에서는 언행이 일치하지 못하고 범사에 시작은 화려해도 끝맺음이 없으니 허점이 많은 유시무종(有始無終)의 타입이라 하겠다.

㈏ 정인격과 편인격은 사신을 생조해주는 길신이므로 정인, 편인을 나누지 않고 함께 인수격으로 보며, 다만 성격(成格)과 파격(破格)을 중요시한다. 월지에 편인이 있으면 편인격이 되고, 월주에 비견이나 겁재가 있고 사주에 편인이 강왕해도 편인격으로 본다. 이는 일주 천간이 월지와 동일한 오행이면 타주(他柱)에서 강왕한 10신으로 격을 정하기 때문이다.

㈐ 편인이 비록 흉신이기는 하나 간합(干合)을 하여 길신으로 화하거나 편재에 의하여 제복이 되면 성격(成格)이 되어 더욱 생조를 얻게 된다. 반면 관살을 만나면 흉의가 한층 커지기 때문에 크게 미워한다.

㈑ 편인은 기신(忌神)이므로 형·충·공망되는 것이 좋으나, 편인격이 되어 편인이 용신이 될 때에는 파격이 된다. 다만, 간합을 하여 길신으로 화하거나 제어를 하면 성격(成格)이 되는데 이를 다시 다른 간지에서 합을 하거나 파하면 흉으로 되돌아간다.

㈒ 편인이 강왕하게 되면 편재를 제어하든가 아니면 식신과

상관으로 설기를 해야 좋은 명이 된다. 일시에 칠살과 편인이 있는데 다시 편인을 만나도 흉화는 크고 연·월·시에 편인이 있는데 행운에서 다시 편인을 만나면 재난과 수명에 재앙이 발생하는 것으로 본다. 단, 편인을 일간이 필요로 하는 용신으로 정할 경우에는 대성 발전하여 큰 부자가 된다고 한다.

(7) 상관격(傷官格)

㈎ 상관격은 재주는 많으나 성격이 교만하여 모든 사람을 하시하고 자기 평가를 높이하는 경향이 있으며, 가끔 도의에 벗어나는 행동을 잘 취하고 지배받기를 싫어하여 직업에 변화가 많이 발생한다.

㈏ 상관이 비록 흉신이기는 하나 그 기세가 강왕하고 재성을 만나면 재물이 풍성해지며 직위 또한 높게 승진하여 크게 영달하게되나, 반면 재성이 없으면 가난하고 부부의 운도 원만하지 못하여 백년 해로하기가 어렵다.

㈐ 상관은 상진(傷盡)이 되어야 좋다고 하는데, 상진이란 사주에 관성이 전무하거나 관성이 있다해도 상관에 의해 완전히 제복되는 것을 의미한다. 또한 상관을 인성이 제어하거나 재성이 있어 상관이 재생관(財生官)하여 관성을 파극하지 않을 때도 상관 상진이라 하여 모두 기쁘게 본다.

㈑ 상관격에 재성이 없으면 재주는 있어도 가난하다. 이 격은 재성과 신왕함을 필요로 하고 신약하면 인수를 기뻐한다. 이리하여 상관은 재운이 가장 좋고 다음은 인수 신왕운이며 관성운은 불길하다. 상관격에 관성이 있으면서 상진이 되지않고 관성운을 만나거나 사주에 형·충·파·해·양인 칠살이 있으면 좋은 사주가 되기는 극히 어렵다고 본다.

324 제Ⅷ장 용신(用神)과 격국(格局)

㈎ 여자에게도 상관격은 크게 꺼리는 바이나 관성이 없으면 현숙하고, 만일 사주에 관성이 있으면 고집이 있고 남편덕이 없다. 한편 의협심이 많고 재복이 있어 독자적으로 사업을 경영한다. 재성이 강왕하고 인수의 도움이 있으면 남편도 영화롭고 자녀들도 효도를 한다.

㈐ 상관격은 모름지기 재성을 만나야 기쁘다. 재성은 상관의 기운을 설기하여 관성을 생성, 소통하는 역할을 하기 때문이다. 사주에서 비록 신왕하고 상진이 되었다 해도 한점의 재기(財氣)가 없으면 가난한 박명이 된다고 본다.

㈑ 대개 연주 상관은 부모의 덕이 없고 월주 상관은 형제가 불건전하다. 여타의 상관도 상진이 되면 길하고 재성이 있어야 기쁘다. 대운·세운에서 재왕지(財旺地)로 운행하면 발복을 하나 재성의 패사지(敗死地)로 운행이 되면 사망하게 된다.

⑻ 식신격(食神格)

㈎ 식신격은 나의 재성을 생성하고 칠살을 제어하여 일생 동안 흉재 없이 의식주가 유여하다고 본다. 이 격의 당주는 성정이 온후하여 대인관계가 원만하고 인물이 풍만하여 부유하게 보이며 식성이 좋고 대화를 즐기는 특성이 있다.

㈏ 식신은 한 자리가 있어야 좋고 많으면 상관으로 본다. 본래 월지 식신을 천주(千廚)귀인·복덕(福德)귀인이라 하여 식록이 풍후한 복덕격으로 보고 있다. 또한 일지에 식신이 있어도 식신이 생왕하고 길성이 서로 도우면 재록과 식록이 풍성하고 식신 왕상운에 이르면 크게 발복을 한다.

㈐ 식신은 신왕함을 좋아하고 재성을 기뻐하며 편인과 신약한 것을 가장 꺼린다. 만일 편인의 파극이 있으면 범사에 제대로

성취되는 것이 없이 유시무종(有始無終)격이 되어 성공하기가
어렵고 가난하지 않으면 단명을 한다. 또한 충·파나 공망을 만
나도 파격이 되어 주거에 변동이 많고 의식주에 어려움이 따르
게 된다.

㈃ 식신격에 편인과 정인이 많아도 가난하고 편인과 정인이
겹쳐 있어도 항상 고생스럽고 일신이 분주하다. 생시에 정관 또
는 편관 한 자리가 있으면 귀격이 되고 대운이 신왕지로 운행해
도 크게 발복을 한다.

(9) 건록격(建祿格)

㈎ 건록격은 일간이 월지에서 녹지(祿地)를 만나는 경우를 이르
며, 이는 갑일생(甲日生)이 인월(寅月)에 출생하고 병일생(丙日生)
이 사월(巳月)에 출생함과 같다. 건록격의 특성은 성정이 강건
하고 정직하며 대담한 추진력과 완고한 고집이 있다. 일찍이 부
모의 유산이나 세업을 이어받기는 어렵고 독자적으로 자수성가
하게된다. 일생에 큰 재복은 없어도 의식은 유여하고 걱정이 없
다. 단, 독선적인 고집이 근친과 불화하고 인화와 단결력이 부족
한 것이 흠이라 하겠다.

㈏ 건록격은 사주에 식신과 상관이 있고 재성이 유기(有氣)하
면 재성운에 재산을 일으킨다. 또한 재성이 있고 관성이 유기하
여도 재·관·양운에 발복 부귀 하게된다. 만일 사주에 재성이
나 관성이 없으면 실속없는 명예에 불과하고 비견운에는 도리어
가난하게 된다.

㈐ 사주에 재성만 있고 식신이나 상관 또는 관성이 없어 비견
·겁재 인성운에 이르면 만사가 제대로 성취되는 것이 없이 끝
내는 비천한 일에 종사하게 된다고 하는데 이는 비견과 겁재가

재성을 극제하기 때문이다. 그리고 재성운을 만나도 큰 재화가 발생한다고 본다.

(라) 시지에서 재성을 만나면 만년에 가서 재산을 모으고 사주에서 해·묘·미(亥卯未) 삼합 목국을 보아도 대길하며, 또한 관살이나 편재가 함께 있어도 좋은 명이 된다. 그리고 경·신(庚辛)·사·유·축(巳酉丑)·금국(金局)이나 임·계(壬癸) 또는 신·자·진(申子辰)·수국(水局)이 있어 재관이 상생되면 재관 왕상운에 크게 발복을 한다.

⑩ 양인격(羊刃格)

(가) 양인격은 월지에서 양일간(陽日干)의 제왕(帝旺)이 되는 것을 양인격이라 한다. 음일간(陰日干)에서는 양인을 인정하지 않고 양일간에만 적용하는데 양인은 천상의 흉성으로서 인간에게는 악살이 된다고 한다. 그러나 일간이 신약할 때는 좋으며 일간이 신왕하면 너무 지나치게 강왕하게 되어 꺼린다. 양인격은 대체로 부친과 인연이 좋지 못하고 인덕이 없으며 이상과 포부는 원대하나 매사를 자기 위주로 처리하고 질투와 시기를 당하여 범사에 제대로 성공되는 것이 없다.

(나) 양인은 특히 편관을 좋아하고 정인을 기뻐한다. 편관은 양인과 간합하여 상호 흉해를 제거하고 정인은 극도로 왕성한 양인을 사랑으로 교화한다고 한다. 만일 사주에서 양인을 거듭 만나거나 형·충·괴광·합(合)이 되는 것을 크게 꺼리는데 사주에 이와 같은 흉살이 있고 다시 행운에서 양인과 충·합을 보게 되면 이루 형언할 수 없는 재난이 발생한다고 보고 있다.

(다) 양인이 흉하게 작용하면 부친과 의가 좋지 못하고 재물을 손상시키며 극처(剋妻)를 하고 가정이 불목하여 한평생 불안하

다. 양인은 재성운을 꺼리며 사주에 정재(正財)가 있어도 형제가 불복하고 칠살과 상관이 있어도 정관운이 불길하다.

㈃ 단, 양인만 있고 편관이 없으면 위엄이 없고, 편관만 있고 양인이 없어도 현달하지 못한다. 이래서 양인과 칠살은 함께 있어야 권력 기관에 진출하여 권위를 떨칠 수 있다.

㈄ 일지 양인의 여자는 남편을 극하고 남자는 부인을 극한다. 일진은 무오(戊午)·병오(丙午)·임자(壬子) 3일 생이다. 양인과 편관이 동주하고 천을귀인(天乙貴人)과 천덕(天德)·월덕(月德)이 함께 있으면 비상한 명이 되어 반드시 대성 발전하고 명예를 떨친다. 그러나 양인이 거듭 중복되면 사람이 흉폭하여 불구의 몸이 되거나 아니면 남을 극상하여 관형(官刑)을 범하기도 한다.

3. 외격(外格)

⑴ 전왕격(專旺格)

전왕격은 사주의 4개 지지(地支)가 전부 비견이나 겁재로 구성이 되어야 성격(成格)이 되며 일명 종왕격(從旺格)이라고도 한다. 비견과 겁재를 용신으로 하고, 정인·편인과 식신·상관을 희신(喜神)으로 하며, 정재·편재와 정관·편관을 기신(忌神)으로 하여 크게 꺼린다.

㈎ 전왕격의 사주는 자존심이 강하고 남의 의사를 긍정적으로 받아들일 줄 모르며 요행과 투기를 즐기는 경향이 있다.

㈏ 전왕격에는 염상격(炎上格:화)·윤하격(潤下格:수)·종혁격(從革格:금)·곡직격(曲直格:목)·가색격(嫁穡格:토) 등으로 세분한다.

⑵ 염상격(炎上格: 화)

일주천간 병정일(丙丁日)생이 사주에서 인·오·술(寅午戌)
화국을 만나거나 사·오·미(巳午未)가 전부 있어야 성격(成格)
이 된다. 이 격은 임계(壬癸) 해자(亥子) 수왕지와 경신(庚辛)
신유(申酉) 금왕(金旺)향을 두려워하고, 갑을(甲乙) 인묘(寅卯)
목운과 병정(丙丁) 사오(巳午) 화운을 기뻐하며, 충·극을 꺼리
고 신왕함을 필요로 한다. 이는 대운이나 세운에서도 동일하며
염상격이 참격(眞格)을 이루면 예도와 형을 집행하는 고관 대작
에 오르는 귀명이 된다고 한다.

　(3) 윤하격(潤下格: 수)

　(가) 일주천간 임계일(壬癸日)생이 사주에 신·자·진(申子辰)
수국을 이루거나 해·자·축(亥子丑)이 전부 있어야 성격이 된
다. 이 격은 무·기(戊己) 진·술·축·미(辰戌丑未)의 토운을
크게 꺼리고, 경신(庚辛) 신유(申酉) 금왕운을 기뻐하며, 임계
(壬癸) 해자(亥子) 수운에는 크게 발복을 한다.

　(나) 윤하격은 충극을 꺼리고 신왕함을 필요로 하며 이는 대운
이나 세운에서도 동일하다. 윤하격이 진격을 이루면 인품이 청수
하고 지혜가 총명하며 의리를 소중히 여기는 고귀한 목민관(牧
民官)이 된다고 한다.

　(4) **종혁격**(從革格: 금)

　종혁격은 경신(庚辛)일간이 사주 지지에서 사·유·축(巳酉丑)
금국을 만나거나 아니면 신·유·술(申酉戌)이 전부 있어야 성
격이 된다. 이 격은 병정(丙丁) 사오(巳午) 화운과 갑을(甲乙)
인묘(寅卯) 목운을 꺼리고, 형·충과 파고(破庫)됨을 싫어한다.
경신(庚辛) 신유(申酉) 금왕운과 무기(戊己) 진술(辰戌) 토왕운
을 기뻐하고, 임계(壬癸) 해자(亥子) 수운에 크게 발복을 하며,

대운과 세운에서도 동일하다. 종혁격이 진격을 이루면 의리를 존중하는 정의파가 되어 군인·법관·권력 기관 등에서 높이 영달하는 귀명이 된다고 한다.

(5) 곡직격(曲直格: 목)

(가) 곡직격은 갑을일(甲乙日)생이 사주에서 인·묘·진(寅卯辰)을 만나거나 해·묘·미(亥卯未) 목국으로 구성이 되어야 성격이 된다. 이 격은 갑을(甲乙) 인묘(寅卯) 목이 용신이 되고, 임계(壬癸) 해자(亥子) 수가 희신이다. 경신(庚辛) 신유(申酉) 금왕운을 크게 꺼리고, 무기(戊己) 진·술·축·미(辰戌丑未) 토운은 싫어하며 형·충을 미워하고 신왕함을 필요로 한다. 대운이나 세운에서도 동일하다.

(나) 곡직격의 진격자는 천성이 인자하고 박학, 다식하여 학자나 교육자로서 높이 현달하는 고귀한 인물이 된다고 한다.

(6) 가색격(嫁穡格: 토)

(가) 일주 천간 무기일(戊己日)생으로서 사주 지지가 전부 진·술·축·미(辰戌丑未)의 순 토기로 형성되어야 성격이 된다. 이 격은 토기 일색을 좋아하며 진·술·축·미 토(土)를 용신으로 하고, 병정(丙丁) 사오(巳午) 화(火)를 기뻐한다.

(나) 갑을(甲乙) 인묘(寅卯) 목운을 크게 꺼리고, 임계(壬癸) 해자(亥子) 수운과 입묘(入墓)운은 불길하다. 가색격의 진격자는 성품이 중후하여 믿음직스럽고 타고난 복력이 풍후하여 일생을 평안하게 부귀를 누리는 고귀한 명이 된다고 본다.

4. 종격(從格)

종격은 일주 천간이 월지에서 뿌리를 박지 못하고 사주에서 합국과 방합을 이루면서 천간에 투출이 되어야 격국이 성립된다.

□ 종자(從者:따르는 자)를 용신으로 하고 종자를 생조하는 신을 희신(喜神)으로 하며 종자와 상극이 되는 것을 꺼린다. 이는 대운과 세운에서도 동일하다.

□ 종격에는 종살격(從殺格)·종재격(從財格)·종아격(從兒格)·종강격(從強格) 등으로 세분을 한다. 앞에서 설명한 전왕격(종왕격)은 일주 천간과 오행이 같은 비견과 겁재가 왕성한 것을 의미하나, 종강격은 인성(印星)이 강왕한 것을 뜻한다.

(1) 종살격(從殺格)

(가) 일주 천간이 월지에서 정관이나 편관을 만나고, 네 지지에서 비견과 겁재가 없이 정관과 편관으로 격국을 이루면서 식신이나 상관이 없어야 성격이 된다.

(나) 이 격은 정관과 편관이 용신이 되고 재성을 희신으로 하는데, 이는 일주가 무기력하여 관살을 따라가게 된다. 그래서 살왕지(殺旺地)나 재왕향(財旺鄕)이 대길하고 대운이나 세운에서도 동일하다.

(다) 식신과 상관은 관살을 극제하므로 크게 꺼리고, 비견과 겁재도 관살과 상극이 되어 미워하며, 인성은 관살의 기운을 설기함으로 좋다고 본다.

(라) 종살격은 성격이 온화하고 유순하며 복록과 수명을 함께 구비한 귀명이라 한다. 그러나 권위 의식이 높고 모두가 자기 의사에 순종하기를 좋아하여 의외의 실패수도 많이 따르게 된다.

(2) 종재격(從財格)

㈎ 일주 천간이 월지에서 정재와 편재를 만나고 사주 지지에서 재성으로 합국이나 방합을 이루고 비견, 겁재와 정인·편인이 없어야 성격이 된다.

㈏ 이 격은 재성을 용신으로 하고 식신과 상관을 희신(喜神)으로 하며, 일주가 무기력하여 재성(財星)인 처위(妻位)를 따라가는 바가 되어 일생을 아내에게 의지하게 된다. 비견과 겁재는 왕성한 재성을 극제하여 크게 꺼리고 인수운도 재운과 상극이 되어 불길하다.

㈐ 종재격은 재성인 처위를 의지하게 되어 일생을 아내에게 의지하고 아내를 사랑하며 이재(理財)에 밝고 수완이 좋아 경제적인 측면에서는 큰 인물이 될 수 있는 자질이 풍부하다고 본다.

(3) 종아격(從兒格)

㈎ 일주 천간이 월지에서 식신이나 상관을 만나고 사주 지지(四柱地支)에서 삼합 토국이나 방합을 이루면서 천간에 식신과 상관이 두출하고 인성(印星)이 없어야 성격이 된다.

㈏ 이 격은 식신과 상관을 용신으로 하고 비견과 겁재를 희신으로 하며 관살(官殺)운과 인성(印星)운은 상극이 되어 크게 꺼린다.

㈐ 종아격인 사주는 신경이 예민하여 특수한 기능 분야에 소질이 뛰어나고 성격이 교만하다. 범사에 처리는 빈틈이 없으나 가정적으로는 원만하지 못하여 늘 불만과 불평 속에서 일생을 보내야 하는 흠이 있다.

(4) 종강격(從強格)

㈎ 일주 천간이 실령(失令)하여 크게 신약한 가운데 인성이 삼합국(三合局)을 이루거나 방합이 되는 것을 종강격이라 한다. 단, 식신이나 상관이 있으면 파격이 된다.

㈏ 이 격은 비견과 겁재를 용신으로 하고 인성을 희신으로 한다. 재성은 인성을 극제하여 크게 꺼리고 식신과 상관운도 상극이 되어 불길하다.

㈐ 종강격은 예능 분야와 학술 방면 또는 특수한 기능 계통에 소질이 있고 재능이 뛰어나기는 하나 하는 일마다 처음 시작은 화려해도 끝맺음이 약하다. 그리고 강인한 자아의식이 남과 타협을 모르고 불화를 초래하며 범사에 안일을 희구하는 게으른 흠이 있다.

5. 화격(化格)

□ 화격은 사주 천간이 상합(相合)한 갑기(甲己) 합화토(合化土)·을경(乙庚) 합화금(合化金)·병신(丙辛) 합화수(合化水)·정임(丁壬) 합화목(合化木)·무계(戊癸) 합화화(合化火) 등 5개 격국이 있는데, 이는 일간을 중심으로 사주나 월주에서 합이 되어야 한다.

□ 화격(化格)은 일주 천간이 월지에서 덕령(德令)을 하고 사주의 지지가 천간에서 상합한 화기(化氣)의 오행으로 구성이 되면서 상극하는 오행이 없이 시령(時令)을 얻으면 이는 참된 화격으로 성격(成格)이 되었다고 본다.

□ 참된 화격은 왕후 제상이 되는 대귀격이 명조라고는 하나 이도 때를 얻지 못하면 한평생 노고가 많고 도리어 사회적 지탄의 대상 인물이 된다. 특히 이 격을 극파하는 대운과 세운을 크

게 꺼리는데 만일 극파운으로 운행이되면 흉액한 일들이 속출하여 손명(損命)에까지 이르게 된다고 보고 있다.

(1) 갑기합화(甲己合化) 토격(土格)

(개) 일주 천간 갑일(甲日)생이 기월(己月)이나 기시(己時)에 출생하거나, 기일(己日)생이 갑월(甲月)이나 갑시(甲時)에 출생하여 월지(月支)에서 진·술·축·미(辰戌丑未)를 만나고 사주에 갑을(甲乙) 인묘(寅卯) 목이 없어야 성격이 되며, 특히 시주에서 무진시(戊辰時)에 태어나면 더욱 귀격이 된다고 본다.

(내) 이 화격의 용신은 화·토(火土)가 좋고 금왕운은 왕성한 토기를 설기하여 대길하며 수목(水木)운은 상극이 되어 불길하다.

(대) 갑기화토격은 인묘(寅卯) 목왕절이 화기(化氣)를 극파하면 범사 성사되는 것이 없고 일생을 무위하게 허송하는 인재가 된다.

(래) 본격의 사주는 대인관계가 원만하고 많은 사람의 존경을 받으며 맡은 바 책무를 성실히 수행한다. 남녀 다 같이 부부가 화목하고 일생을 평안하게 행복을 누리는 귀격으로 보고 있다.

(2) 을경합화(乙庚合化) 금격(金格)

(개) 일주 천간 경일(庚日)생이 을월(乙月)이나 을시(乙時)에 출생하거나, 일간 을일(乙日)생이 경월(庚月)이나 경시(庚時)에 출생하여 월지에서 신유(申酉)를 만나고 병정(丙丁) 사오(巳午)가 없어야 성격이 된다. 사주 천간에 신금(辛金)이나 병화(丙火)가 있으면 합을 충하여 결격(缺格)이 되기도 하나, 시주에서 경진시(庚辰時)를 얻으면 더욱 격이 높아진다.

(내) 차 화격(化格)의 용신은 토·금(土金)이 좋고 수·토(水土)가 희신이며 대운과 세운에서도 동일하다. 특히 병정(丙丁) 사오(巳午) 화운을 크게 꺼리는데 남방 화운으로 운행하면 운세가

불길하여 동분서주하고 노고만 따르니 동방목운도 다 함께 불길
하다.

(다) 을경 화격(乙庚化格)의 사주는 성격이 용감하고 시비를 분
명하게 분별하며 부부도 유정하고 좋은 일도 베풀 줄 아는 철두
철미한 특성이 있다.

(3) 병신합화(丙辛合化) 수격(水格)

(가) 일간 병일(丙日)생이 신월(辛月)이나 신시(辛時)에 출생하
거나, 일간 신일(辛日)생이 병월(丙月)이나 병시(丙時)에 출생
하여 월지에서 신·자·진·해(申子辰亥)를 만나고 무기(戊己)
축·술·미(丑戌未)가 없어야 성격이 된다. 특히 생시에서 임진
(壬辰)을 얻게 되면 더욱 격이 높은 진격이 된다고 한다.

(나) 차 화격(化格)의 용신은 금(金)이 좋고 수·목(水木)이 희
신이며 대운, 세운도 동일하다. 사주에 임수(壬水)가 있으면 병
화(丙火)를 충극하여 합(合)을 파하므로 크게 꺼리고 또한 행운
에서도 화운과 토운을 함께 꺼린다.

(다) 병신화격은 사람됨이 위엄은 있으나 이기적이고 주색을 지
나치게 좋아하는 경향이 있다.

(4) 정임합화(丁壬合化) 목격(木格)

(가) 일주 정일(丁日)생이 임월(壬月)이나 임시(壬時)에 출생하
거나, 일주 임일(壬日)생이 정월(丁月)이나 정시(丁時)에 출생
하여 월지에서 해·묘·미(亥卯未) 삼합(三合)이나 인·묘·진
(寅卯辰) 방합(方合)이 되고 사주에 경신(庚辛) 신유(申酉)가
없어야 성격이 되는데, 특히 생시에서 갑진(甲辰)시를 만나면
시령을 얻어 더욱 격이 높은 진격이 된다.

(나) 이 격의 용신은 수(水)가 좋고 목·화(木火)가 희신이며

대운과 세운에서도 동일하다. 무토(戊土)와 서방 금운(金運)은 화격(化格)과 상극이 되어 다 함께 불길하다.

㈐ 정임화격(丁壬化格)은 성정이 민감하고 총명은 하나 자신을 과대 평가하는 경향이 농후하다.

(5) 무계합화(戊癸合化) 화격(火格)

㈎ 일주 무일(戊日)생이 계월(癸月)이나 계시(癸時)에 출생하거나, 일간 계일(癸日)생이 무월(戊月)이나 무시(戊時)에 출생하여 월지에서 인·오·술(寅午戌)이나 사화(巳火)를 만나고 사주에서 임계(壬癸) 해자(亥子)가 없어야 성격이 되며, 특히 생시에서 병진(丙辰)을 만나면 더욱 격이 높은 진격이 된다.

㈏ 무계화격의 용신은 목(木)이 좋고 화·토(火土)가 희신이며 금수(金水)운은 상극이 되어 불길하고 대운과 세운도 이와 동일하다. 갑목(甲木)과 기토(己土)는 무계의 합을 파하므로 흉하고 꺼린다.

㈐ 무계화격(戊癸化格)은 무정한 합이라 하여 성격이 냉정하고 부부 애정이 결핍되는 수가 많다.

6. 잡격(雜格)

(1) 일귀격(日貴格)

㈎ 일귀는 생일 일지가 천을귀인(天乙貴人)에 해당되는 계묘(癸卯)·계사(癸巳)·정유(丁酉)·정해(丁亥)의 4개일 생에 한하여 국한된다. 계묘·계사일은 주귀라하여 낮에 출생해야 좋고, 정유·정해일 생은 야귀라 하여 밤에 태어나야 좋다고 한다.

㈏ 일귀격은 남자의 경우 성품이 어질고 덕이 있으며 여자는

모습이 아름답고 겸손한 인격의 소유자다.

(다) 일귀는 형·충과 공망·괴강을 만나는 것을 크게 꺼리며, 특히 형·해를 당하면 빈천해지고 형·충이 중복되면 귀격이 흉하게 되어 화를 초래하게 된다고 본다.

(2) 일덕격(日德格)

(가) 일덕격은 갑인(甲寅)·무진(戊辰)·병진(丙辰)·임술(壬戌)일의 4개 일생에 국한된다. 차 격의 당주는 심성이 착하고 인자하여 복록이 중후하다.

(나) 형·충·파·해를 꺼리고 재성과 관성을 싫어하고 공망과 괴강을 만나는 것을 크게 꺼린다. 신왕함을 기뻐하고 신왕운으로 운행하면 크게 발복한다.

(다) 만일 사주에 재성이나 관성이 있으면 다른 격으로 보는 것이 좋고, 대운이 괴강에 이르면 평소 건강이 좋다가도 질병이 발생하기 쉬우니 각별히 유념해야 한다. 그러나 괴강운을 넘기면 다시 발복을 하지만 그 작용력은 미소하다고 한다.

(3) 괴강격(魁罡格)

(가) 괴강격에도 4개 일생으로 국한이 되는데 이는 임진(壬辰)·경진(庚辰)·무술(戊戌)·경술(庚戌)일 생이다. 괴강격도 신왕함을 필요로 하며 괴강이 사주에 거듭 들어있으면 사람이 총명하고 문장이 뛰어나 반드시 귀명이 된다고 한다.

(나) 경술(庚戌)·경진(庚辰)일 생은 관성을 싫어하고 괴강이 중첩되면 부귀와 영화를 누리고, 무술(戊戌)일 생도 관성을 싫어하나 재성이 있어야 귀하게 되고, 임진(壬辰)일 생은 재성과 관성을 함께 두려워하고 인수와 겁재를 크게 기뻐한다.

㈐ 괴강은 격국이 순수하고 강왕한 기운을 받아야 크게 발복 부귀한다. 대체로 남자는 권력 기관에 진출하여 지도적 인물이 되고 여자는 총명하고 문장력이 출중하다고 하나 한편 일신이 고독하다.

⑷ **시묘격**(時墓格)

㈎ 시묘격은 시지(時支)에 진·술·축·미(辰戌丑未)가 자리한 것을 말한다. 이 시묘격도 신왕함을 필요로 하고 형·충·파·해를 좋아한다. 사주에서 제복됨이 없이 형·충·파·해운이 오면 높은 벼슬에 오르고 이름을 떨치는 귀명이 된다. 단, 발복이 늦은 것이 아쉽다.

㈏ 차 격은 사주의 귀천을 불문하고 자신은 영화롭게 발전을 해도 육친에는 불리하고 또한 자식을 얻기가 어렵다고 한다.

㈐ 시지(時支) 「미」는 「목」운이 좋고, 「술」은 「화」운이 좋으며, 「진」은 「수」운이 기쁘고, 「축」은 「금」운이 대길하여 각각 크게 발복을 한다.

⑸ **잡기재관인수격**(雜氣財官印綬格)

㈎ 잡기라 함은 진·술·축·미(辰戌丑未)에 재성과 관성과 인수가 함께 비장되어 있다고 하여 잡기 재·관·인수격이라 한다. 이는 상충 작용에 의하여 충출(冲出)이 되어야 하며, 사주 천간에 인수가 있으면 잡기 인수격이 되고, 재성이 있으면 잡기 재성격이 되며 관성이 있으면 잡기 관성격이 된다.

진중(辰中)에는 을·계·무(乙癸戊)의 장간이 있고,
술중(戌中)에는 신·정·무(辛丁戊)의 장간이 있으며,
축중(丑中)에는 계·신·기(癸辛己)의 장간이 있고,
미중(未中)에는 정·을·기(丁乙己)의 장간이 소장되어 있다.

(나) 차 격은 일간이 강왕함을 필요로 하며 충·형되어 재·관·인이 충출되어야 쓸 수 있고 성격이 된다. 신왕하면 칠살이 투출되어도 좋고 제살운을 만나도 무방하나 신약하면 형·충·파·해를 꺼리고 상관과 겁재와 같은 기신(忌神)이 있을 때에는 형·충하면 해를 본다.

(다) 관성이 고장(庫場)에 수장되어 있으면 상관이 천간에 투출되지 않아야 하고, 상관이 천간에 투출되어 있는데 고장에 거듭 상관이 수장되어 있으면 만년에 대성 발전한다고 본다.

(라) 신왕한 병정(丙丁) 일주가 「축」월에 출생하고 경신(庚辛) 일주가 「미」월에 출생하고 갑을(甲乙) 일주가 「진」월에 출생하고 임계(壬癸) 일주가 「술」월에 출생하면 모두 거부가 되고 명예를 얻는 귀명이 되는데 이는 당주가 생왕하고 재고(財庫)를 얻은 때문이다.

(마) 재(財)·관(官)·인(印)이 묘(墓)에 드는 것은 복이 되나, 신왕한 사주에 식신과 상관이 고(庫)를 만나는 것은 좋지 못하고 재앙이 발생한다. 특히 왕성한 칠살이 묘(墓)를 만나도 불길하고 관·인·상관·칠살이 용신이 되는 경우에 묘고(墓庫)운을 만나도 크게 흉하다고 본다.

(6) 일록귀시격(日祿歸時格)

(가) 일주 천간이 시지(時支)에서 건록(建祿)을 만나는 것을 일록귀시격이라 한다. 이는 갑일간(甲日干)이 인시(寅時)를 만나거나 병일간(丙日干)이 사시(巳時)를 만나는 것 등과 같다.

(나) 차 격은 사주에서 관살을 보지 말아야 하며 또한 관살운도 불길하다. 신왕을 필요로하고 신왕운과 식신·상관운에 크게 발전하며 천을귀인(天乙貴人)과 천·월덕(天月德)·인수·정재가

사주에 함께 있으면 대부 대귀의 명조라 한다.

㈐ 차 격은 신왕운과 식신·상관·재성운에 크게 발복하고 관살운과 충파운은 꺼린다. 일주의 건록이 시지에 있고 재성을 보면 남명은 청고하게 부귀를 누리고, 여명은 상관을 거듭 만나면 비상한 길명이 된다고 한다.

(7) 사위순전격(四位純全格)

㈎ 연·월·일·시 사지에 사맹(四孟)·사정(四正)·사고(四庫)가 각각 완전히 구비한 것을 사위순전격이라 하는데, 인·신·사·해(寅申巳亥)가 완비된 4맹격은 격국이 순청하면 대부 대귀의 명이 되고, 자·오·묘·유(子午卯酉) 4정격은 문학으로 명성을 떨치는 대귀할 명조이다. 진·술·축·미(辰戌丑未) 4고격은 남자는 존귀한 귀명이 되나 여명은 고독하다고 한다.

㈏ 차 격국이 순청하면 부귀의 명이 되고 반대로 격국이 혼탁하면 발복이 어렵다. 대개 부귀의 명이 되더라도 육친간에 형·해(刑害)가 발생한다. 대체로 발복도 빠르고 쇠퇴도 빠르다.

(8) 금신격(金神格)

㈎ 금신격은 시주(時柱)에서 을축(乙丑)·기사(己巳)·계유(癸酉)시를 만나야 성격이 된다. 본래 금신은 재성을 극파하는 신이므로 제복이 되어야 한다. 이리하여 금화(金火)의 기운이 왕성해야 기쁘고 또한 사주에서 칠살과 양인을 만나야 참된 귀격이 된다고 본다.

㈏ 사·오(巳午) 화왕절에 출생하고 남방 화운으로 운행하면 크게 발복하는 부귀의 명조이다. 상반된 북방 수운으로 운행을 하면 불길하다.

(9) 비천녹마격(飛天祿馬格)

㈎ 차 격은 일주 천간이 경·임(庚壬) 2일생으로 지지에 자 (子)가 많아서 오(午)가 없어도 충이 되는데 이것을 암충(暗沖) 이라 하여 비천녹마라 한다.

㈏ 경일(庚日)생인 경우 오중(午中) 정화(丁火)로써 관성을 삼는데, 단 사주에 관살이 없어야 하고 정화(丁火)와 오화(午火) 가 있으면 복분은 반감된다고 본다.

㈐ 임일(壬日)생인 경우 자충(子沖)해온 오중(午中)의 기토 (己土)로써 관성을 삼는데, 사주에 기토(己土)와 오화(午火)가 있으면 이 또한 그 복력이 반감되며 대운이나 연운에서도 모두 동일하다.

[예] 연해자평(淵海子平)

병자(丙子)		정유(丁酉)		경자(庚子)		병자(丙子)
무술	기해	경자	신축	임인	계묘

본명은 경일간이 「자」가 많으므로 「오」를 충래하여 오중(午中) 의 정화(丁火)로써 관성을 삼으니 비천녹마격이 된다. 그런데 월상에 정화(丁火) 관성이 있으니 파격이 되어 복력은 반감된다 고 본다. 그러나 양인에 「금수」상관을 겸하여 영웅격이다. 「임 인」운에 「정임」이 합을 이루어 대발하고 수상이 되었다고 한다.

⑽ 임기용배격(壬騎龍背格)

㈎ 차 격은 임진(壬辰) 일주가 사주에 진(辰)이 많으면 대귀 하고 인(寅)이 많으면 크게 부자가 된다고 하는데, 단 관성이 없어야 성격이 된다.

㈏ 임진(壬辰)일에 진(辰)이 많으면 진(辰)이 술(戌) 중에 있 는 정무(丁戊)를 충래(沖來)하여 재관을 얻는 귀격이라 대귀하 고, 또한 인(寅)은 술(戌)을 삼합하여 화국(火局)을 이루고 화

국 재성을 암합(暗合)하므로 재성이 대발하여 대부하게 된다.

(다) 이 격은 사회에 이름과 권위를 떨치는 대귀의 명이 된다. 그러나 사주에서 병정(丙丁)을 보거나 행운에서 형·충을 만나는 것을 크게 꺼린다. 사주에 병정이 있으면 파격이 되고 행운에서 형·충을 만나면 손명(損命)을 하게 된다.

⑾ **정란차격**(井欄叉格)

(가) 차 격은 경자(庚子)·경신(庚申)·경진(庚辰)일 출생자로서 사주에 신·자·진(申子辰) 삼위가 있고 병·정·사·오(丙丁巳午)의 충·파가 없어야 귀격이 된다. 그리고 사주에 인·오·술(寅午戌)이 있으면 파격이 된다. 사주에 한 자리 또는 세 자리의 「경(庚)」이 있으면 더욱 귀격이 된다고 한다.

(나) 동방(목) 재운으로 운행하면 발복을 하고 임계(壬癸) 수운과 사오(巳午) 화운을 만나면 불길하다. 그리고 사주에서 병자(丙子)를 만나면 「정란차격」이 아니라 시상 편관격으로 보며 또한 신시(申時)에 출생을 해도 「귀록격」으로 보기 때문에 이는 모두 복분이 반감된다고 한다.

[예] 연해자평(淵海子平)

무신(戊申)		경신(庚申)		경신(庚申)		경진(庚辰)	
신유	임술	계해	갑자	을축	병인		

본명은 경신 일주가 지지(地支)에 신진(申辰) 일색이므로 정란차격에 해당되고 신왕하여 귀명이 되었다. 갑자 대운에 대 발복하여 한 나라의 기둥이 되는 훌륭한 인물이 되어 크게 현달하였다고 한다.

⑿ **육음조양격**(六陰朝陽格)

(가) 차 격은 신해(辛亥)·신유(辛酉)·신축(辛丑)일 생으로서

시주(時柱)에서 무자(戊子)시를 만나야 귀격이 된다. 사주에 병
·정·오·화(丙丁午火)가 있으면 시지(時支) 자수(子水)를 충·
파하여 파격이 되고 복분이 반감된다. 대운(大運)과 연운(年運)
에서도 동일하다.

(나) 이 격이 성격되면 대귀의 명이 되는데, 서방 금운을 가장
기뻐하고 다음으로 동남 목·화 운에 발복을 하며 북방 수운은
꺼린다.

[예] 연해자평(淵海子平)

무진(戊辰)		신유(辛酉)		신유(辛酉)		무자(戊子)	
임술	계해	갑자	을축	병인	정묘		

본명은 시지에서 무자(戊子)를 만나고 병정오(丙丁午) 화가
없으니 육음조양격이 되었다. 동방 대운에 대발하여 일품 장관
이 되었다고 한다.

(13) **도충격**(倒沖格)

(가) 차 격은 사주에 관성이 없어야 취용(取用)을 한다. 병일
(丙日)생이 사주에 관성이 없고 「오」가 많아서 「자」를 충해 오
면 자중(子中) 계수(癸水)로 관성을 삼아 귀격이 되어 크게 발
복하고 현달한다.

(나) 만일 사주에 「미」가 있으면 오미(午未)가 「합」이 되어 「오」
는 자수(子水)를 충하여 끌어올 수 없게 되므로 결격이 된다.
그리고 계수(癸水)와 자수(子水)가 있어도 동일하다.

(다) 정일(丁日)생이 지지에 「사(巳)」가 많아서 해(亥)를 충해
오면 해중(亥中) 임수(壬水)로 관성을 삼아 귀격이 된다. 그런
데 「합」의 여부를 막론하고 사주에 임수(壬水)가 있으면 「사」가
해중임수(亥中壬水)를 충해 끌어올 수 없게 된다. 또한 합이 있

어 기반이 되어도 동일하다. 이래서 이 양자를 크게 꺼리며 대운과 세운에서도 다 같이 크게 꺼리게 된다.

[예] 연해자평(淵海子平)

경인(庚寅)	임오(壬午)		병술(丙戌)		무술(戊戌)
계미	갑신	을유	병술	정해	무자

본명은 「오」월 병화가 왕성한 가운데 「인·오·술(寅午戌)」화국을 이룩하여 성격이 되었다. 「신·자·진(申子辰)」수국을 충래하여 자중(子中) 계수(癸水)로 관성을 삼고 발복하여 대귀하였다고 한다.

⒁ 형합격(刑合格)

차 격은 계해(癸亥)·계묘(癸卯)·계유(癸酉)일 생이 갑인(甲寅)시를 만나야 귀격이 된다. 사주에 무기(戊己) 토(土)가 있으면 파격이 되고 경인(庚寅)시도 불가하며 신금(辛金)도 꺼린다. 대운과 세운에서도 동일하다.

⒂ 공록격(拱祿格)

㈎ 정사(丁巳)일 생이 정미(丁未)시를 만나고,
　　기미(己未)일 생이 기사(己巳)시를 만나고,
　　무진(戊辰)일 생이 무오(戊午)시를 만나고,
　　계축(癸丑)일 생이 계해(癸亥)시를 만나고
　　계해(癸亥)일 생이 계축(癸丑)시를 만남으로써 성격이 되는데, 이는 사주에 칠살이 없어야 귀격이 된다.

㈏ 사주에서 월간을 상해함이 없어야 하고 칠살이 있으면 파격이 되어 복분을 반감한다. 대운과 세운에서도 동일하다.

⒃ 공귀격(拱貴格)

갑인(甲寅)일 생이 갑자(甲子)시를 만나고,

임진(壬辰)일 생이 임인(壬寅)시를 만나고,

무진(戊辰)일 생이 무오(戊午)시를 만나고,

을미(乙未)일 생이 을유(乙酉)시를 만남과 같이 일·시 사이
에 귀인이 끼어있을 때에 성격이 된다. 차 격은 사주에 관살과
형·충이 없어야 귀격이 되고 대운과 세운에서도 동일하다.

[예] 연해자평(淵海子平)

정사(丁巳)		병오(丙午)		갑인(甲寅)		갑자(甲子)	
을사	갑진	계묘		임인		신축	경자

　본명은 갑일주의 천을귀인(天乙貴人)이 축(丑)이라 일지의
「인(寅)」과 시지의 「자(子)」 사이에 「축(丑)」을 끼었으니 귀명
이다. 그리고 자오(子午)가 상충하고 인사(寅巳)가 형(刑)이 되
어 파(破)격이 되었으나, 인오(寅午)가 합화(合火)하여 충·형
을 구해하므로 차관급의 귀를 누렸다고 한다.

⑰ 공재격(拱財格)

㈎ 공재격은

　갑인(甲寅)일 갑자(甲子)시 기묘(己卯)일 기사(己巳)시

　경오(庚午)일 경신(庚申)시 계유(癸酉)일 계해(癸亥)시
생이면 성격이 된다. 차 격은 일지와 시지 사이에 재성을 끼어
가진 것을 뜻한다. 예를 들면, 갑인일이 갑자시에 출생하였다면
「축(丑)」을 어간에 끼어 가진 것이 되며 이 「축(丑)」 가운데는
기토(己土)가 있어서 재고(財庫)가 되므로 귀격이 된다.

　㈏ 공재격은 재성이 공재(拱財) 되어야 성격이 되며, 만일 사
주에서 재성을 보게 되면 결격이 된다. 차 격은 형·충과 관살
을 꺼리고 일주가 강건해야 하며 재왕운에 크게 발복을 한다.
이 격이 순청하면 고귀한 지도적 인물이 된다고 한다.

⒅ 육임추간격(六壬趨艮格)

㈎ 차 격은 임일주(壬日柱)가 인(寅)을 많이 만나면 인중(寅中) · 갑목(甲木)이 기토(己土)를 암합(暗合)하여 임(壬)의 관성으로 하고, 인중병화(寅中丙火)가 신금(辛金)을 암합하여 인수를 삼고 인(寅)은 또 해(亥)를 암합하여 임(壬)의 녹(祿)이 되어 귀격을 이룬다고 한다.

㈏ 사주에 형 · 충과 관성이 없어야 귀격이 되며 만일 형 · 충이 있으면 재화가 범신(犯身)하여 일생이 가난하다고 보며 대운과 세운도 동일하다.

[예] 연해자평(淵海子平)

임인(壬寅)		임인(壬寅)		임인(壬寅)		임인(壬寅)	
계묘	갑진	을사	병오	정미	무신

본명은 임일(壬日)이 인(寅)을 많이 만나 육임추간격이 되어 대귀하고, 또한 천원일기(天元一氣)가 되어 더욱 청귀하다. 「신(申)」 대운은 「인(寅)」을 충극하여 대흉하고 명이 이에 다 하였다고 한다.

⒆ 육갑추건격(六甲趨乾格)

㈎ 차 격은 갑일(甲日)생이 해(亥)를 많이 만나거나 해 · 자 · 축(亥子丑) 방합이 있어도 성격이 된다. 해(亥)는 「갑」의 녹위(祿位)인 인(寅)을 암합(暗合)하여 「갑」이 다시 그 사이에서 생성됨으로써 귀격이 되었다고 한다.

㈏ 사주에 관살과 인 · 사(寅巳)충이 없어야 하며, 또한 재성을 꺼린다. 세운이나 대운에서도 동일하다.

[예] 연해자평(淵海子平)

무진(戊辰)		계해(癸亥)		갑자(甲子)	을축(乙丑)
갑자	을축	병인	정묘	무진	기사

본명은 갑일주(甲日柱)가 「해(亥)」월에 출생하여 수기(水氣)가 많으며 해·자·축(亥子丑) 북방 수기가 전부 있으니 귀명이다. 무기(戊己) 재성운은 장애가 있고 사(巳)운은 충·해(冲亥)하므로 대흉하다고 하였다.

⒇ 구진득위격(句陳得位格)

㈎ 차 격은 무기일(戊己日)이 해·묘·미(亥卯未) 목국을 얻어 관성이 되거나, 신·자·진(申子辰) 수국을 만나 재성이 되면 성격이 되는데, 무인(戊寅)·무자(戊子)·무신(戊申)·기묘(己卯)·기해(己亥)·기미(己未)일이 이에 해당된다.

㈏ 이 격도 형·충·파 칠살을 크게 꺼리는데 만일 사주에 이와 같은 기신이 함께 있게 되면 재앙(災殃)이 겹친다고 한다.

(21) 현무당권격(玄武當權格)

㈎ 차 격은 임·계(壬癸) 2일 생이 인·오·술(寅午戌) 화국을 얻어 재성이 되거나 진·술·축·미(辰戌丑未)를 만나 관성이 되면 성격이 된다. 이는 임인(壬寅)·임오(壬午)·임술(壬戌)·계사(癸巳)·계미(癸未)·계축(癸丑)일 생이 이에 해당되며 충·파되거나 신약하면 불길하다.

㈏ 이 격의 당주는 성격이 온화하고 지혜와 위엄은 있으나 용맹성은 없다고 한다.

(22) 육을서귀격(六乙鼠貴格)

㈎ 차 격은 을해(乙亥)·을미(乙未)일 생이 시주(時柱)에서 병자시(丙子時)를 만나면 성격이 되는데, 이는 시지(時支) : 자

수(子水)가 사화(巳火)를 암합하고 사화(巳火)가 다시 신(申)을 「합」해오므로 신중·경금(申中庚金)을 일간 을목(乙木)의 관성으로 삼아 귀격이 된다.

㈏ 월주에 경신(庚辛) 신·유·축(申酉丑)이 있으면 파격이 되어 복분이 반감되고 대운 세운에서 만나도 불길하다. 그리고 주중(柱中)에서 오(午)를 보거나 행운에서 오(午)를 만나는 것도 미워한다.

㈐ 서귀격은 관살과 형·충·파·해를 꺼리며 축(丑)은 기반이 되므로 싫어한다. 이 격이 순청하게 성격이 되면 장원급제하여 사해에 이름을 떨치는 위대한 인물이 된다고 한다.

⑳ **합록격**(合祿格)

㈎ 차 격은 무일(戊日)생이 시주에서 경신시(庚申時)를 만나고 사주에서 관살과 인성이 없어야 성격이 된다.

㈏ 합록격은 추동절에 출생해야 귀명이 되고 사주에서 갑(甲)·병(丙)·묘(卯)·인(寅)을 만나면 파격이 되어 복분이 반감되고 흉하다.

㈐ 계일(癸日)생이 경신시(庚申時)를 만나고 관살과 인성이 없으면 합록 귀격이 된다. 사주에서 무기(戊己)가 있어서 신(申)의 암합을 못하게 방해를 하든지 병(丙)이 있어서 경(庚)을 극상하게 되면 파격이 된다.

㈑ 일간 계수(癸水)도 추동절에 출생하면 부귀하나, 춘하절에 출생하면 불행하며 재앙이 발생한다고 한다.

[예] 연해자평(淵海子平)

계유(癸酉)		을축(乙丑)		계축(癸丑)		경신(庚申)
갑자	계해	임술	신유	경신	기미	

본명은 「계(癸)」일 생으로 동절에 출생하고 「경신(庚申)」시를 만나서 부귀공명격이다. 일지에 「축(丑)」토를 거듭 만나 동지(同知) 벼슬에 그쳤으나 일생을 청귀하게 지내는 부귀 쌍전의 귀명이 되었다고 한다.

⑭ 자요사격(子遙巳格)

차 격은 갑자일(甲子日) 생이 갑자시(甲子時)에 출생을 하면 성격이 된다. 경신(庚辛)·신유(申酉) 관살과 축오(丑午)를 크게 꺼리고 일주가 건왕해야 하며 대운이 관왕(官旺)운으로 행운하면 반드시 부귀 현달한다고 한다.

㉕ 축요사격(丑遙巳格)

㈎ 차 격은 신축일과 계축일 생에 한하여 성격이 되는데 이 양일 생은 「축」이 많고 「자」가 없어야 한다. 「축」이 많으면 「사」를 요합하고 사중(巳中) 병무(丙戊)로써 신계일(辛癸日)의 관성을 삼아 귀격이 된다. 그러나 사주에 자(子)가 있으면 요합이 불가하여 파격이 된다.

㈏ 사주에 신유(申酉)가 있으면 부귀 현달할 수 있으나 정병(丁丙)이 있으면 파격이 되고, 무기(戊己)가 있으면 충파되어 꺼리지만 비견과 겁재·인성을 거듭 만나는 것은 기쁘다. 이는 일주가 신왕하여 한층 영귀하게 된다.

㉖ 양간불잡격(兩干不雜格)

차 격은 연·월·일·시에 두 개의 같은 천간이 있어야 성격이 된다. 이는 두 천간이 불란하여 귀격이 되는데 신왕하고 대운·세운이 순행하면 명리를 함께 갖추는 귀명이 된다고 한다.

[예] 연해자평(淵海子平)

갑자(甲子)		을해(乙亥)		갑술(甲戌)		을축(乙丑)	
병자	정축	무인	기묘	경진	신사		

본명은 연·월에 「갑을」 천간이 있고 일·시에 「갑을」 천간이
또 있으니 청귀한 귀격이다. 이 격은 재관을 취용하는데 일지
「술」과 시지 「축」 가운데 신금(辛金) 정관이 있기 때문이다. 재
관 왕운에 발복하여 명리(名利)를 구전(俱全) 하였다고 한다.

(27) 천원일기(天元一氣)·지지일기(地支一氣)·간지동체(干支同體)

(가) 천원일기격(天元一氣格)

천원일기란 연·월·일·시의 4개 천간이 전부 동일한 것을
천원일기라 이르며 이는 순청한 기운을 띠게 되어 대부 대귀의
호명이 된다고 한다.

[예] 연해자평(淵海子平)

을축(乙丑)		을유(乙酉)		을해(乙亥)		을유(乙酉)	
갑신	계미	임오	신사	경진	기묘		

본명은 사주의 천간이 을목(乙木)일기로 순일한 청기를 띠었
으니 귀격이다. 지지에 유축(酉丑)이 금기를 이루었으나 해수
(亥水)가 살인생신(殺印生身)하여 대귀격이라 한다.

(나) 지지일기격(地支一氣格)

지지일기란 연·월·일·시의 4개 지지가 전부 동일하므로써
성격이 된다.

[예]

갑인(甲寅)		병인(丙寅)		경인(庚寅)		무인(戊寅)	
정묘	무진	기사	경오	신미	임신		

본명은 사주 지지가 순일하게 「인」목으로 이룩되어 귀격이다.

이는 1월생 경금일주가 한냉하나 4개 인(寅) 가운데 병화(丙火)가 장생(長生) 조후(調候)하여 길하고 목(木)이 많은데 병화(丙火)가 왕성하여 경금(庚金) 일주가 신약하게 보이나, 4개의 인(寅) 가운데 장간된 무토(戊土)가 투출(透出) 생조하여 신약하지 않고 대운이 화·금운으로 운행을 하니 대발하였을 것으로 본다.

(다) 간지동체격(干支同體格)

간지동체란 연·월·일·시의 사주간지가 모두 같으면 간지동체라 하여 귀명이 된다고 한다. 이 격은 모두 10개 격이 있는데 이중 경진(庚辰)·기사(己巳)·을유(乙酉)·병신(丙申)·정미(丁未)·임인(壬寅)·계해(癸亥)·무오(戊午) 등의 간지동체는 모두 대귀의 명조라 한다. 다만 신묘(辛卯)·갑술(甲戌)외 2개 격은 귀명이 못 된다고 보고 있다.

이상 설명한 격 외에도 희귀한 격들이 논의 되고 있으나 원명에 대한 이해는 격이 중요한 것이 아니라, 천간과 지지에 대한 올바른 이해와 10신의 작용 및 신살에 대한 정확한 이해만이 명리를 이해하는데 가장 긴요한 첩경이 된다.

제 VIII 장
간명(看命)

육친(六親)
여자의 명
행운(行運)

간명(看命)

육친(六親)

육친이란 가장 가까운 부모·형제·처자를 이른다. 육친은 일간을 기준하여 10신을 가지고 육친을 구별하는데 이는 생화·극제와 공망·흉신·길신과 왕쇠·강약을 보아서 길흉을 판단하게 된다.

1. 부모

(1) 부친

10신 가운데 편재가 부친이 되며 월주 천간이 부친의 자리가 된다. 사주에서 편재가 생왕하고 천·월덕(天月德)과 천을귀인(天乙貴人)이 함께 동주하면 부친은 덕망이 있고 발전을 하며 당주는 부친의 덕을 힘입게 된다.

편재에 형·충·파·해나 공망이 있게 되면 부친을 일찍 여의거나 아니면 부친이 질병으로 고생을 하고 생활에 어려움이 있게 된다.

사주에 비견이 있고 신왕하면서 편재가 사·절되고 겁재가

「형(刑)」하면 부친을 이기는게 되어, 부자가 불목하고 별거를 하거나 아니면 부친이 신병으로 고생하며 당주 또한 부친의 덕이 없다.

식신과 상관이 왕성하여 편재를 생조하면 부친운은 왕성하고 사업도 활발하여 만년까지 복분을 누리게 된다.

편재가 생왕하면 부친이 장수하고, 인수가 생왕하면 모친이 장수를 한다. 반면 인수가 극파되면 모친이 먼저 사망하고, 「묘(墓)」위에 임하면 부친이 먼저 사망한다.

(2) 모친

정인은 친모가 되고 편인은 계모·서모·양모가 되며 월지(月支)는 모친의 위가 된다. 사주에서 인수가 장생·녹·왕지에 자리하거나 천·월덕귀인이 함께 있게 되면 모친은 현숙하고 수복을 누리게 된다.

인수에 파·극이 있으면 모친을 상하고 쇠·절·묘지에 자리하고 고신·과숙이 함께 있게 되면 모친은 무력하고 덕이 없다.

인수가 도화·욕지에 자리하면 모친은 현숙하지 못하고, 또한 인수가 많아도 재가를 하거나 덕이 없다.

2. 형제 자매(兄弟姉妹)

비견과 겁재는 형제 자매성이 된다. 형제의 화합과 불목은 형·충과 강약에 의하여 간별하는데, 비견과 겁재가 많으면 형제가 불목하고 재물로 기인하여 다툼이 있으며 또한 부친과도 인연이 박하다. 그러나 형제성이 시령(時令)을 얻고 생왕지에 자리하면서 녹마(綠馬)귀인이 함께 동주하면 형제는 발전한다.

비견과 겁재는 형·극·사·절·인살·쇠지에 있게 되면 형제는 발전이 없고 덕이 없으며 또한 관성이 많아도 형제가 없는 것과 다름없이 덕이 없다.

3. 처(妻)

정재는 처가 되고, 편재는 부친성이 됨과 동시에 첩이 된다. 사주에 정재가 생왕하고 정관이 있으면서 천·월이덕이 함께 있으면 재복이 풍성하고 현숙한 아내의 덕을 크게 힘입게 된다.

정재가 겁재에 의하여 파극이 되고 형·충·해·양인·사·절지에 있게 되면 처덕을 힘입을 수 없다. 또한 재성이 강왕하고 일주가 신약하면 처가 남편을 이기고 남편은 공처가가 된다.

사주에 양인이 거듭 들어있으면 남녀 모두 부부의 인연이 바뀌기 쉽다. 그리고 일주와 월주가 상충이 되어도 부부가 화목하지 못하고, 또한 일·시가 상충이 되면 자녀와 함께 살기가 어렵다고 본다.

4. 자녀(子女)

남명은 관성을 자녀로 삼고 여명은 식신과 상관을 자녀성으로 보는데, 남자는 편관을 아들로 삼고 정관을 딸로 보며, 여자는 식신을 아들로 삼고 상관을 딸로 본다.

남자는 신왕하고 관성이 강왕하면서 상관과 충극함이 없이 천·월덕귀인과 재성이 유기하면 자녀가 어질고 착하며 영귀하게 발전을 한다. 여자는 식신과 상관이 생왕하고 편인의 충극이 없이 천·월덕귀인이 함께 있으면 자녀들이 어질고 효도하며 순탄하게 발전을 한다.

5. 기타

　사주 팔자에서 하나의 육친으로 그 길흉을 속단해서는 안된다. 사주 전체의 구성 관계를 성찰하고 그 경중의 강약을 잘 판단해야 한다. 비록 육친의 자리로 볼 때엔 불길하고 불순성이 있다해도 격국의 구성 여하에 따라 억제, 변화되는 예도 허다하니 모름지기 독자의 깊은 이해와 성찰이 있기를 바란다.

여 자 의 명

　사주의 기본 원칙에는 남녀가 서로 다를 바 없으나 간명을 하
는 데에는 남명과 약간 달리하고 있다. 여명은 관성을 남편으로
하고 먼저 자신보다 남편되는 부성(夫星)부터 살피게 된다. 이
래서 재성과 관성을 중요시하고 자기 본신은 다음으로 하고 있
다. 사주에서 남자는 먼저 신왕함을 우선 필요로 하는데 반해,
여자는 약간 신약한 것이 귀명이 된다고 보고 있다.
　사주에 관성이 강왕하고 아울러 재성이 함께 유기(有氣)해야
그 남편이 복되고 귀한 사람을 만난다. 관성이 재성의 생조를
얻어 강왕하고 일주 천간이 유기하면서 인수와 천·월이덕이 주
중에 있으면 남편이 영귀하고 자녀 또한 현달하여 자신은 자연
히 따라서 부귀 영화를 누리는 대귀한 좋은 명이 된다.
　여자의 사주에 인수와 재성과 관성이 함께 있으면 반드시 부
귀한 집안에서 출생한 귀공주이고 또한 재덕(才德)과 용모를 함
께 구비한 현숙한 귀부인이 된다.
　부성인 정관이나 편관은 한 자리만 있어야 귀명이 되지, 정관

과 편관이 혼잡해 있으면 하천하게 된다. 칠살이 사주에 거듭
있어도 여자는 품행이 현숙하지 못하고 비밀리에 사귀는 남자가
있으며, 관살이 「합」을 당하면 반대로 남편이 바람을 피우고 집
안에는 싸움이 잦게 된다. 관살은 꼭 제복이 되어야 하는데, 만
일 관살이 제복되지 않고 왕성하면 당주는 요정같은데에 출입하
는 창기(唱妓)가 되거나 아니면 여승이 된다고 본다.

　사주는 중화(中和)를 이루고 유순해야 길명이 되며 또한 형·
충·파·해가 없어야 남편에게 내조의 공을 이루고 가정이 화목
하다. 만일 비견·겁재·양인 등이 중복되면 남편을 해치고 빈
궁하게 되며, 또한 「음·양착살(陰陽錯殺)」이 있거나 「고란살
(孤鸞殺)」이 있어도 정식으로 축복받는 결혼을 하기가 어렵다고
본다.

　여자는 정숙해야 귀명이 되는데 여명에 「합」이 많으면 정조
관념이 희박하고, 또한 관성이 많고 일시에 함지(咸池)·음양착
살·역마·욕지 등이 있고 형·충이 있으면 호색, 탐음하여 비
천하게 되거나 음천한 일을 하게 된다.

　관성은 상관을 가장 꺼리는데, 사주에 관성이 있고 또 상관이
있으면 당주는 남편을 이기고 재가(再嫁)를 하거나 또는 질병으
로 고생을 하게 된다. 여자가 두세 번 결혼하는 것은 사주에 상
관이 중복되고 관성이 사·절지에 있으면서 고신·과숙살이 있
거나 아니면 일지나 공망이 된 때문이라고 본다.

　여명은 격국이 순청하면 정재와 정관이 없어도 정숙한 귀부인
의 명이 될 수 있다. 비록 재관이 길성이기는 하나 너무 많아도
음명이고, 인성이 많아도 가난하며 식신과 상관이 많아도 천한
명이다. 여명은 모름지기 신약한 듯 하면서 중화되고 유순하여
야 귀명이 된다.

1. 현모양처의 사주

(1) 사주에 오행이 균형을 이루고 중화(中和)되면서 관살(官殺)이 혼잡(混雜)되지 않어야 한다.

(2) 정관(正官) 정재(正財) 정인(正印)이 있어야 하고 또한 신약(身弱)하면 관성(官星)과 인성(印星)이 있어야 한다.

(3) 신왕(身旺)하면서 재성(財星)이 왕성하면 현모양처의 귀명이다.

2. 음천한 사주

(1) 일주가 강왕하면서 관성(官星)과 재성(財星)이 없을 때

(2) 관살(官殺)이 약하고 비견(比肩)·겁재(劫財)가 왕성하면서 재성(財星)이 없을때

(3) 일주가 강왕하고 용신(用神)이 약하면서 재성이 약할때

(4) 일주가 강왕하고 형(刑)·충(沖)·파(破)·해(害)가 많을때

(5) 일주가 강왕하고 비견과 겁재와 양인(羊刃)이 많으면 파란이 많고 음천하다.

행운(行運)

1. 개요

사람이 선천적으로 타고난 격국·운명도 중요하지만 행운(行運)을 표시하는 대운(大運)·세운(歲運)의 운기(運氣) 또한 중요하다. 본시 명과 운은 불가분리의 밀접한 관계에 있으며 세칭「운이 좋다」,「때를 만났다」하는 것도 모두 이를 두고 하는 말이다.

2. 대운(大運)

사람이 일생 동안 살아가는 과정에서 언제쯤 무슨 일들이 있을 것인가를 미리 추정해 보는 것이 대운이다. 이 대운은 일운이 10년간 사주를 관장하는데 천간이 5년, 지지가 5년간을 관장한다. 그런데 운의 길흉과 호·불호는 운 자체에 있는 것이 아니라 모두 10신과 통변(通變), 조후(調候) 등에 의해서 추정되고 있으니 깊이 소상하게 잘 살펴야 한다.

□ 사람이 한평생 부귀 영화를 누리면서 평안하게 지내게 되는 것도 명과 운이 상호 일치하여 한결같이 순탄하게 운기가 왕성하기 때문이다. 설령 사주의 격국이 청귀하고 좋아도 운을 만

나지 못하여 패사지(敗死地)로 운행을 하면 발복을 할 수가 없으며, 반면 격국이 비록 혼탁하고 흉해도 운을 잘 만나 생왕지(生旺地)로 운행하면 별 탈 없이 순탄하게 안과할 수 있다.

▣ 대운이 격국의 원명을 도우고 격국이 요구하는 절향으로 대운이 행운하면 좋은 운이 열리게 되나, 반대로 격국의 원명을 극제, 파손하고 격국이 꺼리는 절향으로 대운이 행운하면 범사에 성취되는 것이 없이 흉화만 야기된다.

▢ 앞에서 중화를 언급한 바 있으나 명과 운도 중화를 이뤄야 한다. 신왕한 명주이면 왕성한 그 기운을 덜어주는 휴·수·사(休囚死)지가 좋고, 반대로 신약한 명주이면 그 쇠약한 기운을 생조하는 대운을 만나야 기쁘다. 예를 들면 격국에 재관이 있고 재관을 필요로 할 때에는 재관운에 재관이 크게 발복한다. 반대로 격국에 꺼리는 재(災)가 있는데 대운이 거듭 재운으로 운행하게 되면 반드시 재앙이 발생한다.

▢ 대운이 제왕·관대·건록 운으로 행운하면 복분이 증진한다. 또한 협귀·화개·천·월덕귀인 등이「합」을 이루고 생왕한 기운을 얻게 되면 백사가 즐겁고 경사가 있게 된다. 반면 쇠병(衰病)운을 만나면 모든 것이 쇠퇴하여 실재·파재·병재 등이 발생하고 사·절(死絶)운은 골육의 사상·불행 등 하는 일에 장애가 많이 발생하게 된다. 그리고 원진(元辰)·망신(亡身)·겁살(劫殺)·상문(喪門)·조객(吊客) 등 악살이 임하고「합」이 되어도 재앙이 발생한다.

▢ 일간을 중심으로 대운·세운에서 영향을 주는 10신의 운은 다음과 같다.

⑴ 비견·겁재

사주에 비견·겁재가 있고 다시 대운에서 비견·겁재를 보면 금전거래에 불길한 일들이 발생하며, 또한 남녀 다 같이 부부가 불목하거나 아니면 처의 질병 등이 있게 된다.

▣ 비견·겁재가 격국이 필요로 하는 길신일 때는 형제·동료·친우들의 도움이나 협력관계가 이뤄지기도 하나, 반면 반갑지 않은 기신(忌神)일 때에는 재산이나 명예 등을 분탈당하는 등 불행한 일들이 생기게 된다.

(2) 식신·상관

▣ 식신운에는 대체로 좋은 일들이 발생한다. 남자는 실직중이면 직장을 얻고 사업자는 사업 활동이 활발해지며, 여자는 자녀를 출산하거나 자녀로 인해 경사스러운 일들이 있게 된다.

▣ 상관이 기신(忌神)일 때에는 남자는 공직에서 물러나거나 송사 등이 발생하고, 여자는 경제면에서 크게 성공은 해도 남편에게 해로운 일들이 발생한다(생사 이별·유고·좌천·실직 등).

(3) 재성운

재성운에는 신왕자는 금전을 통하여 재산을 일으키고 아내에 의해 생활에 경사가 있게 된다. 반면 신약하면 재산의 손실이 있고 또한 건강을 해치기도 한다.

(4) 관성운

관성운에 신왕하면 남자는 높이 승진하고 명예도 함께 얻게 되며 여자는 남편운이 좋아서 함께 같이 더불어 즐겁다. 반면에 신약하면 관형(官刑)·시비·손재 등이 발생하고, 여자는 남편의 신상에 유고하거나 형제간에 불화하기 쉽다.

(5) 인수운

인수운에는 인수가 길신이 될 때에는 모친에게 경사가 있고 도움을 힘입을 수 있으며 또한 윗사람의 협조와 도움을 받게 된다. 그리고 학문의 향상, 시험의 합격 등 경사스러운 일들이 있게 되나, 반대로 기신일 때에는 이와 같은 일에서 반대 현상이 일어난다.

3. 세운(歲運)

□ 세운에서는 당해 년의 1년운을 살피게 되는데 먼저 천간(天干)을 중요시하고 지지(地支)는 보조작용으로 보면서 형·충 회합과 공망 등을 살피고 대운과 같이 10신과 오행에 의하여 통변하는 작용을 살펴서 판단을 해야 한다.

□ 일주천간(日柱天干)과 당해년의 연지(年支) 즉 세간(歲干)과의 이해 득실과 용신(用神)과의 관계를 먼저 살핀 다음 대운과 세운과의 관계를 자세히 살펴야 한다. 이 때 서로 상극이 되어 싸우게 되면 불길하니 사주에 구신(救神)이 있어 중화(中和)를 시켜야 한다. 설령 대운이 세운을 이긴다 해도 크게 꺼린다.

□ 세운의 천간과 지지도 상생·상극에 따라 영향력이 크게 달라지고 복분의 다소도 분별하게 되는데 천간과 지지가 동일한 오행일 때에는 그의 작용력이 더욱 가중되어 길신에 해당되면 더욱 대길하게 되고, 흉신일 때에는 흉해가 더욱 크다고 본다.

□ 사주에 흉해가 있고 다시 세운에서 형·충운을 만나도 충이 발동하고, 또한 육해(六害)를 보아도 육친 골육의 조해(阻害), 이산 등의 불미한 일들이 발생한다. 그리고 대운과 세운이 충극하면 파재·실패·상사(喪事) 등 불행한 일들이 있게 된다. 단, 사주에 구신(救神)이 있어 구원의 조화를 이루면 재해는 소멸한다.

□ 대운과 세운의 지지가 상충이 되어도 재해가 발생하고, 일
간이 세간을 극제하여도 흉재가 발생한다고 본다. 그러나 세운이
극하면 편재가 되는데 이 때 사주에서나 대운에서 구원한다면 도
리어 재물을 일으키는 즐거움도 있다. 예를 들면 「갑」 일주가
「무」년을 만남과 같은데 그 극제함이 중복되면 사망에까지 이르
게 된다. 그러나 사주에 경신(庚辛)이 있고 사·유·축(巳酉丑)
「금」이 있어 갑목을 구해 주면 길하게 된다.

□ 세운에서 삼합이나 육합이 되어 용신을 도울 때에는 기쁘고
그렇지 못할 때에는 흉재가 발생한다. 그리고 생년과 동일한 간
지의 해를 진태세(眞太歲)라고 하는데 이도 격국과 행운이 순조
로워야 발복하고, 반대로 상극이 되면 도리어 재액이 발생한다.

□ 일주와 동일한 간지가 되는 해를 군신이 즐겁게 만난다는
군신경회(君臣慶會)의 해라하여 즐거운 일들이 있다. 대운과 세
운과의 관계를 요약하면
  ○ 대운이 흉하고 세운이 길하면 길흉이 반반되고
  ○ 대운과 세운이 다 함께 길하면 좋은 일들이 한층 더 증가
되나 반대로 흉하게 되면 더욱 흉중하다고 본다.

4. 월운(月運)

□ 월운은 그 달의 운기를 살피는데 이는 해월의 원지를 중시
하고 천간은 보조라 한다. 월운의 통변은 용신과 대조하여 길신
운에 해당되면 그 달의 운은 길하고 흉신운일 때에는 흉하다고
본다.

□ 월운의 길흉 변화는 격국과 월운의 형·충과 회합에 따르
며 경중은 왕(旺)·상(相)·휴(休)·수(囚)·사(死)로 판정한

다. 그리고 연운과 월운을 대조하여 연운이 길하고 월운이 길하면 한층 더 길하게 되나, 반대로 연운이 흉하고 월운이 흉하면 더욱 흉중하다고 본다.

부　록

1. 도표로 운명을 점지하는 법

(1) 초년운(初年運)

먼저 음·양력 대조표에서 자기가 태어난 해를 찾으면 당해년의 태세(太歲)를 알 수 있다. 태세를 알면 곧 연지(年支) 띠를 알 수 있고, 띠를 알게 되면 다음 도표에서 타고난 천성(天星)을 찾은 후 본문의 초년운에서 해당란의 천성을 찾아 읽으면 된다.

[예] 1966년 병오(丙午)생일 경우, 병오생이면 「오(午)」 즉, 「말띠」이다.

다음 도표에서 「말띠」를 찾아보면 「천복성(天福星)」이 된다. 본문의 초년운에서 「말띠:천복성」을 찾아보면 초년의 운을 알 수 있다.

(2) 중년운(中年運)

태어난 달의 천성(天星)을 찾은 후 본문의 중년운에서 해당란 천성을 찾아보면 중년운을 알 수 있다.

[예] 1966년(병오) 7월생의 경우, 말띠(午) 「천복성」에서 태어난 달의 숫자만큼 시계 방향으로 짚어가면 일곱번째가 「월천귀」성이 된다. 본문의 중년운에서 「월천귀」를 찾아 읽으면 곧 중년의 운을 알 수 있다.

(3) 말년운(末年運)

태어난 날의 천성(天星)을 찾은 후 본문 말년운에서 해당란 천성을 찾아보면 말년운을 알 수 있다.

[예] 「월천귀」 18일생의 경우, 「월천귀」에서 태어난 날의 숫자만큼 시계 방향으로 짚어가면 18번째에 「일천문」성이 나온다. 본문의 말년운에서 「일천문」을 찾아보면 말년의 운을 알 수 있다.

⑷ 총 운(總運)

태어난 시각의 천성을 찾은 후 본문의 총운에서 해당되는 천성을 찾아보면 총운을 알 수 있다.

[예] 「일천문」 묘시(卯時 : 새벽6시)생의 경우, 「일천문」에서 태어난 시각만큼 자축인묘 순으로 짚어가면 「시천고」성이 나온다. 본문의 총운에서 「시천고」란을 찾아보면 총운을 알 수 있다.

보기 1966년(병오) 7월 18일 묘시(卯時 : 새벽6시)생의 운명 점지법.

- ○ 병오(丙午)생은 「말띠」이므로 초년운은 「말띠 : 천복성」이다.
- ○ 7월생은 「말띠 : 천복성」에서 시계 방향으로 일곱번째인 「월천귀」성이 중년운이 된다.
- ○ 18일생이므로 중년운 「월천귀」에서 18번째인 「일천문」성이 말년운이 된다.
- ○ 묘시(卯時 : 새벽6시)생은 말년운에서 시계 방향으로 자축인묘의 순서로 짚어가면 「시천고」성이 총운이 된다.
- ○ 순환하는 대운은 본문에서 참조할 것.

운명 점지 도표

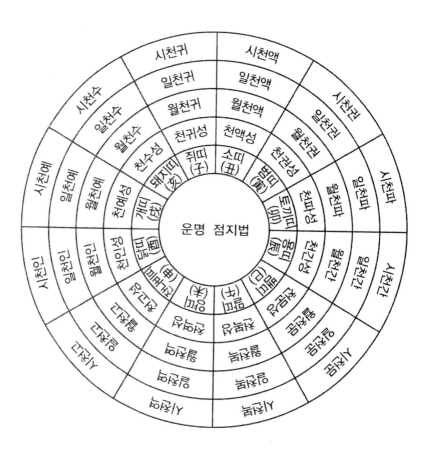

□ 도표의 맨 가장 자리가 총운이고, 그 안으로 말년운, 다음이 중년 운이며, 각 때의 천성지지(天星地支)가 초년운이다.

2. 신·구 시간 대조표

옛날에는 하루를 12시간으로 나누고 이 12시간은 자(子)·축(丑)·인(寅)·묘(卯)·진(辰)·사(巳)·오(午)·미(未)·신(申)·유(酉)·술(戌)·해(亥)시라 했다. 이를 오늘의 24시에 배정하면, 자(子)시는 자정을 전후한 2시간동안이고 오(午)시는 정오를 전후한 2시간대이다. 이래서 옛날의 1시간은 지금의 2시간에 해당하고 1각은 지금의 15분에 해당되며 4각은 현행 1시간에 해당된다. 출생 시각을 정확히 잘 모르고 어림으로 잡아야 할 경우에는 출생 당시의 해와 달·별·그림자 등의 위치와 뜨고 지는 시각을 오늘에 비교하여 산정하면 된다.

○ 신·구 시간 대조표

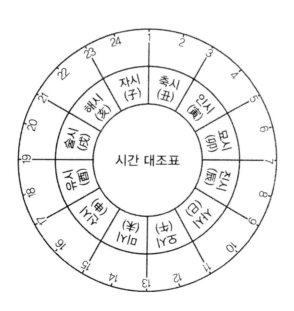

3. 음·양력 대조표

□ 양력 연도란의 ㉎은 윤년을 표시하며, 양력 2월이 29일이라는 뜻이고 윤월란의 ○내의 숫자는 음력 윤달의 월을 표시하였다.

[예] 「1952 ㉎ 임진」은, 1952년은 윤년이고 임진년이며 용띠임을 표시하였다.

윤월란 「⑤ 기해」는 음력 5월에 윤달이 들어 있음을 표시하였고, 「기해」는 윤 5월 1일이 「기해(己亥)」일이라는 뜻이다. 「6월 22」은 윤 5월 1일이 양력으로 6월 22일임을 표시한 것이다.

○ 양력은 365일을 기준으로 하여 매 4년마다 2월에 1일의 윤평(閏平)으로 조절을 하고, 음력은 360일을 기준으로 하여 3년마다 윤달이 있고 5년에 다시 윤달이 들어 있다.

○ 음력 생일로 양력 생일을 찾으려면 태어난 해의 연도를 찾아보면 그 해의 띠와 양력의 월·일을 알 수 있다.

[예] 1970년 음력 1월 11일생의 경우, 1970년을 찾아보면 「경술(庚戌)」년 개띠이고, 음력 1월 1일은 양력으로 2월 6일 「정사(丁巳)」일이다. 그리하여, 음력 1월 11일은 양력으로 2월 16일 「정묘(丁卯)」일이 된다.

[예] 양력으로 1960년 5월 30일 생의 경우, 음력 생일을 찾으려면, 1960년을 찾아보면 「경자(庚子)」년이라 쥐띠이고, 음력 5월 1일 「계축(癸丑)」일이 양력으로는 5월 25일이다. 이리하여, 양력 5월 30일은 음력으로 5월 6일 「무오(戊午)」일이 된다.

○ 음력 생일이 윤달인 경우엔 윤월란에 당해 윤월 1일의 양력 일자가 기재되어 있으니 같은 방법으로 찾아보면 된다.
※ 별지 도표가 아니더라도 천세력이 있으면 천세력을 참조해도 쉽게 알 수 있다.

음·양력 대조표

(자 1921년 ～ 지 2000년)

음력 양력	1월1일	2월1일	3월1일	4월1일	5월1일	6월1일	7월1일	8월1일	9월1일	10월1일	11월1일	12월1일	윤월
1921년	2. 8	3.10	4. 8	5. 8	6. 6	7. 5	8. 4	9. 2	10. 1	10.31	11.29	12.29	
신유	임인	임인	신축	신미	경자	기사	기해	무진	정유	정묘	병신	병인	
1922년	1.28	2.27	3.28	4.27	5.27	7.24	8.23	9.21	10.20	11.19	12.18	1.17	6.25
임술	병신	병인	을미	을축	을미	계사	계해	임진	신유	신묘	경신	경인	⑤갑자
1923년	2.16	3.17	4.16	5.16	6.14	7.14	8.12	9.11	10.10	11.9	12.8	1. 6	
계해	경신	기축	기미	기축	무오	무자	정사	정해	병진	병술	을묘	갑신	
1924년⊕	2. 5	3. 6	4. 4	5. 4	6. 2	7. 2	8. 1	8.30	9.29	10.28	11.27	12.26	
갑자	갑인	갑신	계축	계미	임자	임오	임자	신사	신해	경진	경술	기묘	
1925년	1.24	2.23	3.24	4.23	6.21	7.21	8.19	9.18	10.18	11.16	12.16	1.14	5.23
을축	무신	무인	정미	정축	병자	병오	을해	을사	을해	갑진	갑술	계묘	④정미
1926년	2.13	3.14	4.12	5.12	6.10	7.10	8. 6	9. 7	10. 7	11. 5	12. 5	1. 4	
병인	계유	임인	신미	신축	경오	경자	기사	기해	기사	무술	무진	무술	
1927년	2. 2	3. 4	4. 2	5. 1	5.31	6.29	7.29	8.27	9.26	10.26	11.24	12.24	
정묘	정묘	정유	병인	을미	을축	갑오	갑자	계사	계해	계사	임술	임진	
1928년⊕	1.23	2.21	4.20	5.19	6.18	7.17	8.15	9.14	10.14	11.12	12.12	1. 1	3.22
무진	임술	신묘	경인	기미	기축	무오	정해	정사	정해	병진	병술	병진	②신유
1929년	2.10	3.11	4.10	5. 9	6. 7	7. 7	8. 5	9. 3	10. 3	11. 1	12. 1	12.31	
기사	병술	을묘	을유	갑인	계미	계축	임오	신해	신사	경술	경진	경술	
1930년	1.30	2.28	3.30	4.29	5.28	6.26	8.24	9.22	10.22	11.20	12.20	1.19	7.26
경오	경진	기유	기묘	기유	무인	정미	병오	을해	을사	갑술	갑진	갑술	⑥정축
1931년	2.17	3.19	4.18	5.18	6.16	7.15	8.14	9.12	10.11	11.10	12.9	1. 8	
신미	계묘	계유	계묘	계유	임인	신미	신축	경오	기해	기사	무술	무진	
1932년⊕	2. 6	3. 7	4. 6	5. 6	6. 4	7. 4	8. 2	9. 1	9.30	10.29	11.28	12.27	
임신	정유	정묘	정유	정묘	병신	병인	을미	을축	갑오	계해	계사	임술	
1933년	1.26	2.24	3.26	4.25	5.24	7.23	8.21	9.20	10.19	11.18	12.17	1.15	6.23
계유	임진	신유	신묘	신유	경인	경인	기미	기축	무오	무자	정사	병술	⑤경신

양력 음력	1월1일	2월1일	3월1일	4월1일	5월1일	6월1일	7월1일	8월1일	9월1일	10월1일	11월1일	12월1일	윤
1934년 갑술	2.14 병진	3.15 을유	4.14 을묘	5.13 갑신	6.12 갑인	7.12 갑신	8.10 계축	9. 9 계미	10. 9 계축	11. 7 임오	12. 7 임자	1. 5 신사	
1935년 을해	2. 4 신해	3. 5 경진	4. 3 기유	5. 3 기묘	6. 1 무신	7. 1 무인	7.30 정미	8.29 정축	9.28 정미	10.27 병자	11.26 병오	12.26 병자	
1936윤 병자	1.24 을사	2.23 을해	3.23 갑진	5.21 계묘	6.19 임신	7.19 임인	8.17 신미	9.16 신축	10.15 경오	11.14 경자	12.14 경오	1.13 경자	4.2 ④계
1937년 정축	2.11 기사	3.13 기해	4.11 무진	5.10 정유	6. 9 정묘	7. 8 병신	8. 6 을축	9. 5 을미	10. 4 갑자	11. 3 갑오	12. 3 갑자	1. 2 갑오	
1938년 무인	1.21 계해	3. 2 계사	4. 1 계해	4.30 임진	5.29 신유	6.28 신묘	7.27 경신	9.24 기미	10.23 무자	11.22 무오	12.22 무자	1.20 정사	8.2 ⑦기
1939년 기묘	2.19 정해	3.21 정사	4.20 정해	5.19 병진	6.17 을유	7.17 을묘	8.15 갑신	9.13 계축	10.13 계미	11.11 임자	12.11 임오	1. 9 신해	
1940윤 경진	2. 8 신사	3. 9 신해	4. 8 신사	5. 7 경술	6. 6 경진	7. 5 기유	8. 4 기묘	9. 2 무신	10. 1 정축	10.31 정미	11.29 병자	12.29 병오	
1941년 신사	1.27 을해	2.26 을사	3.28 을해	4.26 갑진	5.26 갑술	6.25 갑진	8.23 계묘	9.21 임신	10.20 신축	11.19 신미	12.18 경자	1.17 경오	7.2 ⑥계
1942년 임오	2.15 기해	3.17 기사	4.15 무술	5.15 무진	6.14 무술	7.13 정묘	8.12 정유	9.11 정묘	10.10 병신	11. 9 병인	12. 8 을미	1. 6 갑자	
1943년 계미	2. 5 갑오	3. 6 계해	4. 5 계사	5. 4 임술	6. 3 임진	7. 2 신유	8. 1 신묘	8.31 신유	9.29 경인	10.29 경신	11.28 경인	12.27 기미	
1944윤 갑신	1.26 기축	2.24 무오	3.24 정해	4.23 정사	6.21 병진	7.20 을유	8.19 을묘	9.17 갑신	10.17 갑인	11.16 갑신	12.15 계축	1.14 계미	5.22 ④병술
1945년 을유	2.13 계축	3.14 임오	4.12 신해	5.12 신사	6.10 경술	7. 9 기묘	8. 8 기유	9. 6 무인	10. 6 무신	11. 5 무인	12. 5 무신	1. 3 정축	
1946년 병술	2. 2 정미	3. 4 정축	4. 2 병오	5. 1 을해	5.31 을사	6.29 갑술	7.28 계묘	8.27 계유	9.25 임인	10.25 임신	11.24 임인	12.23 신미	
1947년 정해	11.22 신축	2.21 신미	4.21 경오	5.20 기해	6.19 기사	7.18 무술	8.16 정묘	9.15 정유	10.14 병인	11.13 병신	12.12 을축	1.11 을미	3.23 ②신축
1948윤 무자	2.10 을축	3.11 을미	4. 9 갑자	5. 9 갑오	6. 7 계해	7. 7 계사	8. 5 임술	9. 3 신묘	10. 3 신유	11. 1 경인	12. 1 경신	12.30 기축	

음력/양력	1월1일	2월1일	3월1일	4월1일	5월1일	6월1일	7월1일	8월1일	9월1일	10월1일	11월1일	12월1일	윤월
1949년 기축	1.29 기미	2.28 기축	3.30 기미	4.28 무자	5.28 무오	6.26 정해	7.26 정사	9.22 을묘	10.22 을유	11.20 갑인	12.20 갑신	1.18 계축	
1950년 경인	2.17 계미	3.19 계축	4.17 임오	5.17 임자	6.16 임오	7.15 신해	8.14 신사	9.12 경술	10.11 기묘	11.10 기유	12.9 무인	1.8 무신	
1951년 신묘	2.6 정축	3.8 정미	4.6 병자	5.6 병오	6.5 병자	7.4 을사	8.3 을해	9.1 갑진	10.1 갑술	10.30 계묘	11.29 계유	12.28 임인	
1952년윤 임진	1.27 임신	2.25 신축	3.26 신미	4.24 경자	5.24 경오	7.22 기사	8.21 기해	9.19 무진	10.19 무술	11.17 정묘	12.17 정유	1.15 병인	⑤기해 6.22
1953년 계사	2.14 병신	3.15 을축	4.14 을미	5.13 갑자	6.11 계사	7.11 계해	8.10 계사	9.8 임술	10.8 임진	11.7 임술	12.6 신묘	1.5 신유	
1954년 갑오	2.4 신묘	3.5 경신	4.3 기축	5.3 기미	6.1 무자	6.30 정사	7.30 정해	8.28 병진	9.27 병술	10.27 병진	11.25 기유	12.25 을묘	
1955년 을미	1.24 을유	2.23 을묘	3.24 갑신	5.22 계미	6.20 임자	7.19 신사	8.18 신해	9.16 경진	10.16 경술	11.14 기묘	12.14 기유	1.13 기묘	③계축 4.22
1956년윤 병신	2.12 기유	3.12 무인	4.11 무신	5.10 정축	6.9 정미	7.8 병자	8.6 을사	9.5 을해	10.4 갑진	11.3 갑술	12.2 계묘	1.1 계유	
1957년 정유	1.31 계묘	3.2 계유	3.31 임인	4.30 임신	5.29 신축	6.28 신미	7.27 경자	8.25 기사	10.23 무진	11.22 무술	12.21 정묘	1.20 정유	⑧기해 9.24
1958년 무술	2.19 정묘	3.20 병신	4.19 병인	5.19 병신	6.17 을축	7.17 을미	8.15 갑자	9.13 계사	10.13 계해	11.11 임진	12.11 임술	1.9 신묘	
1959년 기해	2.8 신유	3.9 경인	4.8 경신	5.8 경인	6.6 기미	7.6 기축	8.4 무오	9.3 무자	10.2 정사	11.1 정해	11.30 병진	12.30 병술	
1960년윤 경자	1.28 을묘	2.27 을유	3.27 갑인	4.26 갑신	5.25 계축	6.24 계미	8.22 임오	9.21 임자	10.20 신사	11.19 신해	12.18 경진	1.17 경술	⑥계축 7.24
1961년 신축	2.15 기묘	3.17 기유	4.15 무인	5.15 무신	6.13 정축	7.13 정미	8.11 병자	9.10 병오	10.10 병자	11.8 을사	12.8 을해	1.6 갑진	
1962년 임인	2.5 갑술	3.6 계묘	4.5 계유	5.4 임인	6.2 신미	7.2 신축	7.31 경오	8.30 경자	9.29 경오	10.28 기해	11.27 기사	12.27 기해	
1963년 계묘	1.25 무진	2.24 무술	3.25 정묘	4.24 정유	6.21 을미	7.21 을축	8.19 갑오	9.18 갑자	10.17 계사	11.16 계해	12.16 계사	1.15 계해	④병인 5.23

음력 양력	1월1일	2월1일	3월1일	4월1일	5월1일	6월1일	7월1일	8월1일	9월1일	10월1일	11월1일	12월1일	윤월
1964⓪ 갑진	2. 13 임진	3. 14 임술	4. 12 신묘	5. 12 신유	6. 10 경인	7. 9 기미	8. 8 기축	9. 6 무오	10. 6 무자	11. 4 정사	12. 4 정해	1. 3 정사	
1965년 을사	2. 2 정해	3. 3 병진	4. 2 병술	5. 1 을묘	5. 31 을유	6. 29 갑인	7. 28 계미	8. 27 계축	9. 25 임오	1. 24 신해	11. 23 신사	12. 23 신해	
1966년 병오	1. 22 신사	2. 20 경술	3. 22 경진	5. 20 기묘	6. 19 기유	7. 18 무인	8. 16 정미	9. 15 정축	10. 14 병오	11. 12 을해	12. 12 을사	1. 11 을해	4. 21 ③경술
1967년 정미	2. 9 갑진	3. 11 갑술	4. 10 갑진	5. 9 계유	6. 8 계묘	7. 8 계유	8. 6 임인	9. 4 신미	10. 4 신축	11. 2 경오	12. 2 경자	12. 31 기사	
1968⓪ 무신	1. 30 기해	2. 28 무진	3. 29 무술	4. 28 정묘	5. 17 정유	6. 26 정묘	7. 25 병신	9. 22 을미	10. 22 을축	11. 20 갑오	12. 20 갑자	1. 8 계사	8. 24 ⑦병인
1969년 기유	2. 17 계해	3. 18 임진	4. 17 임술	5. 16 신묘	6. 15 신유	7. 14 경인	8. 13 경신	9. 12 경인	10. 11 기미	11. 10 기축	12. 9 무오	1. 8 무자	
1970년 경술	2. 6 정사	3. 8 정해	4. 16 병진	5. 5 을유	6. 4 을묘	7. 4 갑신	8. 2 갑인	9. 1 갑신	9. 30 계축	10. 30 계미	11. 29 계축	12. 28 임오	
1971년 신해	1. 27 임자	2. 25 신사	3. 27 신해	4. 25 경진	5. 24 기유	7. 22 무진	8. 21 무인	9. 19 정미	10. 19 정축	11. 18 정미	12. 18 정축	1. 16 병오	6. 23 ⑤기묘
1972⓪ 임자	2. 15 병자	3. 15 을사	4. 14 을해	5. 13 갑진	6. 11 계유	7. 11 계묘	8. 9 임신	9. 8 임인	10. 7 신미	11. 6 신축	12. 6 신미	1. 5 경자	
1973년 계축	2. 3 경오	3. 5 경자	4. 3 기사	5. 3 기해	6. 1 무진	6. 30 정유	7. 30 정묘	8. 28 병신	9. 26 을축	10. 26 을미	11. 25 을축	12. 25 갑오	
1974년 갑인	1. 23 갑자	2. 22 갑오	3. 24 갑자	4. 22 계사	6. 20 임진	7. 19 신유	8. 18 신묘	9. 16 경신	10. 15 기축	11. 14 기미	12. 14 기축	1. 12 무오	5. 22 ④계해
1975년 을묘	2. 11 무자	3. 13 무오	4. 12 무자	5. 11 정사	6. 10 정해	7. 9 병진	8. 7 을유	9. 6 을묘	10. 5 갑신	11. 3 계축	12. 3 계미	1. 1 임자	
1976⓪ 병진	1. 31 임오	3. 1 임자	3. 31 임오	4. 29 신해	5. 29 신자	6. 27 경술	7. 27 경진	8. 25 기유	10. 23 무신	11. 22 정축	12. 21 정미	1. 19 병자	9. 24 ④기묘
1977년 정사	2. 18 병오	3. 20 병자	4. 18 을사	5. 18 을해	6. 17 을사	7. 16 갑술	8. 15 갑진	9. 13 계유	10. 13 계묘	11. 11 임신	12. 11 임인	1. 9 신미	
1978년 무오	2. 7 경자	3. 9 경오	4. 8 기해	5. 7 기사	6. 6 기해	7. 5 무진	8. 4 무술	9. 3 정묘	10. 2 정유	11. 1 정묘	11. 30 병신	12. 30 병인	

음력 / 양력	1월1일	2월1일	3월1일	4월1일	5월1일	6월1일	7월1일	8월1일	9월1일	10월1일	11월1일	12월1일	윤월
1979년 기미	1.28 을미	2.27 을축	3.28 갑오	4.26 계해	5.26 계사	6.24 임술	8.23 임술	9.21 신묘	10.21 신유	11.20 신묘	12.19 경신	1.18 경인	7.24 ⑥임진
1980년(윤) 경신	2.16 기미	3.17 기축	4.15 무오	5.14 정해	6.13 정사	7.12 병술	8.11 병진	9.9 을유	10.9 을묘	11.8 을유	12.7 갑인	1.6 갑신	
1981년 신유	2.5 갑인	3.6 계미	4.5 계축	5.4 임오	6.2 신해	7.2 신사	7.31 경술	8.29 기묘	9.28 기유	10.28 기묘	11.26 무신	12.26 무인	
1982년 임술	1.25 무신	2.24 무인	3.25 정미	4.24 정축	6.21 을해	7.21 을사	8.19 갑술	9.17 계묘	10.17 계유	11.15 임인	12.15 임신	1.14 임인	5.23 ④병오
1983년 계해	2.13 임신	3.15 임인	4.13 신미	5.13 신축	6.11 경오	7.10 기해	8.9 기사	9.7 무술	10.6 정묘	11.5 정유	12.4 병인	1.3 병신	
1984년(윤) 갑자	2.2 병인	3.3 병신	4.1 을축	5.1 을미	5.31 을축	6.29 갑오	7.28 계해	8.27 계사	9.25 임술	10.24 신묘	12.22 경인	1.21 경신	11.23 ⑩신유
1985년 을축	2.20 경인	3.21 기미	4.20 기축	5.20 기미	6.18 무자	7.18 무오	8.16 정해	9.15 정사	10.14 병술	11.12 을묘	12.12 을유	1.10 갑인	
1986년 병인	2.9 갑신	3.10 계축	4.9 계미	5.9 계축	6.7 임오	7.7 임자	8.6 임오	9.4 신해	10.4 신사	11.2 경술	12.2 경진	12.31 기유	
1987년 정묘	1.29 무인	2.28 무신	3.29 정축	4.28 정미	5.27 병자	6.26 병오	8.24 을사	9.23 을해	10.23 을사	11.21 갑술	12.21 갑진	1.19 계유	7.26 ⑥병자
1988년(윤) 무진	2.18 임인	3.18 임신	4.16 신축	5.16 신미	6.14 경자	7.14 경오	8.12 기해	9.11 기사	10.11 기해	11.9 무진	12.9 무술	1.8 무진	
1989년 기사	2.6 정유	3.8 정묘	4.6 병신	5.5 을축	6.4 을미	7.3 갑자	8.2 계사	8.31 계해	9.30 계사	10.30 임술	11.28 임진	12.28 임술	
1990년 경오	1.27 임진	2.25 신유	3.27 신묘	4.25 경신	5.24 기축	7.22 무자	8.20 정사	9.19 정해	10.19 병진	11.17 병술	12.17 병진	1.16 병술	6.23 ⑤기미
1991년 신미	2.15 병진	3.16 을유	4.15 을묘	5.14 갑신	6.12 계축	7.12 계미	8.10 임자	9.8 신사	10.8 신해	11.6 경진	12.6 경술	1.5 경진	
1992년(윤) 임신	2.4 경술	3.4 기묘	4.3 기유	5.3 기묘	6.1 무신	6.30 정축	7.30 정미	8.28 병자	9.26 을사	10.26 을해	11.24 갑진	12.24 갑술	
1993년 계유	1.23 갑진	2.21 계유	3.23 계묘	5.21 임인	6.20 임신	7.19 신축	8.18 신미	9.16 경자	10.15 기사	11.14 기해	12.13 무진	1.12 무술	4.22 ③계유

양력\음력	1월1일	2월1일	3월1일	4월1일	5월1일	6월1일	7월1일	8월1일	9월1일	10월1일	11월1일	12월1일	윤월
1994년 갑술	2.20 정묘	3.12 정유	4.11 정묘	5.11 정유	6.9 병인	7.9 병신	8.7 을축	9.6 을미	10.5 갑자	11.3 계사	12.3 계해	1.1 임진	
1995년 을해	1.31 임술	3.1 신묘	3.31 신유	4.30 신묘	5.29 경신	6.28 경인	7.28 기미	8.26 기축	10.24 무자	11.23 정사	12.22 정해	1.20 병진	9.25 ⑧기미
1996윤 병자	2.19 병술	3.19 을묘	4.18 을유	5.17 갑인	6.16 갑신	7.16 갑인	8.14 계미	9.13 계축	10.12 임오	11.11 임자	12.11 임오	1.9 신해	
1997년 정축	2.8 경진	3.9 경술	4.7 기묘	5.7 기유	6.5 무인	7.5 무신	8.3 정축	9.2 정미	10.2 정축	10.31 병오	11.30 병자	12.30 병오	
1998년 무인	1.28 을해	2.27 을사	3.28 갑술	4.26 계묘	5.26 계유	7.23 신미	8.22 신축	9.21 신미	10.20 경자	11.19 경오	12.19 경자	1.18 기사	6.24 ⑤임인
1999년 기묘	2.16 기해	3.18 기사	4.16 무술	5.15 정묘	6.14 정유	7.13 병인	8.11 을미	9.10 을축	10.9 갑오	11.8 갑자	12.8 갑오	1.7 갑자	
2000윤 경진	2.5 계사	3.6 계해	4.5 계사	5.4 임술	6.2 신묘	7.2 신유	7.31 경인	8.29 기미	9.28 기축	10.27 무오	11.26 무자	12.26 무오	

★신개념 한국명리학총서(전15권)★　(금액 194,000원)

1 행복을 찾고 불행을 막는 점성술
정용빈 편저/신국판 204쪽/정가 12,000원
자연학의 원리를 이용하여 모순을 만나게 되는
것을 알 수 있게 하여 불운을 쫓아내는 것이 육
갑법 점성술이다.

2 손금으로 자기운명 알 수 있다
백준기 역/신국판 252쪽/정가 12,000원
뇌의 中樞神經의 작용이 손에 집중되어 표현되
는 사실을 도해로 설명하면서, 장래의 예지 등을
제시한다.

3 얼굴은 이래야 환영받는다
백준기 역/신국판 240쪽/정가 12,000원
관상의 기본이 되는 三質論의 상세한 해설을 비
롯, 인상의 연령 변화, 복합관상 등, 결과에 따
른 원인을 구명했다.

4 사주팔자 보면 내운명 알 수 있다
정용빈 편저/신국판 380쪽/정가 18,000원
12천성과 음양 오행의 심오한 이치를 누구나 알
기 쉽게 재정립한 사주 명리학의 결정판

5 꿈해몽은 이렇게 한다
정용빈 편저/신국판 250쪽/정가 14,000원
꿈에는 자신의 희미한 성패의 비밀이 숨겨져 있
어 이를 풀이하고, 역사적 인물들이 남긴 꿈들을
수록했다.

6 여성사주로 여성운명을 알 수 있다
진옥숙 저/정용빈 역/신국판 254쪽/정가 12,000원
연애·결혼·건강·사업 등, 동양의 별의 비법이 밝히
는 여성의 운명, 너무도 정확해서 겁이 날 정도
다.

7 풍수지리와 좋은 산소터 보기
정용빈 편저/신국판 262쪽/정가 12,000원
산소 자리를 가려서 육체와 혼백을 잘 모시면
신령(神靈)이 편안하고 자손 또한 편안하다.

※ 출판할 원고나 자료 가지고 계신 분
　출판하여 드립니다.
　문의 ☏ 02-2636-2911번으로 연락

8 이름감정과 이름짓는 법
성명철학연구회 편/신국판 260쪽/정가 12,000원
기초 지식부터 이름 짓는 방법, 성명감점 방법,
이름으로 身數를 아는 방법 등을 자세히 설명했
다.

9 나이로 본 궁합법
김용호 지음/신국판 334쪽/정가 14,000원
생년·월·일만 알면 생년의 구성을 주로 하여 생월
을 가미시켜 초심자도 알기 쉽게 했다.

10 십이지(띠)로 내 평생 운세를 본다
김용호 편저/신국판 290쪽/정가 14,000원
동양철학의 정수인 간지(干支)와 구성(九星)학을
통하여 스스로의 찬성, 친운, 길흉을 예지하기
쉽게 기술했다.

11 이런 이름이 출세하는 이름
정용빈 편저/신국판 227쪽/정가 12,000원
성명 철리(哲理)의 문헌을 토대로하여 누구나 좋
은 이름을 지을 수 있도록 쉽게 정리했다.

12 오감에서 여성 운세 능력 개발할 수 있다
김진태 편저/신국판 260쪽/정가 12,000원
미각·촉각·후각·청각·시각을 이용하여 교제 능력을
기우고, 자신의 운세를 개발할 수 있도록 했다.

13 신랑신부 행복한 궁합
김용호 편저/신국판 250쪽/정가 12,000원
역리학적인 사주명리의 방법 외에 첫 인상, 관
상, 수상, 구성학, 납음오행 등을 기호에 맞게
기술했다.

14 택일을 잘해야 행복하다
정용빈 편저/신국판 260쪽/정가 12,000원

15 달점으로 미래운명 보기
문(moon)무라모또 저/사공혜선 역/신국판 280쪽/
정가 14,000원

신개념 한국명리학총서 4

사주팔자 보면 내 운명 알 수 있다　　定價 18,000원

2011年 4月 25日 1판 인쇄
2011年 4月 30日 1판 발행

편　저 : 정 용 빈
　　　　(松 園 版)
발행인 : 김 현 호
발행처 : 법문 북스
공급처 : 법률미디어

152-050
서울 구로구 구로동 636-62
TEL : 2636-2911~3, FAX : 2636~3012
등록 : 1979년 8월 27일 제5-22호
Home : www.lawb.co.kr